utb 4507

Eine Arbeitsgemeinschaft der Verlage

Böhlau Verlag · Wien · Köln · Weimar
Verlag Barbara Budrich · Opladen · Toronto
facultas · Wien
Wilhelm Fink · Paderborn
A. Francke Verlag · Tübingen
Haupt Verlag · Bern
Verlag Julius Klinkhardt · Bad Heilbrunn
Mohr Siebeck · Tübingen
Nomos Verlagsgesellschaft · Baden-Baden
Ernst Reinhardt Verlag · München · Basel
Ferdinand Schöningh · Paderborn
Eugen Ulmer Verlag · Stuttgart
UVK Verlagsgesellschaft · Konstanz, mit UVK/Lucius · München
Vandenhoeck & Ruprecht · Göttingen · Bristol
Waxmann · Münster · New York

Harald Rau

Der ‚Writing Code'

Bessere Abschlussarbeiten in kürzerer Zeit

Nomos

Die Deutsche Nationalbibliothek verzeichnet diese Publikation in der Deutschen Nationalbibliografie; detaillierte bibliografische Daten sind im Internet über http://dnb.d-nb.de abrufbar.

ISBN 978-3-8252-4507-8 (Print, UTB)

ISBN 978-3-8385-4507-3 (ePDF, UTB)

Das E-Book zu diesem Buch ist erhältlich unter www.utb-shop.de.

1. Auflage 2016

Inhaltsverzeichnis

1 Kurzfassung: Der ‚Writing Code' für Ungeduldige!

Dieses Buch bringt Ihnen Verständnis entgegen ... naja, zumindest will es Sie nicht unnötig aufhalten. Als Autor bin ich mir durchaus bewusst, in welcher Situation und Lebenslage Sie sich befinden. Normalerweise, und das ist eben menschlich, wird selbst der geneigte Leser[1] bereits in einem Stadium angelangt sein, in dem er recht bald schon mit seiner Abschlussarbeit beginnen sollte und unter einem gewissen Zeitdruck steht. Diesem wird das vorliegende Buch gerecht – und gibt gleich zu Beginn einen Überblick. Das Wichtigste also gibt es vorweg in der Kurzfassung.

1.1 Abschied nehmen – welcher Schreibtyp bin ich?

Dieses erste Kapitel zeigt die Arbeitsweise nach dem ‚Writing Code'. In den dann folgenden Kapiteln werden Sie in die tiefere Auseinandersetzung mit Ihrer aktuellen und vielleicht einer veränderten, zukünftigen Arbeitstechnik geführt. Im weiteren Verlauf werden immer wieder „Miniaturen" in Form von Erfahrungsberichten eingestreut, die zum einen Nähe schaffen, Ihnen zum anderen Erkenntnisse vermitteln sollen – von Menschen, die erfolgreich ihre Abschlussarbeit zu Ende gebracht haben, von Bachelor- und Masterstudierenden, von Promovenden. Sie werden an den Beiträgen erkennen, wie sehr sich manche Aussagen ähneln, wie viele der Absolventen nachgerade intuitiv heute ebenfalls Aspekte herausheben, die im ‚Writing Code' gebündelt werden. Die Praxisberichte sollen Ihren Lesefluss unterbrechen und Ihre Aufmerksamkeit zurückholen – daneben werden sie

1 Es wird in diesem Buch durchgängig die generische Form der Ansprache genutzt, natürlich sind jeweils beide Geschlechter angesprochen. Diese Umsetzung folgt auch den Hinweisen aus einer wissenschaftlichen Studie von Klimmt, Pompetzki und Blake (2008, 3–20), die in Experimenten herausgefunden haben, dass die Rezeption (in diesem Falle von journalistischen Texten) bei einer doppelgeschlechtlichen Darstellung und Verwendung von z.B. „Leser/innen" den Lesefluss hemmt und die „Schrägstrich-Schreibweise mehr Lesezeit verlangt und von den Rezipient/innen hinsichtlich der journalistisch-sprachlichen Qualität schlechter bewertet wird." (ebd.) Implikationen für die genderbezogene journalistische Praxis und die weitere genderbezogene Nachrichtenrezeptionsforschung werden im Beitrag ebenfalls diskutiert.

Sie inspirieren und vielleicht auch dazu führen können, dass Sie sich selbst ganz individuell mit Ihrer Arbeitsweise beschäftigen. Das ist ein wichtiger Bestandteil des Buches, da die dargestellten Erfahrungswerte insbesondere psychologische Aspekte betreffen. Diese wiederum werden hier als besonders relevant eingeschätzt, da eine reine Veränderung der Arbeitstechnik (ohne die tiefere Auseinandersetzung mit dem Selbstkonzept und den eigentlichen Lebenszielen) nicht alle Chancen wahrnimmt, die das Schreiben einer Abschlussarbeit als Veränderungsmoment im Lebensverlauf bietet. Aus einigen der Erfahrungsberichte kann man genau dies folgern.

Der ‚Writing Code' will Sie also verändern! Er beginnt dabei sehr konkret, indem er Ihre Arbeitsroutinen und Prozesse infrage stellt.

Aufgabe 1:

Machen Sie sich nun bewusst, welche Arbeitsgänge Sie beim Verfassen von Haus- und Seminararbeiten anwenden oder in der Vergangenheit angewandt haben. Nähern Sie sich dieser Aufgabe, indem Sie die folgenden Fragen beantworten (am besten unterstützt durch handschriftliche Notizen – das mag Ihr Hirn, wie das zweite Kapitel zeigen wird):

- Wie habe ich das Thema entwickelt?
  - Habe ich dazu vorher recherchiert?
  - Habe ich es nach eigenem Interesse gewählt?
  - Habe ich dazu eine Bibliothek besucht?
  - Welche Wege bin ich im Netz – also online – gegangen?
  - War das Thema schlichtweg vorgegeben?
- Wie und wann habe ich eine Gliederung verfasst?
  - Gleich zu Beginn, ohne mich inhaltlich orientiert zu haben?
  - Sehr schnell nach Festlegung auf ein Thema?
  - Erst nach Abschluss der zusammengefassten Arbeit?
- Wie habe ich den Schreibprozess gestaltet?
  - Habe ich streng die Gliederung abgearbeitet?
  - Habe ich chaotisch in unterschiedlichen Kapiteln geschrieben?
  - Bin ich linear vorgegangen? Entstand die Arbeit „von vorne nach hinten"?

- Wann habe ich Fazit und Einleitung geschrieben?
- Welche Überarbeitungsschritte habe ich durchgeführt?
- Wie stark waren andere Menschen in den Entstehungsprozess, z.B. als Korrektur- und Gegenleser, als Berater und inhaltliche „Diskutanten" involviert?

Sie können für diese Aufgabe den Fragenkatalog natürlich selbstständig erweitern und ausbauen. Wichtig ist, dass Sie an dieser Stelle und bezogen auf schriftliche Abgaben in Ihrem Studium Ihren persönlichen Arbeitsprozess sorgfältig reflektieren und wie ein Dritter von außen betrachten. Es geht nicht um eine Bewertung. Versuchen Sie, ganz neutral und für sich selbst Ihre Arbeitsweise zu analysieren.

Aufgabe 2:

Überlegen Sie sich nun, für welche Aspekte Sie neue Lösungen und Ansätze wünschen, an welchen Dingen Sie gerne arbeiten, in welcher Beziehung Sie sich verbessern wollen. Schreiben Sie möglichst viele dieser Punkte in Stichworten auf.

Legen Sie das Blatt mit diesen Stichworten neben das Buch, und schreiben Sie jeweils die Nummer des Unterabschnitts dazu, falls Ihre persönlichen Stichworte in einem der unter 1.2 aufgeführten Aspekte gespiegelt werden. Sie können auch den entsprechenden Abschnitt markieren.

Sind alle Ihre Wünsche abgedeckt? Wenn nicht, prüfen Sie das Inhaltsverzeichnis, und lesen Sie direkt jene Abschnitte, die mit Ihren noch unbeantworteten Stichworten in Verbindung stehen könnten.

1.2 Überblick gewinnen – alle wichtigen Regeln!

Dieser Abschnitt führt Sie zu allen Regeln, die der ‚Writing Code' kennt. Ein Teil dieser Regeln wird im weiteren Verlauf des Buches noch einmal aufgegriffen und vertieft. Alle weiteren Aspekte werden im zweiten Band des ‚Writing Code' thematisiert. Dort stehen dann insbesondere Themenfindung sowie Titelgebung und die intensive Arbeit mit Quellen und Begriffen im Blickpunkt, daneben werden unterschiedlicher Methoden und häufige Fehler bei deren Anwendung unter die Lupe genommen. Kurz gesagt: Es werden einige Aspekte aufgegriffen und vertieft werden.

1.2.1 Das Thema kennt kein Eigeninteresse

Falls Sie selbst Ihr Thema für die Abschlussarbeit wählen dürfen, dann wählen Sie ein Thema, für das Sie sich nicht schon seit längerer Zeit interessieren. **Wählen Sie stattdessen ein Thema, von dem Sie wenig oder sogar keine Ahnung haben**, ein Thema das Sie zumindest emotional nicht besonders stark berührt. Dies lässt Sie bei der Bearbeitung neutraler und unvoreingenommener vorgehen, das stärkt die Wissenschaftlichkeit.[2]

Bei der Themenwahl orientieren Sie sich an den Ausgaben der für Ihr Fach einschlägigen wissenschaftlichen Fachzeitschriften oder Sammelbände, die Tagungsergebnisse zusammenfassen. Daumenregel: Die letzten drei Jahrgänge der gewählten Zeitschriften werden durchgeschaut. Darüber hinaus schauen Sie die Neuerscheinungen der drei wichtigsten Verlage für Ihren Fachbereich an. Findet einer der Beiträge, eines der Bücher Ihre Aufmerksamkeit – und Sie fragen sich innerlich bereits beim Lesen: „Was könnte darüber hinaus gedacht, entwickelt, weiter erforscht werden?" –, dann sind Sie einem guten Thema schon sehr nahe gekommen.

1.2.2 Themensuche schnell abschließen

Themensuche und Auswahl sind nach ein bis zwei Arbeitstagen abgeschlossen. Wenn Sie sich für ein Thema entschieden haben, stellen Sie es nicht mehr infrage. Dies ist eine entscheidende Regel zur Selbstverpflichtung. Sehr viel Zeit verlieren Sie dann, wenn Sie immer wieder neu den Zweifel regieren lassen, sich selbst ausbremsen, indem Sie sich Ihrer Themenwahl plötzlich nicht mehr sicher sind. Schieben Sie diese Gedanken stets beiseite. Sie werden sich, dies sei allerdings

2 Hierbei handelt es sich um eine durchaus umstrittene Regel des ‚Writing Code'. Das werden Sie auch im einen oder anderen Erfahrungsbericht nachlesen können, in denen das Eigeninteresse hervorgehoben wird. Tatsächlich wäre dies kontrovers zu diskutieren. Ein Grundinteresse ist gut und wichtig. Entscheidend ist, dass Sie noch nicht so tief im Thema „stecken", dass Sie vorgefasste Meinungen und Überzeugungen entwickelt haben. Denn dies behindert zumeist das Fortkommen und jene Neutralität, ohne die wissenschaftliches Arbeiten nicht denkbar ist.

gleich angemerkt, immer wieder einmal im Arbeitsprozess „einschleichen“.

1.2.3 Neue Quellen aus sehr guten generieren

Für die Quellenarbeit orientieren Sie sich stets an den Quellenangaben einer oder einigen wenigen von Ihnen gefundenen und als „sehr gut“ eingeschätzten Quelle(n). Dieses Vorgehen erweitert sehr schnell den Kreis der Autoren, die für das spezifische Thema relevant sind. **Normalerweise gibt es für ein abgegrenztes Thema zwei bei maximal fünf Autoren, die sehr nah an Ihrem Thema sind. Finden Sie mehr, die Sie für besonders wichtig erachten, ist Ihr Thema möglicherweise noch zu breit angelegt.** Schauen Sie bezogen auf diese identifizierten Autoren auch nach älteren Werken, in denen diese vielleicht ihre theoretischen Grundlagen geschaffen oder zumindest niedergeschrieben haben.

1.2.4 Frage und zentrale These leiten das Erkenntnisinteresse

Formulieren Sie eine Forschungsfrage, bevor Sie den Titel final festlegen. **Wichtig ist, dass Sie wenig später von der Frage zu einer These finden, um zu schauen, ob Sie bereits eine „Haltung“, eine Perspektive auf das Thema gewonnen haben.** Dies geschieht meistens intuitiv und sehr schnell im Forschungsprozess. Sie arbeiten über die Frage hinausgehend stets mit einer zentralen These.

1.2.5 Für die frühe Anmeldung mit Untertiteln arbeiten

Arbeiten Sie mit Titel und Untertitel. Zumeist muss für die Anmeldung einer Abschlussarbeit ein Titel fest in das vorgegebene Formular der Hochschule eingetragen werden. Hier können Sie einen übergreifenden Haupttitel eintragen. **Der erklärende, präzisierende und genauer zu Ihrer Arbeit hinführende Untertitel wird erst am Ende des Arbeitsprozesses festgelegt.** So bewahren Sie sich ein wenig Flexibilität in der Ausrichtung Ihrer Arbeit und können nachjustieren, wenn sich Veränderungen ergeben.

1.2.6 Die Gliederung steht bereits in den ersten Tagen

Erstellen Sie unmittelbar nach Themenfindung, nach dem Formulieren der Forschungsfrage und der Entwicklung einer These daraus, eine Gliederung. Diese ist nicht final und zeigt lediglich die Strukturierung Ihrer Gedanken und ersten Überlegungen. **Arbeiten Sie die Gliederung bereits an den ersten Tagen bis auf die dritte Abschnitts- beziehungsweise Überschriftenebene aus.** Die Bezeichnungen für Kapitel und Abschnitte verstehen sich als Arbeitstitel.

1.2.7 Textverarbeitung in der Gliederungsansicht

Sie arbeiten ausschließlich mit einem einzigen Dokument in einer Textverarbeitung, die eine Gliederungsansicht zulässt. **Sie schreiben durchgängig in dieser Ansicht und verwenden unbedingt (vorhandene oder selbst definierte) – hier darf es keine Ausnahmen geben – Formatvorlagen für Überschriften jeder Ebene.** Sie können vom Programm vorgegebene Überschriften-Formate leicht ändern. Passen Sie bei Bedarf Gestaltung und Format Ihren individuellen Wünschen oder Erfordernissen an.

1.2.8 Flexibilität vom ersten bis zum letzten Buchstaben

Quellensuche – online wie offline – schlägt sich direkt und unmittelbar in Ihrem Dokument nieder. Mit jeder gefundenen Quelle wächst sofort Ihr Dokument, vorausgesetzt, die in der Quelle verarbeiteten Inhalte passen zu jenem „Fahrplan“, den Sie durch die Gliederung vorgegeben haben. Finden Sie in einer Quelle anregende weitere und vertiefende Aspekte, so erweitern und verfeinern Sie Ihre Gliederung. Damit Ihre Arbeit nicht in die Breite geht und ausufert, sollten Sie darauf achten, dass Sie nicht mit jeder neuen Quelle ein neues „Fass“ aufmachen und einen großen Seitenstrang anlegen. **Wenn Sie durch neue Quellen zur Erweiterung Ihrer Gliederung angeregt werden, dann sollte diese Erweiterung stets auf der tiefsten Gliederungsebene erfolgen.** Wirkt sich der durch die Quelle gewonnene Erkenntnisgewinn auf eine höhere Gliederungseben aus, sollten Sie noch einmal genau überprüfen, ob Sie dies so umsetzen wollen.[3]

1.2.9 Arbeitsprozess auf den Kopf gestellt

Der Arbeitsprozess wird im ‚Writing Code' umgedreht: Sie schreiben nicht einen Abschnitt nach dem anderen. **Sie bearbeiten eine gefundene Quelle nach der anderen. Dies ist die wichtigste Regel.** In Ihrer Quelle gefundene Erkenntnisse, die für Ihre Arbeit wichtig sind, werden als direkte oder indirekte Zitate beziehungsweise als Paraphrasen sofort und unmittelbar an jenen Positionen und in jene Unterabschnitte der Gliederung eingefügt, zu denen sie inhaltlich passen. Es wird empfohlen, sich vor dem Arbeitsbeginn mit der korrekten Verwendung des Konjunktives zu beschäftigen. Regelmäßig sind hier bei Studierenden größte Defizite auszumachen. Im Grunde gilt es, ein sprachlich geordnetes Miteinander von direktem Zitat (dann auch in „direkter Rede" geschrieben[4]), von indirekter Rede (das wäre die Eins-zu-Eins-Übertragung eines Gedankens mithilfe des Konjunktives[5]) sowie Paraphrasen zu schaffen. Bei Letzterer werden in kleineren oder größeren Bögen ganze Passagen, Sinneinheiten oder selbst Kapitel gedanklich zusammengefasst. Hier ist die Eigenleistung des Autors am größten. Deshalb wird bei der Quellenangabe im Har-

3 Wer in der Arbeit mit Mindmaps geübt ist, kann diese Arbeitstechnik hier bestens anwenden. Sie können, statt gleich in der Gliederungsansicht Ihres Textverarbeitungsprogrammes zu arbeiten, auch einen gesonderten Mindmap entwerfen. Dies erweitert zwar den Arbeitsumfang insgesamt, wer jedoch den Umgang mit Mindmaps kennt, kann durch die Kennzeichnung der Abschnitte und Sinneinheiten sowie durch die von der Software zumeist in Fülle zur Verfügung gestellten Ordnungskriterien das gedankliche Chaos noch besser strukturieren.

4 Das bedeutet, dass dann auch der Text komplett und direkt übernommen sowie mit An- und Abführungszeichen versehen wird.

5 Hierfür sollte man Konjunktiv I und Konjunktiv II beherrschen. Die Verwendungsnotwendigkeit für den zweiten Konjunktiv, der zumeist mit „wäre" oder „hätte" verbunden ist, lässt sich in den meisten Fällen leicht ausmachen, wenn der bereits gebildete Konjunktiv I zu einer Verwechslung mit dem Imperfekt (also der Vergangenheitsform) führen könnte.

vard-Stil[6] oder der APA-Zitierweise[7] stets ein „vgl." eingefügt. Die direkte Rede steht logischerweise (durch An- und Abführung gekennzeichnet) im Indikativ, die indirekte Rede, wie angemerkt im Konjunktiv. Bei der Paraphrase steht der Indikativ, da es sich hier um eine zusammenfassende Hirnleistung des Autoren handelt, da hier durch die Zusammenfassung eben auch Interpretationen erfolgen, die sich vom Ursprungstext im Urteil eines anderen vielleicht doch entfernen können. Konjunktiv und indirekte Rede aber bedingen eine wortgetreue und direkt auf die Quelle bezogene Übernahme nicht nur des Gedankens, sondern einer ganzen Textpassage!

1.2.10 Keinerlei Raum für Schreibblockaden

Es gibt tatsächlich keinen Raum für Schreibblockaden, da Sie durchgängig Material erfassen und strukturieren und im eigentlichen Sinne ja nicht „schreiben". **Die größte Leistung einer wissenschaftlichen Arbeit besteht darin, Inhalte, Primär- und Sekundärmaterial, auf eine eigenständige und oft auch zukunftsorientierte Fragestellung anzuwenden und zu diskutieren.** Wenn Sie merken, dass Sie auf einem Feld an einem Punkt intellektuell überfordert sind, dann bietet Ihre Arbeit unzählige gute Ausweichmöglichkeiten, auf anderen Feldern, in anderen Abschnitten oder Unterabschnitten weiterzuarbeiten. Überprüfen Sie im Rahmen dieses Vorgehens auch regelmäßig, ob die Gliederung noch angemessen Ihre Gedankengänge und Ihre Erkenntnisse abbildet. Mindestens einmal täglich sollten Sie versuchsweise Gliederungspunkte verschieben. Blenden Sie dazu in der Gliederungsansicht alle Überschriftenebenen ein.

---

6 Hierfür geben Sie im Text als Quellennachweis lediglich in Klammern den Nachnamen des Autors, das Erscheinungsjahr für die Quelle und die gewählte Seitennummer an. Im Literaturverzeichnis wird dann ein vollständiger Nachweis geführt, das heißt, hier wird die Quelle vollständig ersichtlich. Dies ist eine inzwischen sehr weit verbreitete Zitierweise, die auf Literatur- bzw. Quellenverweise in Fußnoten verzichtet.

7 Dies verweist auf den Zitationsstil der „American Psychological Association" (deshalb: APA) und hat sich nicht nur in der Psychologie, sondern nahezu durchgängig in den Sozial-, den Natur- und Humanwissenschaften durchgesetzt. APA umfasst ein ganzes Regelwerk, wie (den Harvard-Stil konkretisierend) direkt im Text und nicht über Fußnoten zitiert wird. Im Zweiten Band des ‚Writing Code' wird auf die unterschiedlichen Möglichkeiten der Zitierweise noch detaillierter eingegangen.

1.2.11 Empirie ist nicht zwingend erforderlich, aber ...

Abschlussarbeiten müssen nicht unbedingt erfahrungswissenschaftlich unterfüttert werden. Sie müssen also nicht unbedingt Primärdaten erzeugen – eine intelligent-intellektuelle Auseinandersetzung und Themendiskussion genügt im Grunde in jeder Phase eines Studiums, also selbst für eine Dissertation. Es hängt jedoch stark von der Ausrichtung Ihres Instituts, der Betreuer oder der Gutachter ab, ob Sie ohne Empirie auskommen werden. Darüber hinaus: **Wenn es Ihnen wichtig ist, eigenen Erkenntnisgewinn zum Fach beizutragen, vielleicht sogar das Fach selbst oder einzelne Aspekte daraus weiterzubringen und auf eine höhere Ebene hin zu entwickeln, dann werden Sie an empirischer Arbeit nicht vorbeikommen.** Die Alternative bestünde bei solchem Anspruch und rein theoretischer Arbeit in der Auseinandersetzung und Zusammenführung von Gedankengängen, was auf die vorliegende Weise dann bislang von der Wissenschaft noch nicht vollzogen wurde. Hinzu kommt: Bei der Wahl des Themas legen Sie sich eigentlich schon darauf fest, theoretisch oder empirisch zu arbeiten, wobei eine klare dichotomische Trennung hier nicht einmal formuliert werden muss, denn zumeist arbeiten Sie auf eine gewisse Weise immer „theoretisch" also an der Theorie orientiert und auf Basis theoretisch fundierter Gedanken und Argumentationsstränge. Ebenso werden Sie, wenn Sie selbst keine erfahrungswissenschaftlichen (empirischen) Daten erheben, dennoch auf solche zurückgreifen wollen. Sie finden diese in bereits durchgeführten Studien und Auswertungen.

1.2.12 Methodenwahl: Es kann nur eine geben!

Wenn sie empirisch arbeiten wollen (oder müssen), wählen Sie Ihre Methode nie nach dem Weg des geringsten Widerstandes. Methodenentscheidungen wollen mit Bedacht getroffen sein! Prüfen Sie, ob Ihre Betreuer eher einem qualitativen oder einem quantitativen Paradigma zugewandt sind, und schauen Sie, ob sich Möglichkeiten ergeben, mit anderen zusammenzuarbeiten, denn empirische Arbeiten eignen sich sehr häufig auch für Gemeinschaftsarbeiten. (Vorher über die Prüfungsordnung absichern, dass mehrere Autoren an einem Thema arbeiten dürfen!)

Sie können sich sicher sein: **Es gibt stets eine „beste" Methode, mit der Ihre Fragestellung zu bearbeiten ist.** Überprüfen Sie also, ob zum Beispiel ein qualitatives Vorgehen mit Tiefen-, mit Leitfaden- oder mit problemzentrierten Interviews, vielleicht auch in einem mehrstufigen Delphi-Verfahren den richtigen Weg weist. Sie müssen später diese Interviews transkribieren und mithilfe von „Grounded Theory" und/oder einer qualitativen Inhaltsanalyse auswerten.

1.2.13 Kreativlos: Fehler in der Entscheidung

Oft werden qualitative Methoden als „beste", weil vermeintlich „einfachste" Methode gewählt: Man tituliert sie dann gerne als „Expertenbefragung" oder gesammelte „Experteninterviews" und verkennt, dass die Auswertung solcher Studien eine eigene Systematik erfordert. Um tatsächlich am Ende valide Aussagen treffen zu können, um die gewonnenen Erkenntnisse in Hypothesen münden zu lassen, die Inhalte zu diesen zu kondensieren, sollten Sie bei der Nutzung solcher Studiendesigns mit einem Kategoriensystemen arbeiten. Nur so wird Ihre eigene Arbeit systematisch und damit im wissenschaftlichen Kontext brauchbar. Überprüfen Sie im Rahmen der Methodenentscheidung ebenfalls, ob als Methode grundsätzlich statt einer qualitativen (z.B. Auswertung von Experteninterviews) auch eine quantitative (Auswertung von vorhandenen Texten) Inhaltsanalyse infrage kommen kann. Letztere macht Sie übrigens völlig unabhängig vom „Goodwill" möglicher Interviewpartner. Und schließlich schauen Sie, ob eine quantitative Befragung jene Variante darstellt, die Ihre Forschungsfrage am besten zu beantworten hilft. Über die Wahl der Methode sollten Sie nie alleine, sondern stets in Abstimmung mit Kommilitonen entscheiden!

1.2.14 Stolperfalle: Quantitative Verfahren für die Tonne

Denken Sie beim Einsatz quantitativer Verfahren daran, besonderes Augenmerk erstens auf die Entwicklung Ihres Fragebogens, zweitens auf die Auswahl der Stichprobe zu legen.

Quantitative Studien sind häufig unsinnig und wenig geeignet, Konstrukte zu erklären, weil die gewählten Stichproben die definierte Grundgesamtheit nicht abbilden können, die Stichproben also nicht repräsentativ sind oder Befragungen keine signifikanten Ergebnisse generieren (führen Sie bei der Datenauswertung stets Signifikanztests durch). Wenn Sie (Labor-)Experimente oder Befragungen durchführen, denken Sie die spätere statistische Auswertung gleich zu Beginn mit!

Im Idealfall beschränken Sie sich nie auf deskriptive Statistik, sondern ziehen Varianzanalysen, Tests und generell multivariate Verfahren in Betracht.

1.2.15 Bevor Sie loslegen: Computerprogramme beherrschen

Gerade dann, wenn Sie empirisch arbeiten wollen, müssen Sie die verwendeten Computerprogramme kennen. Deshalb lautet eine der wichtigsten Regeln im ‚Writing Code': Beherrschen Sie die von Ihnen verwendete Software, **bevor** Sie mit der Abschlussarbeit beginnen. Dies betrifft die Textverarbeitung ebenso wie die Auswertungswerkzeuge für Ihre empirische Studie. Für die Transkription von Interviews gibt es ebenso Hilfsmittel, wie für die Arbeit mit Kreuztabellen (hier eignet sich sogar das Microsoftprogramm Excel sehr gut für Auswertungen, ohne dass Sie tiefer in Statistikprogramme einsteigen müssen). Wenn Sie mit der Statistiksoftware SPSS arbeiten, dann empfiehlt es sich, die grundlegende Begriffe der (multivariaten) Statistik bereits zu kennen, damit Sie schnell verstehen, was das Programm kann und wie es Ihre Arbeit am besten unterstützt. Später müssen Sie dann nicht im Nebel Ihrer Daten stochern.

1.2.16 Archivierung, Backups und die Cloud

Egal, ob Sie mit eigenen Daten oder ausschließlich mit fremden Materialien arbeiten: Alle gewonnenen Erkenntnisse werden unmittelbar in Ihr finales Manuskript übernommen. Denken Sie daran, dass Ihre Gliederung zu jedem Zeitpunkt zu erweitern oder zu reduzieren ist. Sie können Abschnitte neu gestalten, Unterabschnitte einführen, können Bereiche zusammenlegen oder trennen. Ihr Dokument ist ein flexibles Instrument, das Ihre Arbeit unterstützt. Lassen Sie sich nicht von den auch hier vermeintlich zu nennenden formalen Begrenzungen einschränken. Damit kein Gedankengang verlorengeht, sollten Sie mindestens einmal pro Woche eine bestehende Fassung (mit Datum versehen) ins Archiv stellen. Erstellen Sie zudem zu festgesetzten Tageszeiten ein Backup auf einem Datenträger, einem USB-Stick zum Beispiel oder auf einer SD-Karte. Tragen Sie dieses Backup stets bei sich.

Arbeiten Sie in der Cloud und gerne auch mit unterschiedlichen Endgeräten an Ihrer Datei, wenn dies Ihrer Arbeitsweise entspricht. Testen Sie unterschiedliche Arbeitsumgebungen und Plätze. Fühlen Sie sich in die Orte hinein, an denen Sie arbeiten. Entscheiden Sie nach Ihren eigenen Prioritäten, ob Sie in der Bibliothek, zu Hause am Arbeitsplatz, bei Freunden, gemeinsam in einer Arbeitsgruppe oder vielleicht sogar an belebten Orten wie in Cafés arbeiten möchten. Auch in diesem Punkt kennt Individualität keinerlei Beschränkung!

1.2.17 Schreiben schafft Ordnung – von unten nach oben

Sie können zu jedem Zeitpunkt Ordnung schaffen, mit dem „echten" Schreiben beginnen. Denken Sie daran, dass Sie immer „ganz unten" beginnen. Im ‚Writing Code' sind Sie völlig frei darin, erst einmal einzelne Kapitel zu finalisieren – oder generell Abschnitte zu definieren, die sie zuerst oder später bearbeiten wollen. Wichtig ist, dass Sie stets von unten nach oben arbeiten. Sie beginnen stets auf der untersten Gliederungsebene und ordnen die in den Unterabschnitten oder Unter-Unterabschnitten gesammelten Informationen. Sie bringen diese in Form und stellen die verschiedenen Aspekte und Zitate oder Paraphrasen, die sich dort zwischenzeitlich angesammelt haben, in einen sinnvollen Zusammenhang. Wenn die unterste Ebene bearbeitet ist, gehen sie auf die nächsthöher gelegene Gliederungsebene und „komponieren" diese durch. So arbeiten Sie sich durch das gesamte Dokument hindurch, bis alle Gliederungsebenen inhaltlich und formal abgeschlossen und in Ihrem Urteil stimmig sind.

1.2.18 Sachaussagen belegen: Die ultimative Überprüfung

Diese Regel des ‚Writing Code' ist möglicherweise jene, die am Ende über eine gute Note entscheidet. Das Verfahren ist gleichermaßen simpel wie wirkungsvoll:

Jeder einzelne Satz Ihrer Arbeit wird nach Abschluss des Schreibprozesses noch einmal hinterfragt. Die stets gleichlautende Doppel-Frage lautet: „Warum ist das so?" und „Wer sagt das?"

Finden Sie für die erste Warum-Frage keinen Beleg, also keine Quelle, die Sie angeben können oder keine Daten aus Ihrer empirischen Untersuchung, dann überprüfen Sie, ob sich die im Satz getroffene Aussage definitiv aus den zuvor aufgeführten Argumenten zwingend ergibt.

Haben Sie keinen Beleg, weisen Sie keine Quelle nach, ergibt sich die Aussage nicht aus der logischen Argumentationskette, wird der Satz gestrichen. Dies klingt simpel, häufig aber offenbart diese Vorgehensweise erst sehr spät im Arbeitsprozess die Grundproblematik schlampiger, ja eigentlich sogar ungenügender Quellenarbeit.

Erklärungsversuche wie „Das ist doch so", „Das weiß doch jeder", „Das ist doch allgemein bekannt", „Das habe ich im Studium so gelernt", „Das hat mir XYZ gesagt" – all diese Sätze als Antwort auf die Warum-Frage weisen darauf hin, dass hier eine unbelegte Sachaussage vorliegt.

Wenn Sie auf die zweite Frage „Ich!" antworten müssen, dann besteht ebenfalls das Risiko, dass Ihre hier genutzte Sachaussage unbelegt ist.

Seien Sie bei der Einhaltung dieser Regel besonders streng mit sich. Jede – noch einmal: jede! – Sachaussage wird belegt! Dies ist im wissenschaftlichen Arbeitsprozess elementar. Die beiden Fragen, die nach jedem geschriebenen Punkt gestellt werden, sichern ultimativ die Korrektheit im Sinne von Wissenschaftlichkeit ab.

Denn in der Wissenschaft gibt es kein Hörensagen!

1.2.19 Leuchttürme setzen: Ein 360-Grad-Rundumblick

Wenn Sie im Rahmen Ihres Schreib- und Prüfprozesses auf der höchsten Gliederungsebene angelangt sind, vergessen Sie nicht, Leuchttürme zu setzen. Das bedeutet: An den Kapitelübergängen und an wichtigen Stellen Ihrer Arbeit steigen sie mental auf einen Leuchtturm und leuchten das Feld nach vorne und hinten aus. In einem 360-Grad-Rundumblick holen Sie den Leser ab und binden ihn wieder ein. Diese Leuchttürme garantieren später, dass auch Schnellleser in kürzester Zeit wieder eingefangen werden können. Mit ihnen gelingt es, den Leser sicher und wissend durch Ihre Gedanken und Ihre Argumentationskette zu führen. Idealerweise bilden solche Leuchttürme den Ausstieg aus einem oder den Einstieg in ein neues Kapitel.

1.2.20 Zu guter Letzt: Mit dem Fazit entsteht der Schluss

Wenn Sie mit allem „durch" sind, wenn alle Kapitel und Abschnitte durchgestaltet sind und Sie auch mindestens einmal Ihr nun bestehendes Gesamtdokument komplett mit Blick auf logische Brüche und inhaltliche Unschärfen gelesen haben, können Sie das Fazit schreiben. Dieses enthält neben den wichtigsten Erkenntnissen aus Ihrer Arbeit idealerweise Hinweise auf Anknüpfungspunkte, an denen Forscher in der Zukunft weiterdenken und -arbeiten können. Es bietet eventuell einen kleinen Ausblick und reflektiert Ihre Arbeit aus der Distanz des abschließenden Erkenntnisgewinns noch einmal kritisch.

1.2.21 Noch etwas: Mit dem Ende ist noch nicht Schluss

Schreiben Sie die Einleitung anschließend – dann, wenn Sie mit Ihrer Arbeit komplett fertig sind und im Grunde nur noch einmal „auf Korrektur" lesen müssen. Dies ist wichtig, denn mit der Einleitung wollen Sie Geschmack auf Ihre Arbeit machen, wollen Sie überzeugend für Ihre Untersuchung werben, wollen Sie den Leser in Ihren Text hineinziehen und Interesse wecken. Das können Sie erst dann souverän leisten, wenn Sie selbst den großen Überblick gewonnen, und wenn Sie Ihr Thema final durchdrungen haben.

Sie dürfen in der Einleitung auch bereits wesentliche Erkenntnisse Ihrer Arbeit vorwegnehmen und die Diskussion anklingen lassen. Idealerweise aber knüpft der letzte Satz Ihrer Einleitung nahtlos an den ersten Satz des Fazits an. Sie können den Inhalt und den Erkenntnisgewinn des Konvolutes auf diese Weise dem eiligen Leser schnell und zielführend „servieren". Geübte Gutachter gehen übrigens oft beim Lesen eine Arbeit exakt auf diese Weise vor (vgl. dazu Abschnitt 4.1).

1.2.22 Überschriften: Ein wenig Spaß darf sein

Jetzt können Sie aufatmen – denn im letzten Schritt dürfen Sie Spaß haben. Sie gestalten die Überschriften. Dies erfolgt ebenfalls wieder nach der Regel „von unten nach oben“. Beginnen Sie auf der tiefsten Gliederungsebene, und arbeiten Sie sich von dort nach oben. Versuchen Sie, die Inhalte des Abschnittes jeweils präzise in der Überschrift anklingen zu lassen. So entsteht am Ende ein aussagekräftiges Inhaltsverzeichnis. Dieses fügen Sie dann in Form eines finalen Aktes automatisiert hinzu. Da Sie mit Formatvorlagen gearbeitet haben, erledigt dies die Software automatisch für Sie.

Sie können auch die Überschriften gemeinsam mit anderen Studierenden kreieren und den Kreativprozess zu einem Gemeinschaftserlebnis machen. Oder Sie diskutieren Ihre Titel mit ausgewählten Kommilitonen, die Ihnen mit Rückfragen helfen, präzise Inhalte zu vermitteln. Auf dieses Verfahren wird übrigens in Zeitungsredaktionen häufig zurückgegriffen. Für alle Texte, die auf einer Zeitungsseite oder in einem Ressort für die Ausgabe des folgenden Tages zusammengestellt werden, hält die jeweils zuständige Redaktion kurz vor Drucklegung eine „Überschriftenkonferenz“ ab. Die im gemeinsamen Kreativprozess entstehenden Überschriften sollen dann den Inhalt nicht nur sehr treffend in Kürze fassen, sondern dem Leser vielleicht zusätzlich etwas Lesevergnügen bereiten, indem sie Inhalte zuspitzen, leicht ironisieren oder sogar karikieren.

1.2.23 Gegenlesen: Lernen Sie die Verunsicherung lieben

Viele Studierende haben Hemmungen, Ihre Arbeit von Kommilitonen oder Freunden gegenlesen zu lassen. Hier regiert die Angst, erneut in den Zweifel gestürzt zu werden, das noch immer schwache Selbstkonzept anzukratzen. Blicken Sie zurück auf die vorangegangenen Punkte, sehen Sie, was Sie in den vergangenen Wochen geleistet haben, und seien Sie stolz auf Ihr Werk. Stellen Sie sich vor, Ihre Arbeit wird als Buch veröffentlicht und erreicht damit einige Hundert, vielleicht sogar mehrere Tausend Leser. Gehen Sie mit dieser Einstellung ans Werk, dann freuen Sie sich über jeden „ersten“ Leser, der Ihnen Hinweise zur Korrektur und Überarbeitung gibt.

1.3 So geht es weiter – Ihr persönliches Arbeitsbuch!

In den folgenden Kapiteln werden die Themen aus dem vorangegangenen Abschnitt vertieft – nun, zumindest ein guter Teil davon. In diesem ersten Band des ‚Writing Code' stehen insbesondere Ihre Arbeitsroutinen im Blickpunkt des Interesses – und die Möglichkeit, wie Sie sorgfältig planen und zu einer sinnreichen Struktur Ihrer Arbeit finden. Psychologische Aspekte spielen im weiteren Fortgang eine sehr wichtige Rolle. Natürlich ist auch mir als Autor dieses Buches bewusst, dass gerade das Verfassen einer qualifizierenden Abschlussarbeit eine ausgesprochen individuelle Sache ist. So kann es ja durchaus vom Biorhythmus abhängen, wann Sie wo und wie zu Höchstform auflaufen. Es ist eine Frage des Lern- und Arbeitstyps, wie sehr Sie Strukturen oder eben gerade das Gegenteil – kreatives Chaos – benötigen, um Ihre Arbeit gut abzuschließen. Deshalb können die Hinweise und Ratschläge, die Regeln des ‚Writing Code', lediglich als wichtige Anregungen gesehen werden, die Sie zur jeweils individuell besten Lösung führen sollen.

Erfahrungsbericht: Erkenntnisgewinn – daran hat sich nichts geändert!

Ich habe eine Abschlussarbeit geschrieben, die ungefähr 30 Jahre zurückliegt.
Was ich daraus gelernt habe: Dass man zu allen Dingen, mit denen man sich intensiv über einen bestimmten Zeitraum beschäftigt, einen tieferen Zugang und ein tieferes Verständnis bekommt. Und es ist immer überraschend, welche neuen Erkenntnisse in solchen Phasen entstehen können oder welche Zusammenhänge sich plötzlich erschließen. In jeden Fall eine sehr lohnende Beschäftigung.

Joachim Laukemper

Sie werden feststellen, dass es vermutlich das Beste ist, wenn Sie dieses Buch lesen, *bevor* Sie Ihre eigene Arbeit verfassen. Das wird beim einen oder anderen sogar klappen. Ich bin mir aber bewusst, dass viele von Ihnen erst in letzter Minute die Hilfe des ‚Writing Code' suchen werden. Deshalb hier ein kurzer Hinweis darauf, dass Sie dieses Buch nicht linear lesen müssen – eben ganz in der Tradition, dass sie auch Ihre Arbeit nicht linear schreiben sollten.

Die vorliegenden Kapitel sind so verfasst, dass sie auch angesichts schwindender Aufmerksamkeitsspannen noch immer gut rezipierbar bleiben. Sie können sich also jederzeit einzelne Abschnitte auswählen, auf diese beschränken und mit ihnen arbeiten – allerdings sollten Sie die Regeln aus Abschnitt 1.2 stets im Kopf haben und zumindest überlegen, welche von ihnen Sie auf Ihre Arbeit anwenden möchten. Wenn Sie mögen, lassen Sie das Buch aufgeschlagen an Ihrem Arbeitsplatz liegen und blicken Sie – bevor Sie sich von Messenger-Diensten freudig ablenken lassen – immer einmal wieder auf die knapp gefassten Regeln dieses Abschnittes. Sie können auf diese Weise direkt im Arbeitsprozess überprüfen, wo der ‚Writing Code' für Sie passt.

Darüber hinaus möchte ich Ihnen *Abschnitt 5.5* dieses Buches ans Herz legen – hier fasse ich für Sie insbesondere die Schreib- und Arbeitsroutinen des ‚Writing Code' zusammen. Dies wird Ihnen bei der Gestaltung der täglichen Arbeit ungemein helfen. Aus meiner Sicht wird die Zeitersparnis, die der ‚Writing Code' ermöglicht, insbesondere durch die in Kapitel 5 empfohlene und erläuterte Arbeitsweise erreicht.

Hier sei auch schon einmal ein kurzer konkreterer Hinweis auf den bereits angekündigten und thematisch auch schon vorsichtig gefassten zweiten Teil des ‚Writing Code' gegeben.

Dort werden Sie

- zu den besonderen Herausforderungen bei freier Themenfindung geleitet,
- zur Frage geführt, wie allein die Formulierung eines Titels die Notengebung plausibel macht und damit nachhaltig beeinflusst,
- mit Verfahren konfrontiert, die die Literaturarbeit deutlich erleichtern, die Sie Quellen schnell(er) finden lassen und auch die „Validität" Ihrer Literaturliste erhöhen werden,

- erfahren, wie Sie direkte und indirekte Rede am besten verschränken und welche Zitierregeln einzuhalten sind, wenn sie wörtlich zitieren oder Texte paraphrasieren,
- mit der Diskussion um Plagiate vertraut gemacht – und warum dies stets auch von aktuell gelebten oder gültigen Werten und Normen abhängt,
- auch erfahren, wie Sie Ihre Literatur- und Quellenliste über „window dressing" aufhübschen können,
- sich damit auseinandersetzen dürfen, welche Onlinequellen Ihre Arbeit bereichern und welche Sie eher nicht verwenden sollten,
- die Arbeit mit Begriffen intensivieren, indem Sie beispielhaft ausgewählte Begriffe betrachten und mit Tipps versorgt werden, wie Sie selbst Begriffsdiskussionen gut und zielgerichtet führen können,
- vertiefend in die Auseinandersetzung mit Methoden geführt – und vor allem auf die häufigsten Fehler bei der Gestaltung und Auswertung von empirischen Studien (quantitativer und qualitativer Natur) hingewiesen. Dabei liegt ein zusätzliches Augenmerk auf deskriptiver und multivariater Statistik.

Auch im zweiten Band des ‚Writing Code' werden Sie natürlich wieder zahlreiche Verbindungen in die Praxis ziehen dürfen, die in Form von Zitaten und Erfahrungsberichten erfolgreicher „Abschlussarbeiter" eingebunden werden.

Bevor es nun aber ins zweite Kapitel dieses Buches geht, hier noch einmal ein kleines Angebot zur Reflexion:

Aufgabe 3

Erinnern Sie sich noch an Aufgabe 2? Was möchten Sie nach der Lektüre der wichtigsten Eckpunkte des ‚Writing Code' für sich insbesondere in Angriff nehmen? Welche Aspekte aus dem vorgeschlagenen Regel- und Arbeitskatalog wollen Sie herausgreifen und intensiver bearbeiten? Es wird Ihnen im weiteren Verlauf helfen, wenn Sie sich wieder einige Stichworte dazu notieren! Sie werden nach der Auseinandersetzung mit den Aspekten des ersten Kapitels sehr viel genauer Ihre Defizite erkennen. Seien Sie mutig, benennen Sie diese, und gehen Sie anschließend strategisch an die Weiterbearbeitung dieses Buches.

2 Bestandsaufnahme: Was dieses Buch erreichen will!

Es ist immer ein wenig schwer, sich eine Vorstellung davon zu machen, wer am meisten von Aufgeschriebenem profitieren wird. Für den vorliegenden Fall soll darüber hinaus die Zielgruppe möglichst weit gefasst sein, sollen denkbar viele Betroffene in ihren ganz individuell erscheinenden Problemstellungen ‚abgeholt' werden. Das macht es nicht gerade leicht, dieses Arbeitsbuch zu konzipieren, seinen Inhalt zu organisieren und den richtigen Ton zu treffen. Ich habe mich für eine sehr persönliche Ansprache entschieden, da ich der Überzeugung bin, dass gerade schriftlich verfasste Werke in zunehmendem Maße heute auch an ihrer „Mündlichkeit" gemessen werden, also daran, wie sich der Text „anhört", welche Vorstellung man vom Autor entwickelt und wie es diesem gelingt, ganz persönlich durch das gewählte Thema zu führen.

2.1 Das Ziel: Mehr Zeit für das Wesentliche!

Aber bevor ich Ihnen an dieser Stelle schon zu nahe trete, hier zuerst einmal die zentrale Botschaft:

> In diesem Buch geht es darum, dass sich die Zeit, die sie für seine Lektüre aufwenden, mindestens 10, vielleicht ja auch 20-fach auszahlt. Das heißt konkret: Jene Stunden, die sie mit dem Lesen und Durcharbeiten der folgenden Seiten verbringen, „holen" Sie beim Schreiben Ihrer Bachelor-, Master- oder auch Doktorarbeit mehrfach wieder „herein", wenn Sie die Ratschläge beherzigen. Das Prinzip funktioniert im Übrigen auch gut für einfache Haus- oder Seminararbeiten.

Es ist mit diesem Anspruch ein Zeitsparbuch, ein Buch, das Ihnen effiziente Prozesse vermitteln, die Arbeit mit langen Texten erleichtern will – und dies auch wird, wenn Sie bereit sind, die vorgeschlagenen Arbeitsroutinen zu übernehmen. Dabei bin ich mir – als Ihr Begleiter durch die folgenden Kapitel – durchaus bewusst, dass wissenschaftliches Arbeiten eine höchst individuelle Sache ist, dass große Projekte von unterschiedlichen Typen sehr unterschiedlich bearbeitet werden (am Rande bemerkt, bin ich ein großer Freund von Typologien, was Sie weiter unten in diesem Buch unschwer noch feststellen werden, zum Beispiel in Kapitel 4).

2.1.1 Übersicht – So lernen Sie mit dem ‚Writing Code'

Sie werden in und mit diesem Arbeits- und vielleicht auch Disziplinierungs-, in jedem Falle aber diesem Effizienzprogramm ...

1. ... eine Methode kennenlernen und einüben können, die, in der Praxis vielfach bewährt, die Bearbeitungszeit für Haus-, Bachelor-, Masterarbeiten und Dissertationen radikal verkürzt,
2. ... bereits bei der Formulierung der ersten Idee oder eines Exposés darauf achten lernen, was Sie in der Folge zu „erledigen" haben,
3. ... erfahren, wie Sie die Gliederung Ihres Themas zum logischen und logistischen Dreh- und Angelpunkt Ihrer Denkarbeit machen,
4. ... Begriffe als wichtige Bausteine Ihrer theoretischen Arbeit entdecken und vielleicht sogar den Mut entwickeln, diese mit eigenen Gedanken zu füllen,
5. ... sich der Frage nähern, wie Sie die Literaturrecherche zu Ihrem Themenbereich optimieren und wie man (bezogen auf die Literaturliste) geschicktes „window dressing" betreibt – will sagen: die Literaturliste zielgerichtet „aufhübscht",
6. ... erkennen, welche Literaturverweise Ihre Betreuer gerne lesen und welche gefundenen Quellen Sie eher unter „ferner liefen" ablegen sollten,
7. ... darüber hinaus entdecken, dass man eine gute Arbeit bereits am Titel erkennt, und das, obwohl dieser ja meistens feststeht, bevor Sie mit dem eigentlichen Schreiben beginnen,
8. ... den Sinn (und vielleicht auch Unsinn) verbreiteter erfahrungswissenschaftlicher (empirischer) Methoden kennenlernen und wie Sie jeweils Ihren Gutachtern vermitteln, dass die von Ihnen gewählte Vorgehensweise die jeweils einzige ist, um Ihre Fragestellung sinnvoll zu beantworten,

9. ... apropos Fragestellung: Auch hier gibt das Buch Antworten und zwar darauf, wie Forschungsfragen „funktionieren“ und warum es von Bedeutung ist, dass Sie mithilfe der gefundenen Frage auch eine Ausgangs*these* formulieren,
10. ... verstehen, wie Ihre Arbeit wachsen kann, auch wenn Sie jeden Tag nur wenig Zeit erübrigen können oder wollen,
11. ... lesen, was Sie im Fazit und in der Einleitung schreiben müssen, beziehungsweise, was Ihre Betreuer dort von Ihnen erwarten, und wann dieser Part anzugehen wäre,
12. ... sich überlegen dürfen, warum es von Zeit zu Zeit sinnvoll ist, sogenannte Leuchttürme zu setzen, und wie diese Ihnen dabei helfen, selbst den Überblick zu behalten,
13. ... geführt, wie Sie Ihre Zeit sinnvoll einteilen und Prokrastination ebenso sinnreich bekämpfen,
14. ... entdecken, wie Sie sich notwendige Ruhephasen verschaffen, die übrigens nicht zwingend etwas mit „Ruhe“ zu tun haben müssen,
15. ... daran arbeiten, nicht nur wissenschaftlich zu schreiben, sondern eben auch wissenschaftlich zu denken,
16. ... sich auch damit abfinden, dass Sie eben genau so sind, wie Sie sind, und dass dies gut so ist.

2.1.2 Die Grundlagen – in allen Fachtraditionen gültig

Wenn es um den Umgang mit Begriffen geht, wenn es um Verweise und damit die Gefahr von Plagiaten, um die Validität, also die Gültigkeit von Quellen und Ergebnissen Ihrer Forschungsarbeit geht, wenn Websites als Quellen zitiert werden, und im Grunde auch, wenn die Stilistik Ihrer Arbeit im Blickpunkt steht, spielt es keine Rolle, ob Sie im Fach Biologie, Soziologie, Geschichte oder Betriebswirtschaftslehre eine schriftliche Abgabe vorbereiten. An den Grundregeln wissenschaftlicher Arbeitsweise ändert sich nichts und eben auch nicht an der Möglichkeit, durch die in diesem Buch beschriebene besondere Arbeitsweise deutlich schneller zum Ziel kommen als mit allen herkömmlichen Arbeitsroutinen und Verfahren.

Die hier empfohlene Arbeitstechnik folgt einem spezifischen Standard, der sich stark von jenen Arbeitsweisen unterscheidet, die Sie aus Ihrem schulischen Kontext kennen. Schon zu Beginn des Buches wird ja behauptet, dass Studierende, die nach dieser Methode arbeiten, 30 Prozent jener Arbeitszeit einsparen können, die sie mit klassischen, nicht so deutlich systematisierten Arbeitsweisen benötigt hätten – um am Ende eine Arbeit in ähnlicher Qualität abzuliefern. Wenn Sie wissenschaftlich Denken gelernt haben, werden Sie bereits an dieser Stelle schon anmerken wollen: Wo ist der empirische Beweis, wo ist der Beleg für eine solche Aussage? Als Autor muss ich Ihnen diesen schuldig bleiben. Jene 30 Prozent stellen einen Erfahrungswert dar, den ich in den vergangenen beiden Jahrzehnten entwickelt habe.

Deshalb bleiben auch die folgenden Sätze eine Behauptung, jedoch eine, von der ich zumindest im Rahmen meiner Erfahrungen mit vielen Hundert Studierenden und ihren „Verschriftlichungen", restlos überzeugt bin. Sie können sich möglicherweise auch das eine oder andere Seminar zum Wissenschaftlichen Schreiben sparen, wobei der Vorteil einer seminaristischen Zugangsweise ist, dass Sie dort auch in kleinen Paketen üben, mit konkreten Aufgaben operieren können.

Sicher wird auf den folgenden Seiten auch die ein oder andere Kreativtechnik diskutiert. Aber im Blick stehen hier vornehmlich jene Anforderungen, die eine typische Auseinandersetzung mit einem wissenschaftlichen Thema benötigt.

Dieses Buch wählt einen *ganzheitlichen* Ansatz. Es betrachtet jede einzelne Tätigkeit, die Sie während des Schreibens durchführen müssen, stets vom Gesamtergebnis her. Es zerlegt Prozesse, wo dies sinnvoll erscheint, und es führt diese zusammen, wo dies als notwendig erachtet wird. Ganzheitlich bedeutet im Kontext dieses Arbeitsbuches aber auch: Alle Ihre Erkenntnisse, aller Fortschritt in der Arbeit wird regelmäßig an der Ausgangsfragestellung gemessen.

Damit haben Sie bereits einen der wesentlichen Merksätze kennengelernt:

> Jede Aussage, jede erweiterte Erkenntnis muss auf Ihre Ausgangsfragestellung oder These zurückzuführen oder anzuwenden

sein. Ist dies nicht der Fall, verlieren Sie Ihre wichtigsten Leser – die Gutachter, die Ihre Arbeit am Ende bewerten.

Für diese steht jeweils das zentrale Erkenntnisinteresse, das im Titel und in der Forschungsfrage formuliert ist, im Mittelpunkt. Alles Beiwerk wird darauf überprüft, ob es nötig ist, um die Ausgangssituation zu präzisieren, zu erläutern oder zu bewerten. Wenn Sie sich diese Regel zu Herzen nehmen, und wenn Sie dementsprechend alle Ihre Unterkapitel, Unter-Unterkapitel und einzelnen Abschnitte genau daraufhin überprüfen, können Sie nicht falsch liegen, und Sie müssen sich keine Sorgen machen. Auf diesen Aspekt wird im weiteren Verlauf zurückzukommen sein. Verstehen Sie die Hinweise an den entsprechenden Stellen als Reminder für eine der wichtigsten Regeln, die den wissenschaftlichen Arbeitsprozess begleitet.

2.1.3 Die Inhalte – stets überprüfbar!

Als Ihr Begleiter über die folgenden Seiten komme ich natürlich selbst aus einer Fachtradition, und es ist nicht auszuschließen, dass ich für manche Bereiche und Aspekte weniger sensibilisiert bin. Zum Beispiel bin ich im Bereich der Technik- und Ingenieurwissenschaften und auch in den „Humanities“, den Humanwissenschaften, und in den „Sciences“, den Naturwissenschaften im weitesten Sinne, weniger verwurzelt. Auch wenn ich über viele Jahre hinweg in der Wirtschaftsfilmproduktion überwiegend mit Fragen und Themen aus Technik, Medizin, Chemie und Physik konfrontiert war, so würde ich nicht behaupten wollen, Experte dieser Fachtraditionen zu sein. Nichtsdestotrotz bin ich der tiefen Überzeugung, dass der ‚Writing Code’ auch hier funktioniert, dass Sie mit der Verfahrensweise, die in diesem Buch vorgestellt wird, auch in diesen Fächern erfolgreich zu einem Ergebnis finden.

Mein persönliches Erfahrungsspektrum ist indes (was die Fachtraditionen betrifft) mehrgeteilt. Mit einem Studium der Wirtschaftswissenschaften, Journalistik-Studium und Promotion in Dortmund sowie viele Jahre der Hochschullehre mit ‚venia legendi’ in den Kommunikations- und Medienwissenschaften, bin ich fraglos wirtschafts- und sozialwissenschaftlich vorgeprägt. Entsprechend wähle ich die zahlreichen Beispiele in diesem Buch aus jenem Feld, in dem ich mich am besten auskenne. Die Beispiele habe ich allerdings sehr sorgfältig und zielgerichtet ausgesucht, sodass aus ihnen auch möglichst allgemeingültige Aspekte entnommen werden können. Alle Beispiele sind ohne Vorwissen zu erfassen. Sie müssen also kein Experte meiner Fachgebiete werden, um sie zu verstehen. Wissenschaftlich zu arbeiten ist ein systematischer Prozess der übergreifend gilt. Es ist darüber hinausgehend eine Haltung, mit Inhalten souverän umzugehen.

Die wesentliche und völlig fachunabhängige *Regel* in diesem Kontext lautet:

> Alles, was Sie erarbeiten, muss zu jedem Zeitpunkt überprüfbar und damit mehr als nur nachvollziehbar sein.

Das bedeutet: Jeder, der in gleicher Weise Ihre Vorgehensweise anwendet und Ihre Methode einsetzt (vorausgesetzt Sie arbeiten empirisch), muss am Ende zum gleichen Ergebnis kommen. Jeder, der die gleichen Quellen wie Sie verwendet, muss zu den gleichen Argumenten finden. Jeder, der sich mit Ihren Hypothesen auf die gleiche Weise beschäftigt, wird Ihrer Argumentation folgen können. Das bedeutet nicht, dass alle auch Ihre Frage, Ihr Thema auf die gleiche Weise bearbeiten müssen. Das bedeutet nicht, dass es nur einen Weg gibt, um mit Ihrer zentralen Hypothese zu arbeiten. Aber wenn sich ein anderer Forscher darauf einlässt, Ihnen zu folgen und Ihren Weg nachzuzeichnen, muss alles, was Sie tun, einen Sinn ergeben und in diesem Falle dann tatsächlich „nachvollziehbar“ sein.

Deshalb können wir hier einen weiteren Merksatz formulieren:

> *Wissenschaftliches Arbeiten ist durch Überprüfbarkeit gekennzeichnet. Weil dies so ist, müssen Sie sehr genau, sehr logisch und nachvollziehbar arbeiten.*

Sie können die Einhaltung dieses Merksatzes gut überprüfen, indem Sie auf die Verben schauen, die Sie verwenden möchten. Sobald Sie innerlich formulieren wollen: „Ich glaube...“, „Ich finde...“, „Ich halte dies für...“, bewegen Sie sich nicht im Bereich der Wissenschaftlichkeit, denn hier gelten Nachprüfbarkeit und Exaktheit. Wagner (2007, S. 123) formuliert es so: „Wissenschaft wird gekennzeichnet durch Logik, Exaktheit und Überprüfbarkeit. Moralische Argumente, Argumente des Glaubens oder der Hoffnung gehören zwar zum Leben aber nicht zur Wissenschaft. Es gibt eine Wissenschaft der Moral. Das ist die Ethik. Auch sie argumentiert mit Logik, Exaktheit und Überprüfbarkeit. Es gibt auch eine Wissenschaft des Glaubens. Das ist die Theologie. Auch sie argumentiert mit Logik, Exaktheit und Überprüfbarkeit."

2.2 Die erste Regel: Routinen durchbrechen!

Die Grundregeln der hier im Zentrum stehenden Prozesse sind recht einfach zu erlernen. Wenn man die Arbeitsweise einmal abgeglichen hat, wenn man sich einmal auf den ‚Writing Code' eingeschwungen hat, dann wird man sich nie wieder auf andere Weise mit wissenschaftlichen Themen auseinandersetzen wollen. Für das Erlernen des Basiskonzeptes ist Abschnitt 5.5 zentral – wenn Sie mögen und besonders eilig unterwegs sind, können Sie jetzt direkt dorthin „springen" und die übrigen Kapitel für eine spätere Lektüre aufsparen. So will dieses Buch behandelt werden: Sie sind, wie angedeutet, dazu eingeladen, gedanklich zu springen, nach Belieben zurück- und vorzublättern: Dies ist Ihr Buch, und Sie dürfen es so behandeln, wie es Ihren Denk- und Leseroutinen am ehesten entspricht.

Dennoch sei hier der Warnhinweis gestattet: Das Buch und seine Lektüre können Sie verändern! Ich versuche, Ihnen das an einem Beispiel klarzumachen: Wenn Sie einmal Lesen gelernt haben, dann können Sie nicht mehr „Nichtlesen". Dann ergeben Buchstaben in geordneter Reihe, wenn sie Wörter ausbilden, immer eine Botschaft. Ihr Hirn kann dieser nicht mehr länger entgehen, kann nicht mehr zurück in die Zeiten, bevor ihm Lesen möglich war und Buchstabenreihen ein undurchdringliches Gewirr von Linien darstellten. Immer dann, wenn das Hirn nun vielleicht auch völlig sinnlose Zeilen angeboten bekommt, wird es darauf reagieren, wird es diese „übersetzen" wollen in einen Text, eine Idee. Ebenso wird es Ihnen mit dem ‚Writing Code' gehen: Sie werden nicht mehr anders schreiben können und wollen, werden nicht mehr anders denken können, wenn Sie ein wissenschaftliches Thema bearbeiten. Genau auf diese Weise will Sie dieses Buch verändern, will Ihnen dieses Buch eine Technik an die Hand geben, die ebenso nützlich ist – zumindest im Wissenschaftsbetrieb, zumindest für Ihr Studium und dessen Erfolg – wie das Lesen im täglichen Leben. Wer lesen kann, wird dies nicht länger missen wollen. Wer nach dem ‚Writing Code' schriftliche Abgaben im Studium bearbeitet, wird nicht mehr anders arbeiten wollen. Dieses Buch also lädt Sie zu einem Abenteuer der Veränderung ein, es will Muster aufbrechen und Sie selbstkritisch und zielgerichtet in ein neues Denken führen. Wenn Sie sich darauf einlassen, wird es die Kraft dazu haben.

An verschiedenen Stellen, in unterschiedlichen Kapiteln werden Sie einzelne Regeln finden, die Ihnen ganz konkret das Lernen und damit die Veränderung erleichtern. Diese Regeln können Sie als Merksätze nutzen, mit denen Sie weiterarbeiten. Sie können sie auch um individuelle Aspekte erweitern, können Ihre eigenen Anmerkungen hinzufügen, damit Sie den ‚Writing Code' so entwickeln, dass Sie persönlich in Ihrer Individualität am besten davon profitieren. Das ist das Geheimnis dieses Konzeptes. Ich werde versuchen, alle Aspekte zusammenzutragen, die sich in allgemeingültige Regeln fassen lassen und auf alle wissenschaftlichen Autoren zutreffen. Sie für Ihren Teil übernehmen die Interpretation des Konzeptes, Sie übertragen es in Ihre ganz eigene Realität. Gerne können Sie für kommende Auflagen dieses Buches auch Ihre Erfahrungen zurückmelden, können Sie Erweiterungen anregen oder Veränderungen einbringen. Der ‚Writing Code' erhebt keinen Anspruch auf Vollständigkeit oder darauf, allein ‚seligmachend' zu sein. Er ist ein Arbeitsinstrument und insofern veränderbar, anpassungsfähig und undogmatisch, wie es übrigens auch eine der Regeln für gute wissenschaftliche Praxis sein kann, ganz undogmatisch zu denken.

2.3 Eine wichtige Erkenntnis: Sie sind nicht allein!

Um in aller Konsequenz die Linie dieses Buches durchzuhalten, muss ich Sie als Leser von einer Illusion befreien, von jener weit verbreiteten nämlich, dass Sie mit ihrem Problem völlig alleine stehen, dass kein anderer auf den gleichen herausfordernden Berg an Inhalten und Ideen blickt, niemand anderes genau das sucht, was Sie im Moment benötigen. Egal, was Sie jetzt erwidern wollen, ich kann Ihnen versprechen: Sie sind nicht allein! Es gibt Fragen, die nachgerade übergreifend typisch sind. Sie treffen auf jedes Fach zu, und sie treffen am Ende jeden, der sich für ein Studium entschieden hat. Dies gilt, obwohl viele Fächer ihre eigene Nomenklatura, ihre eigenen Regeln und Gesetze besitzen.

Die Umstellung von Magister- und Diplomstudiengängen auf das Bachelor-Master-System hat im Übrigen die Zahl der erstellten Abschlussarbeiten exorbitant erhöht, sodass sich prozentual deutlich mehr Studierende in einer solchen Arbeitsphase befinden als noch vor der Bologna-Reform. Schließlich müssen all jene, die einen Master-Abschluss anstreben, im Regelfalle eine Bachelor- und eine Masterarbeit abliefern. Ich persönlich übrigens halte dies für eine der wenigen wirklich zielführenden Verbesserungen, die „Bologna" ermöglicht hat. Dies mag daran liegen, dass meine seinerzeitige Diplomarbeit zu einem Marketingthema (Key Account-Management, vgl. Rau 1994) für mich eine großartige Erfahrung darstellte. Das Studium der Wirtschaftswissenschaften – stark an Klausuren orientiert – gab mir hier zum ersten Mal die Gelegenheit, Wissen in einem größeren Zusammenhang zu verknüpfen, Ideen und Konzepte über einen Zeitraum zu entwickeln, ebenso systematisch wie kreativ zu arbeiten. Wenn ich persönlich zurückdenke, dann hat sich in dieser Phase meines Studiums alles noch einmal zu einem „Großen Ganzen" gefügt und abgerundet, vieles war plötzlich anwendbar und auch für die Praxis von Relevanz, ohne die Erfahrungen aus der Schlussphase des Studiums mit der Diplomarbeit wäre ein ganz anderer Eindruck zurückgeblieben.

Doch zurück zur Ausgangsfragestellung: Wenn Sie sich unter Ihren Kommilitonen umschauen, dann wird Ihnen auffallen, dass viele von ihnen in ganz ähnlicher Weise sozialisiert sind, wie sie selbst. Sie teilen ähnliche Erfahrungen in der Schule und haben ähnliche Einstellungen. Warum sollte es diesen Menschen anders gehen als Ihnen? Warum sollten sie das Schreiben von Texten anders bewerten? Das mögen banale Fragen sein, aber sie helfen ultimativ dabei, die eigene Situation zu relativieren. Sie werden auch feststellen, dass manche im

„System" Hochschule schneller „ankommen", sich besser im Studentenleben zurechtfinden als andere, und auf diese Weise auch schneller „scheinfrei" sind, schneller Prüfungen hinter sich bringen und ihnen Vieles eben besser „von der Hand geht".

Dies kann unter anderem daran liegen, dass sie die aus schulischen Zusammenhängen bekannten und gewohnten Arbeitsweisen schneller ablegen, dass sie möglicherweise neben oder nach der Schulzeit andere Erfahrungen gesammelt haben, beispielsweise im Rahmen einer Ausbildung oder generell von Berufstätigkeit. Warum aber ist es falsch oder schlecht, so zu denken, wie man es von der Schulzeit her gewohnt ist? Dazu im Folgenden einige Gedanken, die dabei helfen sollen, das eigene Studium besser zu strukturieren und für sich anzunehmen. Aus meiner Erfahrung sind es die hier mit aufgenommenen Punkte, die auch erfolgreiche Hausarbeiten verhindern, die Studierende hemmen und Leistungen erbringen lassen, die am Ende in der Selbsteinschätzung unter ihrem Niveau und unter ihren eigentlichen Fähigkeiten bleiben.

Drei Punkte sollen hiervon ausgehend in den folgenden Abschnitten angesprochen werden:

1. Das Verhältnis der Beteiligten und wie es den Lernerfolg beeinflusst (mehr dazu in Abschnitt 2.4),
2. die innere Haltung, und wie sich unser Hirn steuern lässt (mehr dazu in Abschnitt 2.5),
3. das Konzept der Enttrivialisierung (mehr dazu in Abschnitt 2.6).

2.4 „Da vorne steht der Feind!" Wirklich?

In diesem Abschnitt steht ein zentrales Moment des Bildungskontextes an Hochschulen im Zentrum der Auseinandersetzung. Es geht um die innere und äußere Haltung und wie sie das Erreichen selbst gesteckter Ziele be- oder sogar verhindern kann. Die Basiserfahrung in der Hochschullehre ist nach wie vor die gleiche: Der „Lehrer", der zwar möglicherweise anders als in der Schule agiert, bleibt Gegenpol, das Feindbild, das, beziehungsweise der andere. Aus dieser Konstellation ergibt sich vielfach eine, transaktionsanalytisch betrachtet, komplementäre Kommunikationsbeziehung zwischen Kindheits- und Eltern-Ich.[8] Das bedeutet letzten Endes: Der Hochschullehrer wird als Autorität wahrgenommen, mit Abstand betrachtet und in seiner Wirkung auf die eigene Psyche als fordernd, (maß)regelnd, paternalistisch, vielleicht sogar übergriffig erlebt. Studierende fühlen sich demgegenüber klein, unbedeutend, vielfach – wie eben das kleine Kind auch – hilf- und schutzlos ausgeliefert. Zusätzlich müssen wir davon ausgehen, dass Vieles im situativen Erleben „konstruiert" ist, von unserem Hirn „erschaffen" wird.

2.4.1 Emotionen und ihre Rolle für den Hirnarbeiter

Das können wir als Allgemeinplatz bezeichnen: Unser Hirn und seine Leistung hängen von unserem psychischen Zustand ab, und unsere Einstellung(en) entscheiden darüber, wie und mit welchen Konnotationen etwas abgespeichert wird. Dazu der Psychologe Hans J. Markowitsch (Markowitsch 2006, 28, vgl. auch Markowitsch/Welzer 2008): „Gedächtnis und Gehirn sind nicht vergleichbar mit Information und Computer. Das Gedächtnis, insbesondere das menschliche Gedächtnis, ist hochgradig dynamisch, es ist zustandsabhängig; wir schaffen uns unsere Erinnerungen selbst, sie entsprechen nicht unbedingt dem, was zuvor in der Außenwelt, in der Umwelt abgelaufen ist. In einem depressiven Zustand beispielsweise rufen wir eher negative Erlebnisse ab oder färben diese negativ ein, in einem euphorischen Zustand dagegen die positiven. Gleichzeitig bedeutet die Zustandsabhängigkeit und Subjektivität von Erinnerung, dass sich unser Gedächtnis im Lauf des Lebens modifiziert, dass Erinnerungen mit jedem Abrufen auch wieder in dem gegenwärtigen Zustand neu eingespeichert werden und damit auch wieder den ursprünglichen Charakter verändern. Das kann im Extremfall dazu führen, dass es zu dem, was man in der Wissenschaft ‚False Memory Syndrom' nennt, kommen kann, also zu fehlerhaften falschen Erinnerungen, was insbesondere natürlich bedeutend ist in Situationen, wo es um Zeugenaussagen geht. Auch im Alltag kann ein ‚False Memory Syndrom'

8 Zu einer intensiven Auseinandersetzung mit der Transaktionsanalyse sei hier ausdrücklich eingeladen. Einen einführenden Überblick gibt es im UTB-Taschenbuch „Einladung zur Kommunikationswissenschaft" vom Autor.

auftreten, wenn man beispielsweise stark ermüdet oder erschöpft ist, man bringt dann z. B. oft Ort, Zeit und Personen durcheinander.“

Die Erkenntnisse, die Markowitsch hier (2006, 23–40) zusammenträgt und begründet, sind auch im Kontext wissenschaftlichen Arbeitens von hohem Interesse, da sie gut die Konstruktion von Erinnerung und damit auch Lernen mit hirnphysiologischen Abläufen zusammenführt. Stellt sich ein innerer Zustand wieder ein, tauchen damit auch längst vergangene Informationen wieder auf (Markowitsch/Siefer 2007, 104). In ihrem Beitrag für den Funkkolleg Psychologie (vgl. Markowitsch/Welzer 2008) berichten die Autoren beispielsweise von einer 93-jährigen Frau, die plötzlich im Alter jene vor vielen Jahrzehnten auswendig gelernte Gedichte wieder fehlerfrei aufsagen kann. Dies liege hier allerdings nicht nur an einer Art Regredieren in die Jugend, in der eben auch emotional verknüpfte Details abgerufen werden, sondern auch möglicherweise am Abbau von Neuronen in der Hirnrinde, die zuvor als „irrelevant bewertete Materialien“ nicht mehr länger unterdrückten und diese wieder ins Bewusstsein vordrangen (Markowitsch/Siefer 2007, 105). Zustandsabhängigkeit, so die Psychologen, kann den Abruf von Informationen auch hemmen (ebd.): „Studenten können so etwas erleben, wenn sie zu Hause den Prüfungsstoff, entspannt auf dem Sofa liegend und nebenher ein Glas Wein trinkend, pauken. In der Prüfungsatmosphäre mit Professorin, Beisitzer und Protokollant kommt es dann zum Zungenphänomen – der Abruf ist blockiert.“

Solche Blockaden können auch langfristig bestehen bleiben (ebd.); diese Situations- und Emotionsabhängigkeit aller Hirnaktivitäten und Speichervorgänge liefert im Kontext dieses Buches einen wichtigen Hinweis für Studierende, denn darauf aufbauend können sie nun Arbeitsorte und ihre „Schreibumgebung“ aktiv gestalten und an ihrer inneren Einstellung arbeiten.

Ein paar weitere knappe Hinweise seien an dieser Stelle gestattet: Unser Hirn speichert besser, wenn ein Ereignis die Eiweißstruktur des Gehirns tatsächlich verändert, je länger ein Reiz andauert – oder je häufiger er sich wiederholt (vgl. Singer 2000) – dies ist für Lernerfahrungen wichtig zu wissen. Aber auch für das Schreiben von Abschlussarbeiten ist dieser Aspekt nicht irrelevant. Insbesondere dann, wenn man zusätzlich berücksichtigt, dass sich das Erlebte festigt, wenn mehrere Bereiche des Gehirns an diesem Ereignis beteiligt sind (ebd.). Nach dieser Erkenntnis gilt: Insbesondere Emotionen spielen hierfür eine wichtige Rolle, emotional verortete Informationen werden schneller und definitiver gespeichert – sie sind leichter wieder abzurufen, interessanterweise kann übrigens auch Muskelaktivität bei der Speicherung unterstützen (vgl. ebd.). Dieser Aspekt wird hier deshalb aufgegriffen, weil Sie am meisten von Ihrer „Text-Arbeit" im „Studierzimmer" dann profitieren, wenn Sie Lesen und Schreiben in einem angemessenen und für Sie individuell bestimmbaren Rhythmus kombinieren. Denn während das sogenannte Broca-Areal, eine Hirnregion, beim Lesen generell aktiviert ist, sind das Wernicke-Areal und der Gyrus angularis bei der Übersetzung von Buchstaben in Laute gefragt, für das Übertragen alphabetischer Codes (Wernicke-Areal) und die Verknüpfung gesprochener und geschriebener Wörter (Gyrus_angularis); hinzu kommt das Wortformareal, das als Hirnregion für das Speichern und Abrufen ganzer Wörter zuständig ist (vgl. Ligges 2002). Will sagen: Sie dürfen beim Lesen auch einmal laut vor sich hin sprechen, um Ihre Hirnleistung zu optimieren und die verarbeiteten Texte noch besser zu verstehen. Getreu dem Motto: Je mehr Bereiche beteiligt sind, umso eher können Sie das Gelesene speichern und für Ihre Texte abrufen.[9]

2.4.2 Das Erwachsenen-Ich und die innere Einstellung

Abgeleitet aus solchen auch auf der physiologischen Ebene nachgewiesenen Erkenntnissen, wie sie im vorangegangenen Abschnitt thematisiert wurden und aus vielen Jahren der Erfahrung mit Studierenden, würde ich heute behaupten: Ein erfolgreiches Studium hängt von unzähligen Faktoren ab, einer der wichtigsten dabei ist die innere Einstellung. Beim Blick auf konkrete Affirmationen in diesem Ka-

9 Man kann solche Zusammenhänge dann erkennen, wenn man wie eben Ligges Hirnaktivitäten mithilfe der funktionellen Magnetresonanztomografie (fMRI) misst und hierbei zum Beispiel Menschen mit ‚normaler' Lese- und Rechtschreibfähigkeit und jene mit Lese-Rechtschreibschwäche anhand der über die fMRI erzeugten Bilder der Hirnaktivität vergleicht (Ligges 2002, 31 – zu einem neuronalen Modell für das ungestörte und gestörte Lesen).

pitel wird darauf noch näher einzugehen sein. Mein persönliches Fazit jedoch sei schon an dieser Stelle getroffen: Mit der richtigen Einstellung wird aus jeder eingereichten, schriftlich verfassten Arbeit ein persönlicher Erfolg, selbst dann, wenn die Note nicht hundertprozentig zufriedenstellt!

Zum Einstieg in den übergeordneten Abschnitt habe ich Sie bereits mit der Transaktionsanalyse konfrontiert, um das Lehrer-Schüler-Verhältnis zu beschreiben. In einem solchen liegt neben der komplementären Transaktion, die wir mit einer Kommunikationsautobahn zwischen Eltern- und Kindheits-Ich (Extero- und Enteropsyche) vergleichen können, auf der psychologischen Ebene oft eine Überkreuz-Transaktion vor (vgl. zu den Ausgangspunkten der Transaktionsanalyse Berne 1961, zum populären Hauptwerk „Spiele der Erwachsenen" Berne 1992; eine gute Einführung bieten Joines und Stewart 2015, einen hervorragenden Überblick Rüttinger 2013). Diese könnte sich ungefähr wie folgt darstellen: Der Schüler will sich nicht länger als Kind sehen, will aus dem System ausbrechen, wappnet sich innerlich und begegnet in dieser Innerlichkeit dem Eltern-Ich mit dem eigenen Eltern-Ich. Dies führt auf der Ebene der möglichen Transaktionen zu einem sehr komplexen Beziehungsgeflecht, das menschliche Kommunikation und damit menschliches Zusammenleben seit jeher bestimmt. Die Transaktionsanalyse kennt noch einen weiteren Ich-Zustand, das Erwachsenen-Ich, dieses prägt sich erst im Laufe der Zeit aus (vgl. Harris 2001): Zusammenarbeit wird oft dann besonders erfolgreich, wenn sich die Partner auf Augenhöhe – und dann eben auch im Erwachsenen-Ich – begegnen. In diesem Ich-Zustand wird Vieles rational erklärt, man setzt sich argumentativ mit seinem Gegenüber auseinander und ist offen für neue Sichtweisen, man fühlt sich zudem weniger schnell angegriffen und ist eher nicht an rein affektives Handeln gebunden.

In den erweiterten Forschungen zur Transaktionsanalyse hat sich zudem gezeigt, dass Transaktionen dann besonders gelingen, wenn wir unser Gegenüber ebenso akzeptieren wie uns selbst (vgl. Harris 2001) – der Grundzustand des Menschen ist jedoch eher ein anderer, wir fühlen uns schnell persönlich angegriffen und reagieren entsprechend emotional in Entero- oder Exteropsyche. Der alleinige Schlüssel ist hier im Sinne der Transaktionsanalyse tatsächlich, den anderen so stehen zu lassen und ohne Interpretation anzunehmen, wie er ist (Harris 2001), und im gleichen Moment auch „Ja!“ zu sich selbst zu sagen. Während alle anderen Zustände bereits in der Kindheit angelegt werden, so ist dieses „Ich bin okay – Du bist okay“ (so auch der erfolgreichste Buchtitel des Vertreters der Transaktionsanalyse Thomas Harris, vgl. 2001), etwas, was wir nach den Erkenntnissen der Psychologen als Menschen erst in der Adoleszenz lernen und leben können, das heißt, in jenen Jahren, die regelmäßig das Ende der Schulzeit und den Beginn eines Studiums ausmachen.

In dieser Phase starker Veränderungen – man zieht von zu Hause aus, muss sich um Ernährung, Wohnen, Wäsche und unzählig viele Dinge mehr kümmern, setzt seine eigenen Prioritäten, darf selbstverantwortliche Lebensgestaltung genießen – beginnt ein Studium und prägt sich im gleichen Atemzug die Fähigkeit aus, Selbstwert auf einer neuen Stufe zu entwickeln (vgl. Rüttinger 2013, Joines/Stewart 2015).

Die Voraussetzungen sind also im Grunde bestens, um eingefahrene Muster aus der Schulzeit abzulegen, um für sich Arbeitstechniken und Methoden zu entwickeln, die ein produktives Miteinander an der Hochschule beschleunigen und damit die Beziehung(en) zu Lehrenden, zu Mitstudierenden und zu Vertretern einem bislang fremder Fächer auf eine neue Stufe zu stellen.

Erfahrungsbericht: Wie jeder Junkie, der einfach immer weiter macht...

Während meiner Diplomarbeit habe ich mich ja wissenschaftlich um den ‚Faktor Ich' bei der Gründung von Magazinen kümmern sollen. Allerdings ist es gleichzeitig auch zu einer intensiven Bekümmerung um den eigenen ‚Faktor Ich' gegangen. Am Anfang war ich euphorisch: Ich darf mir ein Thema frei wählen, ich darf mir meine Zeit frei einteilen, ich darf mir einen Betreuer wählen, ich darf meine eigenen Gedanken entwickeln und formulieren. Beschwingt stürzte ich mich in die Literatur, fühlte mich förmlich intellektuell reifen, wenn ich mich in die ehrwürdigen Hallen der Bibliotheken zurückzog und stapelweise Material durchwühlte. Das Thema wurde mit jeder Zeile, die ich von großen und wichtigen Experten rezipierte, selbst größer und wichtiger. Ich war da an was ganz Dickem dran! Ich saugte und saugte, das Thema blähte und blähte. Ich sprach mit jedem Menschen darüber, den ich in der Uni, im Park, in der Kneipe traf. Die Gespräche mit dem Betreuer liefen auch gut, ich war ja vollgedröhnt mit Materie.

Aber wie jeder Junkie, der einfach immer weiter macht, weil der Kick der Erkenntnis doch zu schön ist, kannte auch ich das Ende nicht. Und so sniffte ich, was ich unter die Finger bekam und verlor mich. Erst fiel es mir kaum auf. Schließlich hatte ich doch schon so ein schönes Masterdokument angelegt mit These und Gliederung und Quellenverzeichnis. Aber als ich ab und zu hineinlas, was ich da so sammelte, offenbarte sich ein hässliches, zusammengeflicktes, unsinniges Diplommonster. Es war derartig fett geworden, dass es mir absolut nicht mehr einfiel, was ich eigentlich wissen wollte. Je mehr ich mir das Dokument durchlas, umso weniger wusste ich es. Alles war wichtig. Und nichts. Wieder und wieder las ich es mir durch, versuchte mich zu beruhigen, sprach mit Vertrauten, versuchte mich zusammenzureißen. Aber es half nichts: Das Monster fraß mich.

Jetzt möchte natürlich jeder gern wissen, wie genau ich es geschafft habe, mich aus dem Bauch des Monsters zu befreien, es zu schlachten, filetieren und mit einer ordentlichen Note bestempelt in den Wissenschaftsbetrieb eingespeist zu haben. Aber das lässt sich nicht in ein paar gut gemeinten Ratschlägen erklären. Ich habe in dieser Zeit viel meditiert, gekocht und ja, geraucht. Es war wichtig, dass ich mich von meinen damaligen Mitbewohnern habe ablenken lassen. Dass ich nicht völlig allein in meinem Kopf war. Dass ich nicht völlig allein mit diesem Monster war. Ich erinnere mich noch an einen Abend. Die WG-Küche war wieder voll mit Leuten, die gerade selbst ihre verqueren sozialwissenschaftlichen Abschlussarbeiten schrieben oder es gerade getan hatten.

Überall standen Weinflaschen herum, und die Aschenbecher quollen über. Immer musste man über Hegel reden oder Sex. Ich hatte meinen monsterschweren Kopf bereits wieder auf die Tischplatte sinken lassen, da setzte sich eine Frau neben mich, streichelte mein Haar und sagte: "Versteh doch, Greta, bei der Abschlussarbeit geht es genau darum. Um dieses Ringen, dieses Monsterbezwingen, dieses Wachsen. Es geht nicht um deine Ach-so-tollen-Erkenntnisse, sondern um den Prozess. Wie bei einer Feuertaufe: Wer das durchlebt hat, gehört dazu. Das ist der Unterschied zwischen Student und Absolvent.

Greta Taubert

2.4.3 Formulierungsvorschläge für veränderte Selbstkonzepte

Schule wird in der heutigen Form spätestens mit dem Übergang zur Pubertät von vielen Schülern als Zwang erlebt, als Disziplinierungsmaßnahme, die einem eingefahrenen – andere würden sagen, bewährten – System entspringt, gegen das man als Einzelner wenig ausrichten kann. Gegen die Lehrer als „ewige Besserwisser" grenzt man sich ebenso ab wie gegen Mitglieder der eigenen Familie. Pädagogen werden zum Feindbild, weil sie Herrschaft über die Notengebung haben, die, bezogen auf die eigene Person, als ungerecht empfunden wird. Wir kennen dies alle. Und dies ist eben auch eine Haltung, die gerne nahtlos auf das Leben an der Hochschule übertragen wird.

Dabei ist dort vieles anders:

- **Erstens** fällt der Zwang weg: Ein Studium ist stets freiwillig und selbst gewähltes Programm zum weiteren Erkenntnisgewinn.
- **Zweitens** sollte das Studium weniger Festlegung kennen als die Schulausbildung und in diesem besten Sinne auch innerhalb des Curriculums Wahlmöglichkeiten bieten (das ist in Bologna-Zeiten ein eher problematisches Feld).
- **Drittens** gibt es niemanden mehr, den man für das eigene Nichtlernen und Nichtstudieren verantwortlich machen könnte, so sehr man sich auch darum bemühen mag.

- **Viertens** sollte ein Studium im Idealfall interessengeleitet erfolgen, also mit Sinn unterlegt sein, den man ihm selbst gibt. Dies ist der höchste Lernmotivator, den wir als Menschen kennen.
- **Fünftens** ist inhaltlich Vieles deutlich diskursiver und weniger feststehend angelegt (vgl. Abschnitt 2.6 zum Thema „unerlaubte Fragen").
- **Sechstens** sind Dozierende nicht immer jene, die am „meisten" wissen. Jeder Studierende kann sich in gleicher Weise zu einem Experten in einem Spezialgebiet entwickeln und die Forschungsleistung im Fach voranbringen. Regelmäßig ist dies bereits auf der Ebene der Bachelorarbeiten der Fall.
- **Siebtens** müssen sich Hochschullehrer nicht an einen Lehrplan halten. Es gilt das Prinzip der Freiheit und zwar in der Lehre wie in der Forschung. Die Lehrer hier sind im Handeln frei. Diese Freiheit findet übrigens auch in den sehr aufwändigen Verfahren zur Berufung von Professoren ihren Ausdruck. Hochschulen wollen sichergehen, dass sie für bestimmte Bereiche diejenigen berufen, die Impulse geben, das Fach voranbringen und ihre Forschungsleistungen auch in der Lehre gut umsetzen können.

Diese und einige Aspekte mehr unterscheiden die Hochschule von einem klassischen Schulbetrieb. Ich gebe allerdings all jenen Recht, die im Bachelor-Master-System eine stärkere Verschulung des Studiums sehen. Das hat Vor- wie Nachteile, die hier nicht weiter zu diskutieren sind. Meines Erachtens jedoch ist die Hochschule nach wie vor ein Lernort, der einer gewissen Freiheit verpflichtet ist, und der Angebote unterbreitet, die angenommen oder abgelehnt werden können.

2.5 Einladung: Eine außergewöhnliche Übung!

Besonders erfolgreich sind Lehrveranstaltungen dann, wenn sich Studierende mit Lebenserfahrung und dynamischer Wissensaneignung einbringen, wenn sie den Diskurs vorantreiben und gesellschaftliche Realitäten ihrer Generation zu vertreten wissen. Das wäre meine Meinung und versteht sich als Konsequenz aus dem vorangegangenen Abschnitt. Dies macht Hochschule lebendig und führt am Ende zu lesenswerten Bachelor- oder Masterarbeiten, die aus Interesse entstehen und den Forscher, den Wissenschaftler im Studierenden entwickeln. Studierende unterschätzen regelmäßig, dass die Freiheit des Hochschulwesens auch ihnen Freiräume eröffnet, die sie füllen, genauer: gestalten können. Die Abschlussarbeit bietet sich als ultimativer Schritt hin zu einer Emanzipation als selbstständiger Wissenschaftler an.

2.5.1 Alternativen zum Feindbild

Im vorangegangenen Abschnitt (vgl. 2.4) wurde das „Feindbild" Lehrer entwickelt und die Probleme, die daraus für Sie und Ihren Studienerfolg resultieren. Sie können nun selbst den Test für sich durchführen: Verlassen Sie für einen Moment die Haltung, dass vorne im Hörsaal oder am Pult im Seminar jemand steht, der Ihrer Entwicklung entgegensteht. Stellen Sie sich in einem ersten Schritt stattdessen vor, dass Sie mit der Immatrikulation gleich Ihren Abschluss erhalten. Richtig: im Moment, in dem Sie den Brief zur Annahme für ein Studium in den Händen halten, bekommen Sie das Abschlusszeugnis mit dem Votum „bestanden" gleich mit in die Hände gedrückt. Wollen Sie dies wirklich, so ganz ohne sich selbst zu beweisen, so ganz ohne Arbeit hineingesteckt zu haben? Wollen Sie den Abschluss geschenkt? Nein? Dann genießen Sie die Herausforderungen, die sich im Studium stellen. Ein Kollege von mir formuliert gerne in seinen Veranstaltungen: „Wenn Sie hier alles verstehen, dann sind Sie falsch!" – denn dann müssten Sie schließlich bereits einen oder vielleicht auch zwei Kurse weiter sein.

Nun überlegen Sie sich in einem zweiten Schritt, welche alternativen Rollenbilder Sie dem Lehrer angedeihen lassen können, welche Rolle für Sie auf „Resonanz geht" und damit passt. Wollen Sie im Dozenten alternativ einen „Trainer" sehen, der Ihre persönliche Entwicklung begleitet und Ihnen regelmäßig Angebote unterbreitet, oder jenen „Coach", der Sie zu Höchstform antreibt und aus der Lethargie reißt? Gehen Sie lieber in eine Konsumhaltung, oder wollen Sie aktiviert werden (Letzteres ist bezogen auf den Lernerfolg zumeist erfolgreicher, vgl. Jordan/Remmler 2014: 37-84)?

Egal, wie Sie es drehen und wenden: Studium, und das sollte jedem, der sich darauf einlässt, bewusst sein, fordert heraus, führt einen bis an seine Grenzen und manchmal darüber hinaus. Darin liegt der Reiz, aber auch die Not, die man als Teil des Systems in sich spürt. Aber das ist es auch, was ein Studium ausmacht: die selbstgewählte Reise zu den Grenzen des eigenen Denkvermögens.

Es ist Ihre Entscheidung, wem Sie auf welche Weise begegnen, wen Sie ernst nehmen und von wem Sie sich herausfordern lassen wollen. Die Einladung, die ich hier aussprechen kann, ist diejenige, diese Aufgabe ernst zu nehmen, die Beziehungen klar zu definieren, sich auch klar darüber zu werden, dass Hochschule auf andere Weise „funktioniert" als Schule, dass der Wechsel an die Universität oder Fachhochschule Ihnen auch die Möglichkeit gibt, sich selbst neu zu definieren. Ohne Zweifel, auch in diesem System unterliegen Sie zahlreichen Zwängen, unterliegen Sie dem Druck, bestimmte Zusammenhänge und Konzepte lernen zu müssen, diese sich in mühevoller Arbeit des Memorierens einzuprägen. Kein Studium kommt ohne diese aus.

Einen sinnvollen Schlüssel bieten hier Affirmationen. Sie beeinflussen unser Denken und Handeln, und in Abschnitt 3.2 werden wir uns gemeinsam intensiver mit passenden oder unpassenden Varianten auseinandersetzen. Es handelt sich dabei um positive ‚Programmiersätze', die dabei helfen sollen, Unbewusstes im besten Sinne „umzuprogrammieren". Auf diese Weise könnten Blockaden, Störungen und festgefahrene Strukturen gelöst und hindernde Glaubensmuster geändert werden (Meyer 2009, 3). Affirmationen sollten nach Ansicht von Ruth Meyer immer positiv formuliert werden, da das Unbewusste das Wort „nicht" nicht verstünde. Als Beispiel könnte man hier angeben: „Ich bin gesund" statt „Ich bin nicht mehr krank". Die Arbeit mit solchen positiven Glaubenssätzen, die tatsächlich durch regelmäßige Wiederholung in das Bewusstsein einsickern können, hat zwischenzeitlich eine durchaus bemerkenswerte Karriere gemacht, wobei hier immer wieder auch auf Joseph Murphy verwiesen wird, der als einer der Protagonisten der Neurolinguistischen Programmierung, der NLP-Techniken, gilt. Diese Techniken sind in psychologischen Fachkreisen hoch umstritten. Insbesondere ihre mangelnde Wissenschaftlichkeit wird immer wieder hervorgehoben (vgl. z.B. Bordi 2009, 32–35). An dieser Stelle soll nur der Hinweis auf die Möglichkeit gegeben werden, mit positiven Affirmationen zu arbeiten, die sich als Glaubenssätze fest im Hirn verankern lassen. NLP arbeitet dabei oft unter Einsatz des Körpers – bestimmte Erinnerungspunkte werden quasi aufgeladen. Die Verbindung sorgt für eine leichtere Abrufbarkeit – man berührt den Punkt am Körper und hat den „dort abgespeicherten" Satz parat. Wie erwähnt, wird Abschnitt 3.2 an diesen Aspekten „andocken" und das Thema Affirmationen vertiefen. Zuvor sei jedoch ein wenig pädagogisch-konstruktivistisches Gedankengut verbreitet.

2.5.2 Mit Sinn und Verstand – noch mehr Hirnphysiologie!

Es war in den beiden vorangegangenen Abschnitten schon die Rede davon, dass „Sinn" einen wesentlichen Faktor darstellt, der alle Studienleistungen verbessert. Wenn wir als Menschen Sinn in etwas sehen, wenn wir ihm Relevanz geben, verändert sich etwas. Wir führen dem automatisch Aufmerksamkeit zu, und diese beeinflusst entscheidend, was und wie wir Dinge behalten. Für mich persönlich war der Text des Grundschullehrers Falko Peschel etwas, in dem ich mich wiederentdeckte. Er beschrieb Erfahrungen aus dem offenen Unterricht, beschrieb das Leid, das er als Lehrer erfahren hat, die Herausforderungen, die solchermaßen verstandene Pädagogik beinhaltet – und er zeigte mir, wie sehr Hochschuldidaktik dann am Ende doch an die Frage guter Pädagogik anknüpft, die sich schon im Grundschulalter stellt. Unter den zahlreichen Beispielen, die dieser kurze Text enthält (Peschel 2002, 9), sei an dieser Stelle eines herausgegriffen: „M. lernt nicht. Ist M. nicht schulreif? Es wird vorsichtshalber eine Rückstellung beantragt. M. kann sich gut selbst beschäftigen. Aber nicht mit Lernsachen. Nicht so wie die anderen. Im Herbst sieht M. Schreibschrift. Das will sie auch machen. Ich sage ihr, dass sie zuerst schreiben und lesen können muss. Am nächsten Tag kann sie schreiben und lesen. Mathe interessiert sie leider nicht."

Wir kennen dieses Phänomen, es gibt Dinge, zu denen müssen wir uns zwingen, weil wir den tieferen oder weiteren Sinn nicht innerlich erfahren, weil wir der Aufgabe keinen Sinn geben können und uns auch gegenseitig in der Peer-Group darin bestätigen, diesen Sinn nicht sehen zu können. Dabei bringt Interesse und Aufmerksamkeit unser Hirn in Bewegung. Kinder lernen beispielsweise sehr schnell Fahrrad zu fahren, wenn sie sich für Radfahrer begeistern, wenn sie diese aufmerksam mit Blicken verfolgen. Bereits in diesem Moment, im Moment der motivierten Beobachtung werden Spiegelneuronen angelegt (zu diesem Phänomen und den dazugehörigen Forschungen vgl. Rizzolatti et al. 1996 und insbesondere die hervorragende Zusammenführung der Spiegelneuronenforschung Rizzolatti/Sinigaglia 2008).

Es wachsen also allein durch begeistertes Zuschauen Nervenzellen, die später für die Bewegungsabläufe zuständig sein werden. So legt das Hirn sozusagen automatisch über unsere Aufmerksamkeit Potenziale an. Die intensive Erforschung unseres Sehsinns hat zum Beispiel ergeben, dass die Reaktion auf einen gegebenen Reiz ansteigt, wenn dieser beachtet wird (Treue 2015, S. N 2): „Gleichzeitig präsentierte Reize, die nicht beachtet werden, lösen dagegen schwächere Reaktionen in den Nervenzellen aus. Dieser Effekt lässt sich bereits in den frühesten visuellen Verarbeitungsarealen der Großhirnrinde nachweisen. Er nimmt dann mit jedem Verarbeitungsschritt, also in der Kaskade hintereinandergeschalteter Verarbeitungsareale zu, bis dann in Arealen des Frontallappens die sensorischen Qualitäten gegenüber der Verhaltensrelevanz, also der Frage, ob ein Reiz beachtet oder unbeachtet ist, völlig zurücktreten."

Dies alles führe dazu, dass ein beachteter Reiz in den Sinnesarealen der Großhirnrinde stärkere Reaktionen und damit eine bessere interne Repräsentation verursache als ein unbeachteter Reiz: „Das physiologische Korrelat von Aufmerksamkeit ist damit ein Selektionsprozess. Dieser verstärkt die Verarbeitung all derjenigen Reize in unserer Umwelt, deren Eigenschaften (Position, Farbe, Bewegungsrichtung) mit dem momentanen Aufmerksamkeitszustand übereinstimmen." (Treue 2015; S. N 2).

Wie nicht anders zu vermuten, konnten die Hirnforscher auch die Umkehrung nachweisen. Die Verstärkung der Reize reduziert sich für alle Situationen, in denen diese Übereinstimmung nicht gegeben ist und Stefan Treue verweist in diesem Kontext auf den Psychologen William James der 1890 schon geschrieben habe: „Jeder weiß, was Aufmerksamkeit ist. Es ist die Besitzergreifung des Geistes in klarer und lebendiger Form durch eine von vielen scheinbar gleichzeitig möglichen Objekten oder Gedankengängen. Fokussierung, Konzentration des Bewusstseins sind seine Essenz. Aufmerksamkeit impliziert die Abwendung von einigen Dingen, um mit anderen effektiver umgehen zu können." (ebd.).

2.5.3 Aufmerksamkeit und kontemplative Techniken

Aufmerksamkeit ist sozusagen der Regelungsmechanismus, um uns denjenigen Dingen zuzuwenden, die wichtig erscheinen. Ich habe hier bewusst das Verb „erscheinen" gewählt. Denn Aufmerksamkeit kann man auch lenken. Man kann sich ausrichten und sie üben. Das ist aus meiner Sicht eine interessante Tatsache, weil sie uns gerade in konzentrativen Phasen unseres Lebens – und das Verfassen einer Abschlussarbeit ist fraglos eine solche – helfen kann.

So hat der Mainzer Philosoph Thomas Metzinger interessante Versuche zu Selbstkonzept und Körperlichkeit durchgeführt und dabei auch regelmäßig meditative Praktiken berücksichtigt. Er bezeichnet es als „Standardproblem", dass der Meditierende jener ist, der die Achtsamkeit oder die Aufmerksamkeit halten wolle und gleichzeitig dieses Immer-Wollen hinter sich lassen müsse (Metzinger 2012, 29). An dieser Aussage kann man meines Erachtens sehr gut nachvollziehen, wie sehr Arbeitstechniken dieser Art auch dabei helfen könnten, sich in Zeiten, wo dies erforderlich ist, zu fokussieren. Und wann wäre dies wichtiger als in intensiven Phasen eines Studiums.

Metzinger (ebd.): „Ein wichtiger Aspekt dieses Problems ist der folgende: Unsere mentalen Ressourcen sind begrenzt, und die neuere Forschung zeigt den Menschen eigentlich als ein System von lauter kleinen Agenten, die ständig durcheinander schreien. Die neuen Modelle des Geistes zeigen, dass das, was in uns abläuft, am ehesten einem Marktplatz gleicht. Viele rufen gleichzeitig und kämpfen um den Fokus der Aufmerksamkeit: Du musst noch den anrufen – warum bist Du so müde? – Du könntest auch mal wieder ein Stück Schokolade essen – jetzt aber erst mal fertig spülen ... Unterschiedliche Impulse und Sub-Selbste kämpfen um Aufmerksamkeit und letztendlich um die Kontrolle des Verhaltens, das schließlich am Ende dieses Prozesses steht. Dabei sieht es sehr danach aus, dass es so was wie ein Selbst gar nicht gibt, sondern Myriaden von gleichzeitigen Handlungsimpulsen und Wunschvorstellungen. Ähnlich wie Vögelchen, die alle im Nest ihren Schnabel nach oben recken, wenn die Mama angeflogen kommt. Alle schreien: Aufmerksamkeit, Aufmerksamkeit, Aufmerksamkeit! Haben, Haben, Haben! Gerade so, als ob die Evolution, der grausame Wettkampf zwischen den Lebewesen um das pure Dasein, auch in uns noch einmal stattfindet. Also: Wettbewerb gibt es nicht nur außen, sondern in unserem eigenen Geist. Variation und Selektion, Tod und Wiedergeburt. Und das ist natürlich eine unschöne Entdeckung." (zum Kontext vgl. auch Metzinger 2014).

Es ist hier nicht der Ort, die hilfreichen Unterstützungsleistungen und Versuche zur Ordnung des Aufmerksamkeitschaos durch meditative Praxis auszubreiten. Es gibt jedoch zwischenzeitlich eine ganze Reihe wissenschaftlich valider Erkenntnisse, die beispielsweise Ott (2015) zusammenfasst und mit einer Einführung in die Meditationspraxis verbindet. Es soll hier auch nicht das Lob meditativer Arbeitstechniken gesungen und alle Erkenntnisse zum Zusammenhang von Meditation und Aufmerksamkeit zusammengetragen werden. Aber der Hinweis ist aus meiner Sicht sehr wertvoll: Die meisten Meditationstechniken trainieren auf gewisse Weise die Fokussierung, indem sie den Menschen schulen, „nichts" mehr zu denken, den unendlichen Strom der Gedanken zu durchbrechen und für eine gewisse „Erdung" zu sorgen. Dies ist aber nichts anderes, als eine aktive Übernahme der Aufmerksamkeitskontrolle, also perfekte Schulung für die anstehende Aufgabe, bei der die Aufmerksamkeit schließlich auf die zu verfassende Arbeit gelenkt werden soll. Zwischenzeitlich konnte die Psychologie auch nachweisen, dass regelmäßige Meditation für eine durchaus positive Veränderung der Hirnstrukturen sorgt (vgl. Ott 2015, vgl. Metzinger 2014).

2.5.4 Selbstverpflichtung – die aktive Beseitigung des Zweifels

In ganz ähnlicher Weise ist eine der aus meiner Sicht wirksamsten Techniken angelegt, die Studienerfolg ermöglichen. Eine Technik, die auf die gleiche Weise auch für den Prozess der Abschlussarbeit oder einzelne ausgewählte Lernaufgaben anwendbar ist. Es ist die Technik der Selbstverpflichtung. Diese hat fraglos etwas mit Autosuggestion zu tun. Aber, und das ist die Hauptsache, denke ich, sie funktioniert. Ein gesellschaftliches Phänomen der jüngeren Zeit ist es, dass eine möglichst große Zahl an Vertretern eines Jahrganges auch an die Hochschulen gehen soll, um zu studieren.

Über Sinn und Unsinn solcher Forderungen und die Folgen, die dies für die Entwicklung von Institutionen wie die Hochschulen hat, soll hier nicht weiter sinniert werden. Aber die über verschiedene für Absolventen des Schulsystems bedeutende Meinungsträger formulierte „Erwartung“ an junge Menschen, ein Studium aufzunehmen, führt am Ende dazu, dass Schulabgänger keine Alternative zu einem Studium sehen, auch wenn sie nicht oder noch nicht wissen, welche Richtung sie einschlagen sollen oder welches Fach sie vielleicht wählen könnten.

Erfahrungsbericht: „Quälerei, mühselig, frustrierend und oft nicht befriedigend!“

Das Problem mit dieser Art Arbeit ist ja, dass es kaum Routinen gibt. Es gibt nicht DEN Tagesablauf. Man kann sich zwar vornehmen, jeden Tag um acht Uhr aufzustehen und in die Bibliothek seiner Wahl zu gehen. Allerdings sind die Tage oft sehr unterschiedlich. An manchen recherchiert man nur, an manchen liest man nur. Furchtbar demotivierend ist dabei eigentlich, dass man oft das Gefühl hat, fast gar nicht voranzukommen. Auch stört es oft, dass die intellektuelle Höchstleistung wegbleibt. Man transkribiert oder sitzt vor SPSS. Das ist ein bisschen wie Grafikdesign, nur dass das Ergebnis nie „cool“ aussieht. Außerdem fängt man an, tonnenweise Bücher mit sich herumzuschleppen und darüber zu verzweifeln, dass es dann manchmal Quellen gibt, die man gar nicht oder nur über die Fernleihe bekommt, obwohl man sie doch jetzt gerade braucht.

Kurzum: Wissenschaftliches Arbeiten, vor allem alleine mit sich und dem PC, ist oft eine Quälerei, ist mühselig, frustrierend und nicht befriedigend. Die Empfehlung, die ich geben kann, ist ziemlich einfach: Entspann dich! Einen Tag nur Artikel in Datenbanken gesucht und sortiert? Ist halt so. Zwei Tage lang nur Artikel gelesen, in denen das Gleiche drinstand wie in einem bereits gelesenen? So funktioniert Wissenschaft nun einmal. Es sind kleine Schritte, die man macht, aber man muss Sie machen: „Word nervt? Nimm Pages oder ein anderes Schreibprogramm wie Ulysses oder Open Office. Ständig auf Facebook oder SPON? Blockier Domains mit http://selfcontrolapp.com/ Das Beste ist: Die Zeit läuft auch nach einem Neustart weiter. Zitationsprogramme helfen ungemein: Citavi oder Endnote sind super. Am Wichtigsten ist sich einzurichten, und damit meine ich: den Rechner." Ich lenke mich immer gerne mit „nützlichen Sachen" ab: Erst einmal die Datei einrichten, den Desktop aufräumen etc.: Macht das von Anfang an! Probiert aus, was am besten läuft! Und kommuniziert: Sucht euch Leidensgenossen, und trefft euch immer abends auf eine Stunde! Den ganzen Tag reden Leute über Bücher zu euch, da will man dann auch antworten." Das klingt jetzt alles irgendwie wohlmeinend, aber den meisten geht es genau wie euch. Wissenschaft ist mühselig, und leider erfindet niemand mit einer Bachelor oder Masterarbeit die Welt neu, aber es muss gemacht werden, und wenn man es gut macht, hat es auch einen Mehrwert, der über die Note hinausgeht, auch wenn der Mehrwert nur für euch selbst besteht.

Bennet Piecha

Zumeist wählt man in einer solchen Situation „irgendetwas", ein Fach, das so halbwegs passen könnte, mit dem man eine Vorstellung verbindet. Die Erwartungshaltung derjenigen aber, die einen „im System" begrüßen, die die Hochschule vertreten, können sich kaum in eine solche Situation hineinversetzen, denn sie gehen davon aus, dass das Studium und vor allem das spezifische Fach aus tiefem Interesse und in vollem Bewusstsein gewählt wurde. Sie rechnen demzufolge mit engagierten, motivierten und begeisterungsfähigen jungen Menschen, die sich in ähnlicher Weise für die Inhalte und Fragestellungen des Faches interessieren, wie sie selbst. Ein Dilemma, das zu gegenseitigen Frustrationen führt. Auf der einen Seite wird wie selbstverständlich damit gerechnet, dass die gegebene Motivation auch zu Höchstleistungen führt. Auf der anderen Seite fällt das Barometer der Überforderung auf Frustrations-Sturmwerte, ein Teufelskreis. Doch man kann diesen tatsächlich zumindest im Ansatz durchbrechen, indem man sich in Akzeptanz übt.

Das mag etwas altmodisch klingen, ist aber in der Tat die treffendste Formulierung. Was bedeutet dies? Man kann (s)ein Studium annehmen, man kann ganz einfach damit aufhören, die getroffene Wahl infrage zu stellen, ständig nach Auswegen zu suchen, alternative Möglichkeiten abzuprüfen, die eigenen Talente erforschen. Das erscheint gleichermaßen banal wie unvorstellbar? Mag sein, dass dies auf den ersten Blick so ist. Wer sich jedoch darin trainiert, wird ohne Frage Erfolg damit haben können. Stellen Sie sich vor, wie viel Gedankenzeit und -kapazität zusätzlich zur Verfügung stehen, wenn Sie von Ihren Zweifeln lassen. Was und wer hindert Sie, sich ganz einfach zu entscheiden, festzulegen, dass Sie Ihr Studium beenden, ohne ständig Fragen danach zu stellen, ob dieser Weg der richtige ist, ob ein anderes Fach nicht leichter, zielführender ist oder Sie „employabler" macht und künftig mehr Geld verdienen lässt?

Oder wenn Sie den Traum von einem anderen Studienfach, der sich aufgrund von Numerus-Clausus-Regelungen nicht realisieren ließ, einfach einmal zu den Akten legen, um sich auf das zu konzentrieren, für das Sie sich spontan entschieden haben? Es gibt eine gute Mentaltechnik, die uns Menschen in diesem Punkt zur Verfügung steht. Ein guter Satz hierfür ist aus meiner Sicht der des Religionsphilosophen Sören Kirkegaard: „Das Leben lässt sich nur rückwärts verstehen, muss aber vorwärts gelebt werden!". Er entspringt der spirituellen Tradition, dass sich vieles erklärt, dass vieles einen Sinn ergibt, wenn man es erst einmal durchlebt hat, wenn man hindurchgegangen ist.

Oft empfinden auch Menschen schwere Krankheitsphasen im Rückblick als wertvoll und wichtig für ihr Leben, weil sie vielleicht eine Wendung herbeigeführt haben, weil sie ihnen die Augen geöffnet, weil sie Veränderung ermöglicht haben.

2.5.5 Höhere Regie – und eine ganz persönliche Erfahrung

Ebenso können Sie jetzt autosuggestiv für sich annehmen, dass vielleicht irgendjemand Höheres für Sie Regie geführt – und genau den richtigen Studienplatz ausgewählt hat. So zu denken, ist leichter, als Sie meinen. Probieren Sie es aus! So, wie man auf diese Weise ein Studium beschleunigen kann, kann man auch die Abschlussarbeit unterstützen: Stellen Sie einfach nicht mehr Ihr Thema, Ihre zentrale Fragestellung oder These, Ihren inhaltlichen Schwerpunkt, Ihre eigenen Fähigkeiten oder auch die Wahl ihres Betreuer infrage. Konzentrieren Sie sich darauf, die Dinge abzuarbeiten, die nun anstehen. Glauben Sie mir, dies ist eine besondere Art der inneren Befreiung.

Vielleicht hilft es Ihnen, wenn ich an dieser Stelle ein wenig persönlicher werde und Ihnen von der Wahl meines Studienfaches berichte. Ich hatte unmittelbar nach dem Abitur ein Volontariat bei einer Tageszeitung angeboten bekommen. In der damaligen Zeit geburtenstarker Jahrgänge war dies sozusagen ein Geschenk des Himmels. Allerdings dachte ich: „Jetzt bist Du direkt nach dem Abitur so gut im Lernen drin, jetzt hast Du endlich einmal Methoden entwickelt, die Dich am Lernen halten – und jetzt geht es doch gleich wieder in die Praxis!“ Um also im Lernen zu bleiben, schrieb ich mich an der staatlichen Fernuniversität in Hagen ein. Aus heutiger Sicht – also im Rückblick – das Beste, was ich machen konnte.

Da die meisten Fächer, die mich wirklich interessiert haben – zum Beispiel Literaturwissenschaften – an der Uni dort ausschließlich mit Erziehungswissenschaften zu kombinieren waren, habe ich mir gedacht: „Das ist nicht Dein Ding!“ – und mich für Wirtschaftswissenschaften eingeschrieben. Aber schließlich war es ja egal, mir ging es ja darum, nicht aus dem Lernen herauszukommen. Heute bin ich mir sicher: Allein diese Einstellung hat mich am Ende durch das Studium – und es war durchaus hart und mühevoll – getragen. Interessanterweise habe ich mich schließlich mit dem Fach angefreundet und sehr gewissenhaft studiert. Die vielleicht wichtigste Erkenntnis war, dass man in jedem Studienfach Schwerpunkte findet, die einen interessieren.

Heute könnte ich mir Vieles vorstellen – hätte Lust darauf, Biologie oder Chemie zu studieren und Literaturwissenschaften und Psychologie und – ja, nun auch tatsächlich – Pädagogik, weil ich darum weiß, dass ich in all diesen Fächern Nischen finden werde, die mich besonders begeistern. Insofern verschenken Sie nichts, wenn Sie sich erst einmal mit dem gewählten Studienfach verbinden, dieses ernst nehmen und sich aktiv dafür entscheiden, ohne Wahl und das eigene Vermögen, das „Ich kann!" dauernd zu hinterfragen. Probieren Sie es einmal in der Praxis aus, vielleicht nur für eine Stunde. Verbieten Sie sich jeden Zweifel, gehen Sie in die volle Akzeptanz, und wenn es Ihnen gefällt, verlängern Sie den Zeitraum Stück für Stück.

Wir dürfen bei alledem nicht vergessen, dass der Zweifel nicht nur menschlich, sondern eben auch sehr wichtig zum Überleben und zur Weiterentwicklung ist, gesunder Zweifel ist gut und richtig, er macht Gutes noch besser, er lässt uns reifen und wachsen, aber wir müssen das richtige Zweifelmaß kennen, insbesondere dann, wenn wir an eine solch große Aufgabe wie an eine Abschlussarbeit herangehen wollen. Entscheiden Sie sich einfach einmal zur Probe, und bestätigen Sie sich: „Das ist das richtige Thema, dies die richtige und passende Methode!" Nicht vergessen: Zweifel sind hartnäckig, sie kommen immer wieder, und sie verfolgen uns. Wer aktiv mit solchen Autosuggestionen arbeitet, muss lange üben, bis sie greifen. Meine Empfehlung: Geben Sie dabei nicht auf. Es lohnt sich!

2.6 Unerlaubte Fragen? Ja, die gibt es!

Sie alle sind im Wesentlichen durch das gleiche Schulsystem gegangen, haben auf die Hochschulzugangsberechtigung hingearbeitet. Natürlich geht dies in Europa auf verschiedenen Wegen. Auch in Deutschland ist das zwischenzeitlich nicht mehr allein durch den Besuch der Schulform Gymnasium möglich. Doch egal, welchen dieser

Wege Sie gegangen sind, es standen stets feste Lehrpläne im Zentrum. Es war und ist vergleichsweise klar, was ein Abiturient am Ende seiner Schulzeit können sollte. Man konnte sich über all die Schuljahre hinweg vergleichsweise sicher sein, dass jemand – oft der Lehrer – die Antwort auf die Fragen, die er im Unterricht gestellt hat, auch beantworten konnte. Schule ist also eine Einrichtung, die uns mit bereits gewonnenen Erkenntnissen konfrontiert und uns dazu bringen will, diese Erkenntnisse in unser Denken einzubinden. Es gibt einige Freiräume, wo das Denken etwas freier angelegt wird: bei Erörterungen im Deutschunterricht zum Beispiel, die regelmäßig sinnreiches Argumentieren und die Fähigkeit zu einem Abwägen, zu einem Diskurs trainieren wollen. Oder auch im Politikunterricht, der zumeist so angelegt ist, dass bestimmte Fragen von aktueller politischer Relevanz von unterschiedlichen Seiten betrachtet werden. Darüber hinaus bemühen sich einige Reformschulen und solche mit alternativ-didaktischen Konzepten um eine andere Art und Weise der Vermittlung.

2.6.1 Trivialisierung durch illegitime Fragen

Dennoch werden in der Schule in überwiegendem Maße sogenannte „unerlaubte Fragen" gestellt. Dies ist ein Begriff aus der Wissenschaftstradition des Konstruktivismus und wurde von einem ihrer großen Lehrer, von Heinz von Foerster, einem in die USA emigrierten Österreicher, formuliert (v. Foerster 1993, 208). Er nennt sie dort „illegitime Fragen". Unerlaubte Fragen sind in diesem Verständnis jene, auf die der Fragende bereits die aus seiner Sicht passende und richtige Antwort weiß, mit denen er sein Gegenüber prüft oder auch (weiter)bilden will. Wenn der Schüler in diesem System Erfolg haben will, „dann müssen die Antworten, die er auf unsere Fragen gibt, bekannt sein. Diese Antworten sind die ‚richtigen' Antworten." (ebd.) – und v. Foerster fügt als passendes Beispiel an:

„F: „Wann wurde Napoleon geboren?"

A: „1769."

Richtig! (weil erwartet)

Schüler → Schüler

Aber:

F: „Wann wurde Napoleon geboren?"

A: „Sieben Jahre vor der amerikanischen Unabhängigkeitserklärung."

Falsch! (weil unerwartet)

Schüler → Nicht-Schüler" (v. Foerster 1993, 208).

Auf jene „unerlaubten" Fragen werden ganz bestimmte Antworten erwartet. Im konstruktivistischen Verständnis von Pädagogik – und dies wird häufig auch als Kritik formuliert – gibt es in der Schule viel zu viele solch unerlaubter Fragen. Damit wird die Bildungsinstitution zu einem Ort der Trivialisierung: „Tests sind Instrumente, um ein Maß der Trivialisierung festzulegen. Ein hervorragendes Testergebnis verweist auf vollkommene Trivialisierung: der Schüler ist völlig vorhersagbar und darf daher in die Gesellschaft entlassen werden. Er wird weder irgendwelche Überraschungen noch auch irgendwelche Schwierigkeiten bereiten." (v. Foerster 1993, 208).

Viele Fragen aus dem Bildungskontext begrenzen den Möglichkeitenraum für Antworten. Eine sogenannte „triviale Maschine" ist im Konstruktivismus jene, bei der man in jenem Moment, in der man den Input definiert, weiß, wie der Output aussieht. Also: Ich schütte beispielsweise Weizenkörner in eine Mühle und weiß, dass bei optimaler Einstellung Mehl in definierter Körnung herauskommt – eine triviale Maschine, auch wenn der ein oder andere Müllermeister jetzt heftig widersprechen möchte, schließlich wird am Ende auch der Mahlprozess von vielen verschiedenen Dingen beeinflusst, sodass eine rein triviale Beziehung auch für diesen Fall unwahrscheinlich ist. Das Beispiel soll hier nur das Prinzip veranschaulichen: Kennt man bei einer trivialen Maschine den Input, kennt man auch ihren Output, man weiß bereits im Vorhinein, was am Ende herauskommt.

Nun füttert man den Schüler mit Mathematikaufgaben, bringt ihm Lösungswege bei und stellt ihm Fragen. Hat er richtig gelernt, so wird er in der Prüfung alles richtig machen können. Mit dem Input ist der Output bei solchen Prüfungen festgelegt. Das kann und wird bei vielen Dingen nicht zu vermeiden sein. Nicht von ungefähr wurde hier ein Beispiel aus der Mathematik verwendet. Aber am Ende ist dieser Prozess das Verfahren der Wahl für die meisten schulischen

Prozesse, eben weil hier Lehrpläne definiert sind, und weil ein bestimmtes Bildungsniveau erreicht sein will. Menschen werden also wie triviale Maschinen behandelt.

Wer den Denkmodellen des Konstruktivismus folgt, wird dies als im Grunde unethisches Verhalten klassifizieren müssen. Auf den ersten Blick wird das den Leser irritieren, doch den sogenannten radikalen Konstruktivisten geht es stets um die Erweiterung des Denkbaren, um die Ergänzung der Wirklichkeiten. Heinz von Foerster formuliert einen ästhetischen und einen ethischen Imperativ, also grundlegende Lehrsätze, nach denen man im Sinne des konstruktivistischen Denkens handeln darf.

Der ästhetische Imperativ nach von Foerster lautet demnach: „Willst Du erkennen, so lerne zu handeln!" Alle Welterfahrung wird also durch ein Tätigwerden in dieser Welt generiert, und auch unser Bewusstsein für die Schönheit der Welt wird erst durch unsere Handlungsfähigkeit ermöglicht (vgl. v. Foerster 1993, 49).

Der ethische Imperativ lautet in Erweiterung dieser Welterfahrungsmöglichkeit: „Handle stets so, dass die Zahl der Möglichkeiten wächst!" (vgl. v. Foerster 1993, 49). Das ist insofern besonders interessant, da es dem humanistischen Ideal nach dem kategorischen Imperativ von Kant ein neues Denkmodell gegenüberstellt. Wurde dort noch vom Individuum ein Handeln gefordert, das gleichsam zur Maxime aller Menschen, quasi zum Gesetz avancieren kann, so geht es den Konstruktivisten tatsächlich um die bedingungslose Erweiterung des Möglichkeitenraumes. Zieht man den Schluss, so kann man eben verkürzt auch darstellen, dass in einem solchen Denken am Ende auch die unerlaubten Fragen, die Trivialisierung eines Menschen, unethisches Handeln an diesem ist.

Erfahrungsbericht: Der Findungsprozess ist das Wichtigste überhaupt!

Ich hatte bei der Ausarbeitung meines Exposés die größte Mühe. Ich hatte eine Version, dann habe ich sie wieder verworfen, nochmals neu angefangen, das wieder überarbeitet ... Während dieser Zeit war ich sehr unzufrieden mit mir selbst, da ich normalerweise ein sehr zielorientierter Mensch bin. Ich dachte mir: Wenn du schon für das Exposé so lange brauchst, kriegst du das nie gebacken. Erst viel später habe ich realisiert, dass dieser Findungsprozess das Wichtigste überhaupt und der Aufwand dafür absolut nicht vergebens war. Und als das Exposé stand, schrieb sich dann die Arbeit praktisch von selbst. Daher mein Tipp: Solange am Exposé feilen, bis Ihr wirklich davon überzeugt seid. Ihr werdet euch selbst beim Schreiben sehr dankbar dafür sein.

Nathaly Tschanz

2.6.2 Wissenschaft als Akt der Enttrivialisierung

Warum die durchaus theoretische Exkursion in die Tiefen konstruktivistischer Denktradition? Das ist schnell erklärt. Studierende dürfen hier erkennen, dass mit dem Studium zwar immer wieder durchaus triviale Inhalte zur Verfügung gestellt werden, also solche Inhalte, die reproduziert werden wollen, die mehr oder weniger rezeptiv zu lernen sind. Denken Sie zum Beispiel an das Periodensystem in der Chemie: Dieses auswendig zu können, ist in der anorganischen Chemie die Grundvoraussetzung zum Weiterdenken. Der Forscher, der sich mit neuen Verbindungen beschäftigt, mit Isotopen und Elementen, er wird kreativer, wenn er bei der Arbeit mit diesen weiß, wo sie im Periodensystem zu verorten sind, weil er dann Zusammenhänge schneller erkennt, Ähnlichkeiten besser vergleichen und bei Überlegungen zu anorganischen Verbindungen sich sehr schnell im Periodensystem bewegen kann. Das macht den Chemiker in der Forschung wendiger.

Das „triviale" Wissen, das man bequem auch mit den „unerlaubten Fragen" abprüfen kann, ermöglicht hier vertiefte Forschung und damit die Erweiterung des Sets an Möglichkeiten. Problematisch wird das Studieren aus Sicht konstruktivistischer Pädagogik oder Didaktik dann, wenn Trivialisierung das Weiter- und das über gegebene Kenntnisse hinausweisende Denken behindert oder gar zunichtemacht, wenn am Ende alles Wissen – beispielsweise durch systematische Vereinfachung – trivialisiert wird. Nun muss deutlich geworden sein: Studieren bedeutet im Idealfall – und vom Ende her gedacht – stets eine Enttrivialisierung, eine Erweiterung der Möglichkeiten und ist damit ein zutiefst ethisch durchdrungener Prozess.

Dies gilt für Sie selbst, für die Abschlussarbeit und für Ihr Verhältnis zu den Lehrenden. Deshalb ist es auch ein Unterschied, ob Sie es mit Lehrern oder Hochschullehrern zu tun haben. Idealerweise ist der Freiheitsgrad, mit dem Sie sich Ihr Fach erschließen, an der Hochschule deutlich höher als im regulären Schulbetrieb. Doch Inhalte, die eigentlich zum freien Denken einladen sollen, werden in Module gepackt, die schließlich sehr konkret in Modulhandbüchern beschrieben werden müssen, damit Studierende ebenso konkret wissen, was das jeweilige Fach, die ausgewiesene Lehrveranstaltung beinhaltet.

Es ist hier nicht der Ort, um über Sinn oder Sinnhaftigkeit des Bachelorstudiums zu sinnieren. Fakt ist: Der große Unterschied zwischen Lehrer und Hochschullehrer liegt in der Freiheit der Lehre, also darin, dass der Hochschullehrer zwar den Modulen folgt, aber darin frei ist, wie er diese ausgestaltet, also auch frei darüber entscheiden kann, welche Schwerpunkte er setzt, welche Forschungsergebnisse er integriert und welche vielleicht auch dogmatische Ausrichtung er wählt. So sind in der Vergangenheit großer Denktraditionen und Schulen entstanden. Studierende von heute können sich sehr frei dafür entscheiden, welcher dieser Traditionen sie folgen wollen.

Ich denke hier zum Beispiel sehr konkret an die kritische Theorie auf der einen, die Systemtheorie auf der anderen Seite. Beides sind auf die Gesellschaft bezogene Theorien. Ihr Zugang und ihre Interpretationen jedoch könnten unterschiedlicher nicht sein. Der trivialisierte Studierende wird einem Dogma folgen. Wer aber mit Heinz von Foerster weiterdenkt und stets so handelt, dass die Zahl der Möglichkeiten wächst, wird mit Freude neben einem Dogma, also einer vielleicht sogar verfestigten Lehrmeinung, eine zweite begrüßen, wird sich darüber freuen, dass Gesellschaft als Phänomen auch noch auf eine andere Weise zu durchdringen ist.

Was nun erwächst aus dem konstruktivistischen Verständnis der Pädagogik konkret für Ihre Abschlussarbeit?

- **Erstens:** Wenn Sie sorgfältig begründen, dann können Sie jedwede Denktradition zum Beispiel für die Definition von Begriffen heranziehen.
- **Zweitens:** In der Wissenschaft gibt es selten ein: „So ist es!". Stattdessen werden Sie viel häufiger ein: „So könnte es sein! Es könnte aber auch so sein!" finden. Wenn sie also sehr konkrete Anweisungen und Hinweise Ihrer Betreuer einfordern, kann das in Gesamtbetrachtung für die Beurteilung Ihrer Arbeit durchaus kontraproduktiv wirken.
- **Drittens:** Gute Betreuer freuen sich – so jedenfalls meine Erfahrung – sehr über Arbeiten, die ihren Möglichkeitenraum, ihr Wissen erweitern, die ein bekanntes Thema aus einer anderen Theorierichtung betrachten oder eben ganz grundsätzlich den bisher bekannten Wissensstand ausdehnen, vielleicht etwas durchaus dem Kanon Entsprechendes sogar infrage stellen.
- **Viertens:** Es gibt bei einer Abschluss- oder Hausarbeit selten ein konkretes „Richtig" oder ein konkretes „Falsch". Viel eher gibt es sorgfältig abgeleitete Hypothesen und eine dazu passende Diskussion, die viele Argumente zusammenführt.
- **Fünftens:** Sie selbst sind die eigentlichen Experten – bezogen auf das von Ihnen gewählte, oder das Ihnen zugeteilte Thema. Dies bedeutet auch ein hohes Maß an Verantwortung – und genau deshalb dürfen Sie auch so viele Formalia berücksichtigen. Denn nur dasjenige, was formal mit anderen Zugangsweisen und Argumentationen vergleichbar ist, wird im Gesamtsystem Wissenschaft auch ernst genommen.
- **Sechstens:** Sie müssen in einer Haus- oder auch in einer Bachelorarbeit nichts selbstständig erforschen, müssen also nicht zwingend eigenständige wissenschaftliche Erkenntnisse generieren. So zumindest lautet die generelle (und meines Erachtens faire) Einschätzung von Qualifizierungsarbeiten. Dennoch kann dies auch in der typischen Form einer Abschlussarbeit gelingen, insbesondere dann, wenn der Absolvent eigene Daten generiert, also empi-

risch arbeitet. Eine Studie sollten Sie deshalb immer so anlegen, dass dies grundsätzlich auch möglich ist. Tatsächlich zeigt sich in der Praxis immer wieder, dass substanzielle Beiträge zur Wissenschaft von jungen Studierenden am Ende eines Bachelorstudiums erbracht werden. Also: Nur Mut!

Was also können Sie von den weiteren Kapiteln in diesem Buch angesichts der aufgeführten Punkte konkret erwarten? Ganz einfach: Es ist ein Buch, das Sie zur effizienten Umsetzung von schriftlichen Abgaben einlädt. Das mag auf den ersten Blick ein sperriger und ungewöhnlicher Begriff sein, aber er trifft tatsächlich den Kern, denn auch die folgenden Kapitel unterscheiden selten zwischen unterschiedlichen Formen der Verschriftlichung, die Ihnen im Studium begegnen und die im Regelfalle zu Hause oder an einem von Ihnen selbst gewählten Arbeitsplatz entstehen.

Das bedeutet konsequenterweise: Vielleicht werden Sie auch für die eine oder andere Klausur profitieren können. Der Schwerpunkt jedoch liegt in einem ersten Schritt auf Haus-, Seminar und Qualifizierungsarbeiten, auf Bachelor- wie auf Master- oder Promotionsniveau. Dieses Buch kann Sie also getrost durch Ihre wissenschaftliche Karriere begleiten, wie lange und intensiv Sie diese auch betreiben wollen.

3 Panikorchester: vor einem unbezwingbaren Berg

Bevor einzelne inhaltliche Aspekte in den folgenden Kapiteln vertieft werden, will dieses Kapitel Ihre Psyche unterstützen und Ihr Selbstbewusstsein stärken. Denn darin – so meine Überzeugung – liegt die eigentliche Kraft des ‚Writing Code'. Dies geschieht hier auch deshalb, weil sonst vielleicht das Risiko bestünde, dass Sie das Buch zur Seite legen (schließlich haben Sie keine Zeit zu verlieren und müssen sich ja wieder einmal viel zu spät und deshalb dringend an Ihre Haus- oder Abschlussarbeit setzen). Das wäre dann so wie bei jenem Waldarbeiter, der mit stumpfem Sägeblatt im tiefen Wald Bäume fällt, natürlich mit mäßigem Erfolg und vergleichsweise langsam. Ein zufällig Vorbeikommender, der sieht, wie sich der Mann müht, erkennt schnell das Problem und fragt: „Guter Mann, wollen Sie nicht den Kilometer hinunter zur Mühle laufen? Dort gibt es einen Schleifstein, der Ihre Säge schnell wieder zu alter Form bringen wird!". Wie lautet die Antwort des Arbeiters? Wir ahnen es: „Das ist nett – und vielen Dank für den guten Rat, aber ich habe keine Zeit dazu. Ich muss Bäume fällen!"

Betrachten Sie den ‚Writing Code' also ganz einfach im übertragenen Sinne als „Schleifstein" für Ihre Arbeitstechnik. Garantiert: Sie werden nach der Lektüre Ihre ausgewählten Themenbäume ziemlich effizient fällen können.

Erfahrungsbericht: Das Schwierigste ist anzufangen!

- Lerneffekt: Auch Aufgaben, die man sich eigentlich erst mal nicht zutraut, sind zu schaffen. Das Schwierigste ist anzufangen.
- Allem voran steht ein Exposé, das vom Betreuer abgesegnet worden ist. Damit Untersuchungsgegenstand und zu erkennende Ergebnisse nicht aus dem Blickwinkel verloren werden: regelmäßig nachlesen und mit der Arbeit abgleichen. Das erspart Frust auf der Zielgeraden.

- Zeitplan erstellen und dabei genügend Reserven einbauen. Irgendetwas Unvorhergesehenes kommt bestimmt dazwischen.
- Ich habe einfach mal so drauflosgearbeitet und mir nicht die Mühe gemacht, das Dokument einmal in Ruhe zu formatieren. Das hat mich mittendrin total viel Zeit gekostet, die sehr unnötig war.
- Vorher überlegen, wie die Zeit finanziert wird (Nebenjob, Studienkredit etc.). Mit Existenzdruck arbeitet der Kopf nicht so erfolgreich.
- Arbeitsweisen optimieren: Interviews lassen sich mit Diktier- und Transkribierprogrammen deutlich schneller transkribieren. Es gibt Studentenversionen und eingeschränkte Freeware. Von anderen zeigen lassen, wie sich schöne Grafiken etc. bauen lassen.
- Regelmäßige Datensicherung. In der Schlussphase tun selbst zwei zerschossene Schreibtischstunden weh, wenn konzentriert gefeilt wurde. Kostenlose Mail-Adresse einrichten und Dokumente mit Tagesdatumsspeicherung regelmäßig (in der Finalphase habe ich das, glaube ich, dreimal täglich gemacht) hinschicken. Das ist bei Bedarf von jedem Rechner abrufbar.
- Arbeitsatmosphäre schaffen und Ablenkung abstellen. Vorher Schreibtisch aufräumen, Wohnungsputz erst nach „Schreib-Feierabend“, Facebook, Mailpostfach etc. schließen
- Herausfinden wann der beste Konzentrationszeitpunkt ist: frühmorgens oder spätabends, und das Zeitfenster optimal ausnutzen: Bei mir ist es ganz früh am Morgen. Das frühe Weckerklingeln tut zwar verdammt weh, aber wenn der Schweinehund erst mal überwunden war, war ich total effektiv.
- Zeit für Schönes einplanen: egal ob Treffen mit Freunden, Sport oder Party – dem Kopf bewusst die Chance geben, frei zu werden.

- Mit anderen austauschen: egal ob inhaltlich über das Forschungsthema oder einfach nur zum gemeinsamen Schreiben verabreden. Gemeinsame Treffen sorgen zwar auch für Prokrastination, aber eben doch auch für Schreibdisziplin.

Alexandra Rank

3.1 Die größte Angst – Überforderung

Die größte Angst – oder nennen wir es Respekt – den größten Respekt also haben Studierende regelmäßig vor der Größe der Aufgabe, vor dem Berg, der schon zu Beginn unüberwindbar erscheint. Ja, und das gilt im Übrigen schon bei einer gut strukturierten und gestalteten Hausarbeit, die vielleicht 20 oder 30 Seiten umfassen soll. Keine Frage: Einer schriftlichen Abgabe mit höheren Zeichen- oder Seitenzahlen darf man mit einem gewissen Respekt begegnen. Schließlich gilt es, das gewählte oder zugewiesene Thema zu verstehen, es sich zu erschließen und im besten Sinne anzueignen. Oft hat man vom Inhalt kaum vorher etwas gehört, geschweige denn so viel, dass man in einer tiefergehenden Diskussion mitreden könnte. Nun soll man auch noch eine inhaltlich anspruchsvolle Arbeit verfassen, die im Idealfall sogar über das Wissen des Dozenten und Betreuers und die aktuellen Erkenntnisse des Faches hinausreicht. Um das Gefühl des nicht zu bezwingenden Arbeitsberges zu überwinden, gibt es am Ende nur eine Lösung. Die Aufgabe muss gewissermaßen „kleingerechnet" werden. Sie verliert ihre bedrohliche Macht, wenn statt ihrer eine ganze Reihe überschaubarer und damit vielleicht leichter abzuarbeitender Pakete auf dem Schreibtisch liegen. Die zentrale Methodik des ‚Writing Code', von unten nach oben zu arbeiten, hat auch dieses zum Ziel: Sie können Ihre Arbeit zu jeder Zeit und an jedem denkbaren Ende und Bereich Ihrer Verschriftlichung fortführen, und Sie finden an jedem dieser Punkte, kleine und überschaubare „Pakete" vor, die Sie nach und nach, Schritt für Schritt abarbeiten. Das bedeutet auch: Sie benötigen kein großes Hineindenken, mit dem Sie oft einen Arbeitsbeginn verschieben oder das Nichtarbeiten rechtfertigen.

3.1.1 Aufgaben teilen – Prokrastination überwinden!

Das ist die erste Maßnahme, der Prokrastination zu begegnen, jener Aufschieberitis, die sich gerne im Kleid der „großen Aufgabe" verbirgt. Dabei muss man beachten, dass Prokrastination heute tatsächlich der Fachbegriff für das „pathologische" also das „krankhafte" Aufschieben ist. Den Hang, Dinge aufzuschieben, haben wir alle mehr oder weniger stark. Interessant erscheint die große Zahl derjenigen zu sein, die sich im Studium befinden und die bezogen auf das Aufschieben tatsächlich „pathologische Züge" entwickeln (vgl. dazu den folgenden Praxisbericht). Für eine große Aufgabe nämlich – so meint man – benötigt man viel Zeit am Stück. Man muss sich hineinarbeiten und dann möglichst lange daran festhalten. Und weil dieser Zeitumfang gefühlt nie zur Verfügung steht, der eben ein Einarbeiten, ein Dranbleiben und ein Finalisieren gleichermaßen ermöglicht, wird die Aufgabe geschoben, bis der Zeitraum zur Erledigung auf ein Minimum zusammengeschrumpft ist. Die Erfahrung zeigt jedoch, dass selbst im kleinsten Zeitraum noch irgendetwas zu reißen ist, dass man selbst in einer durchschriebenen Nacht noch eine Hausarbeit so zusammenführen kann, dass man zumindest nicht durchfällt. Doch ein gutes Gefühl bleibt bei heftigem Prokrastinieren nie zurück.

Praxisbericht Prokrastination – mit dem Top-Tipp fester Zeitfenster!

Die folgenden Tipps und Zitate hat Larissa Lee Beck (vgl. 2016) für die Deutsche Presse Agentur zusammengetragen: „Markus Bittmann kennt dieses Gefühl. Der Sinn einer Aufgabe erschließt sich einfach nicht, Motivation und Antrieb fehlen. Statt sie zu erledigen, schiebt er sie lieber auf. Jedes Mal, wenn er die Aufgabe unterdrückt und vertagt, wird er frustrierter. Wenn die Deadline näher gerückt ist, fragt sich der Student aus Heidelberg: ‚Warum hast du nicht mal früher angefangen?'

Prokrastination nennt sich dieses Verhalten im Fachjargon, wenn wichtige Aufgaben nicht zeitnah bearbeitet, sondern auf einen späteren Zeitpunkt geschoben werden. Oft suchen sich Betroffene lieber eine andere stressfreie Beschäftigung und schaffen sich damit eine Entschuldigung. Nach Angaben von Hans-Werner Rückert, Leiter der Psychologischen Beratung der Freien Universität Berlin, zeigen etwa 70 bis 90 Prozent der Studierenden dieses Verhalten. Das selbstbestimmte Lernen verleite viele Studenten zum Aufschieben. Doch wodurch wird es überhaupt ausgelöst?

Es können unklare Prioritäten sein, eine schlechte Planung oder dass man gar nicht weiß, wie man überhaupt anfangen soll, erläutert Rückert. Andere Menschen schieben ständig ihre Arbeit auf, weil sie Versagensängste haben. ‚Vor allem besonders langwierige, umfangreiche Aufgaben wie Bachelor- und Masterarbeit werden von Studenten oft aufgeschoben', sagt Margarita Engberding. Die Psychotherapeutin arbeitet bei der Prokrastinationsambulanz der Universität Münster. Wer herausfinden möchte, ob er ein Aufschieber ist, kann im Internet den anonymen Selbsttest der Prokrastinationsambulanz Münster machen." (Beck 2016, o.S.).

Dieser Test ist online auf den Seiten der Universität Münster leicht zu finden und vereint die Möglichkeiten, neben Prokrastination auch Depressivität und Aufmerksamkeitsstörungen zu untersuchen. Zu diesen Bereichen gibt es auf den Seiten der Hochschule Fragebögen, die in der Praxis und Forschung der klinischen Psychologie entwickelt und genutzt werden. Auf der Grundlage der Fragebögen erfolgt dann die Einschätzung einer möglichen Behandlungsbedürftigkeit, jeder erhält eine individuelle Rückmeldung, die interessanterweise auf automatischen Berechnungen beruht (vgl. Prokrastinationsambulanz 2016, o.S., Psychotherapieambulanz 2016, o.S.). Die Universität erforscht pathologisches Aufschieben insbesondere um dieses besser zu diagnostizieren und zu behandeln. Deshalb werden mithilfe der Fragebögen auch weitere die Persönlichkeit betreffende Angaben abgefragt – zum Beispiel die individuell erlebte aktuelle Stressbelastung (vgl. Psychotherapieambulanz 2016, o.S.).

Beck (2016, o.S.) dokumentiert weiter: „Markus Bittmann studierte zuerst Informatik, dann drei Jahre Chemie. Nach dem ersten Semester Chemie wechselte er von Stuttgart nach Heidelberg. Mit ein paar Monaten Leerlauf begann ein Teufelskreis. ‚Besonders in den Fächern, in denen ich nicht gut war, habe ich sehr schnell begonnen, Ausreden zu erfinden, statt für die Klausur zu lernen', sagt der heute 26-Jährige. Erst hat er sich Kaffee gemacht, dann musste er einkaufen und dann noch schnell einen Freund treffen. Ruckzuck war der Tag um und nichts geschafft.

Wer seinen inneren Schweinehund überwinden will, sollte sich im Klaren sein, dass er kurzfristig Unangenehmes in Kauf nehmen muss, um übergeordnete Ziele zu erreichen, sagt Rückert. Dazu gehört etwa, für eine Klausur mehrere Tage oder Wochen zu lernen und in dieser Zeit seine Freizeit einzuschränken.

Das gelingt leichter, wenn Studenten nach einem festen Zeitplan arbeiten und jeden Tag zur selben Uhrzeit beginnen. ‚Man sollte sich etwa zehn bis 15 Minuten vorher Zeit nehmen, um sich innerlich auf seine Aufgabe einzustellen', rät Margarita Engberding. In dieser Zeit können Studierende ihren Arbeitsplatz herrichten und Gegenstände, die sie ablenken, wegräumen.

Hans-Werner Rückert gibt den Tipp, große Aufgaben in kleine Schritte zu zerlegen und diese kleinen Schritte auch zu notieren. Generell nehmen sich viele Menschen zu viele Aufgaben am Tag vor. Hilfreich ist dann die 50-Prozent-Regel. Betroffene sollten sich fragen: Wie viel will ich schaffen? Wer davon eine Vorstellung entwickelt hat, sollte den Umfang noch einmal um die Hälfte reduzieren, sagt Engberding. Erst dann sei die Planung in der Regel realistisch. [...]

Markus Bittmann ist aus dem ständigen Aufschieben allein nicht mehr herausgekommen. Eines Tages brach er unter dem Druck und der Frustration zusammen. ‚Das Wichtigste war, dass ich es mir selbst eingestanden habe', sagt er: ‚Es konnte so nicht mehr weitergehen. Mithilfe der psychologischen Beratung seiner Universität veränderte er seinen Arbeitsstil. Zum Beispiel belohnt er sich heute systematisch, wenn er produktiv ist. ‚Ich arbeite 45 Minuten, und dann mache ich 15 Minuten etwas anderes', sagt er. Außerdem hat er sein Lernumfeld geändert. ‚Zu Hause war ich zu abgelenkt, in einer Ecke in der Uni-Bibliothek kann ich mich viel besser konzentrieren', erklärt Bittmann.

> In der Prokrastinationsambulanz Münster ist das erfolgreichste Behandlungsprogramm das der Arbeitszeitreduktion. ‚Hier haben Studenten nur zwei vereinbarte Zeitfenster am Tag, um zu arbeiten. Wenn sie die verpassen, müssen sie bis zum nächsten Tag abwarten', erklärt Engberding.
>
> Heute studiert Markus Bittmann im fünften Semester Geografie. ‚So viel Spaß hatte ich noch nie beim Studieren', sagt er. Manchmal merkt er dennoch, dass er aufschieben will. Dann erinnert er sich, was er gelernt hat – und fängt einfach an." (vgl. Beck 2016, o.S.)

Psychisch lässt uns Prokrastination klein werden, unvollständig erscheinen, als Mangelverwalter auftreten. Wir glauben, dass wir aufgrund des ständigen Aufschiebens kein gutes Ergebnis erbringen, dass wir nicht so gearbeitet haben, wie wir hätten arbeiten können. Und das sorgt für kognitive Dissonanzen, da dies nicht dem gewünschten Selbstbild entspricht. Als Mensch sind wir – so sagt es zumindest die Psychologie – darauf ausgerichtet, unsere Handlungen zu rechtfertigen. Ein besonders wichtiger Faktor dafür ist, dass wir danach streben, ein positives Bild von uns selbst zu erhalten, und dass dies nach Möglichkeit auch stabil ist und bleibt.

Der Begriff der kognitiven Dissonanz steht in diesem Zusammenhang für das unangenehme Gefühl, welches widersprüchliche Denkaspekte erzeugen, wenn sie direkt aufeinandertreffen und den Menschen darüber nachdenken lassen, eine Handlung durchführen zu müssen, die seinem optimalerweise positiv ausgerichteten Selbstbild entgegensteht. In diesem Fall: Prokrastination als Handlung, die dem positiven Selbstbild zuwiderläuft. Leon Festinger hat diese Dissonanzen erforscht (vgl. 1957) und den Begriff geprägt. Im weiteren Verlauf übrigens erkannte die Psychologie, dass diese Dissonanzen als besonders einschneidend erlebt werden, wenn man sich so verhält, dass das Selbstbild bedroht wird – Tavris und Aronson (vgl. 2010, 1) haben in diesem Kontext den Satz geprägt: „Ich habe recht, auch wenn ich mich irre: Warum wir fragwürdige Überzeugungen, schlechte Entscheidungen und verletzendes Handeln rechtfertigen." (vgl. auch Beckmann 1984 aus handlungstheoretischer Sicht).

Welche Möglichkeiten bestehen nun, kognitive Dissonanzen zu lösen oder zumindest abzuschwächen?

Hier könnten wir zum Beispiel, wie folgt, argumentieren:

- Erstens könnte man das eigene Verhalten verändern, also im beschriebenen Fall die Prokrastination aufgeben und bei der nächsten Aufgabe, die sich uns stellt, diese beherzt und sofort angehen. Wie gesagt: Man „könnte"!
- Zweitens könnte man aber – und das ist die vom Hirn bevorzugte Variante – auch versuchen, das Verhalten, die Prokrastination hier als Beispiel beibehalten, zu rechtfertigen, indem man entweder eine der beiden Kognitionen verändert oder indem man neue Kognitionen hinzufügt.

Im ersten Falle würde die Aufschieberitis erklärt werden, zum Beispiel mit der menschenunmöglichen Größe der Aufgabe: „Dies kann kein normaler Mensch leisten!"; oder mit der Erläuterung, dass andere Dinge viel wichtiger waren: „Zuerst musste ich noch dieses fertig machen!". Im zweiten Fall versucht der Mensch sich zu rechtfertigen, indem neue Kognitionen hinzugefügt werden, dem „Selbstvorwurf" wird also beispielsweise zur Seite gestellt, dass eine andere Aufgabe viel wichtiger war, dass ich als Mensch nur Prioritäten gesetzt habe – oder, dass die Prokrastination nicht einem selbst zuzuweisen ist, sondern vielmehr der Situation geschuldet und damit quasi von außen vorgegeben ist.

Um es klar zu formulieren: Prokrastination ist etwas durch und durch Menschliches. Im Wissenschaftsbetrieb, so jedenfalls mein persönlicher Eindruck, ist sie besonders akut und verbreitet. Dies mag daran liegen, dass hier in quasi allen Situationen intrinsische Motivation vorausgesetzt wird. Man geht von einem inneren Verlangen aus. Der Forscher, der Studierende, derjenige, der nach Weiterentwicklung und insbesondere Erkenntnisgewinn strebt, soll alle Probleme aus sich selbst lösen können.

Ein anderer Grund liegt möglicherweise darin, dass viele Aufgaben in der Wissenschaft kaum in einen Zeitplan zu packen sind, geschweige denn auf sinnvolle Weise Meilensteine eines Projektes definiert werden können. Vielfach ist es ein Stochern im Nebel der Erkenntnis, eine Reise ins Ungewisse, weil bislang Unerforschte. Hinzu kommt, dass es ja auch durchaus mit Absicht ein geringes Maß an Kontrolle gibt, jene Instanzen bewusst vermieden werden, die Forschung begrenzen, weil sie zu bestimmten Zeitpunkten Ergebnisse einfordern. Es ist sinnvoll, dass sich Wissenschaft und Forschung nicht begrenzen lassen. Ein Beispiel zur Erinnerung: Die Polymerase-Kettenreaktion hat im Grunde die moderne Genforschung erst ermöglicht. Sie stellt vermutlich heute die bedeutendste Erfindung der biotechnologischen Forschung dar, dient dem Erkennen von Erbkrankheiten oder von Virusbefall und ist auch für das „Lesen" von genetischen Fingerabdrücken unverzichtbar. Kary B. Mullis ‚entdeckte' das Prinzip im Jahr 1983 bei einer langen nächtlichen Autofahrt in den USA. Zehn Jahre später war er Nobelpreisträger. Zumindest, so Mullis' eigene Schilderung, wurde die Idee „on the road" geboren (vgl. Mullis 2005, o.S.). Forschung lebt von der Gedankenarbeit. Diese kann sich oft erst in der Eintönigkeit entwickeln, braucht Phasen der Ruhe und Bereiche zur Entwicklung, in denen sich das Gehirn eher im Entspannungsmodus befindet, dann in konzentrierter Anspannung. Es gibt hier keine Regel. Aber mit möglichst vielen anderen zu sprechen oder gesprochen zu haben, die bereits den Arbeitsprozess kennen, möglichst viele unterschiedliche „Blaupausen" für die eigene Arbeitsweise zu besitzen, beruhigt den Geist und bringt eine ausgewogene Selbstsicherheit – auch deshalb werden ja in diesem Buch immer wieder Erfahrungsberichte eingestreut...

Wissenschaftliche Erkenntnisse kommen vielleicht besonders in jenen Phasen, in denen das Gehirn Ruhe hat, vielleicht auch gerade in jenen Phasen, in denen wir „gesund" prokrastinieren. Mit diesem Hinweis habe ich hier selbst eine kognitive Umdeutung vollzogen und Prokrastination sogar als „systemrelevant" gekennzeichnet. Hierbei stehe ich nicht alleine. Der US-amerikanische Organisationspsychologe Adam Grant hat untersucht, wie besonders innovative Menschen handeln und denken (Grant 2016 a). Er hat dabei herausgefunden, dass viele dieser Menschen eine ganze Weile prokrastinierten, bevor sie ihre originellsten Ideen entwickelten: „Prokrastination gibt dir die Zeit, sehr unterschiedliche Ideen abzuwägen, in nichtlinearer Weise zu denken und unerwartete Gedankensprünge zu vollziehen." (Grant 2016 b, o.S., Übers. d. d. Autor).

Indes, es hilft Ihnen als Autor einer Haus- oder Abschlussarbeit nicht weiter, aber es erklärt vielleicht, warum das Aufschieben nicht nur Sie als Studierende, sondern eben auch für alle Ihre Dozenten ein Thema ist. Diese sind möglicherweise also die schlechtesten Ratgeber, um Sie aus der Aufschiebe-Spirale ausbrechen zu lassen.

Erfahrungsbericht: Alles, aber auch wirklich alles ist nun wichtig!

Abschlussarbeiten ... oder auch: Welche Serie kann ich als nächstes bei Netflix „durchsuchten"? Prokrastination auf ihrem Gipfel: Wohnung putzen, Nebenjob, Einladungskarten für die Geburtstagsparty in sechs Monaten – alles, aber auch wirklich alles ist nun wichtig! Aus diesem Vermeidungsteufelskreis rauszukommen, ist oft nicht leicht und in Wahrheit die tatsächliche Herausforderung beim Schreiben der Abschlussarbeit. Und das, obwohl das Thema vielleicht sogar von höchstem (persönlichen) Interesse ist. Aber überhaupt erstmal einen Anfang zu finden, sich selbst und die Thematik zu strukturieren, die Fülle an Material zu sichten, zu sortieren und Wichtiges von Unwichtigem zu unterscheiden ist oft so nervenaufreibend, dass ich lieber, ja ... eine neue Serie gucken will.

Mein wichtigster Tipp ist daher die Visualisierung von Zielen und Meilensteinen (und mögen sie noch so klein sein), denn ich finde, wissenschaftliche Arbeiten in größerem Umfang zu schreiben, wirkt vor allem deshalb so demotivierend, weil so oft der Tag nach stundenlangem Bücherwälzen mit rauchendem Kopf beendet wird und dennoch bloß eine halbe Seite Notizen entstanden sind. Grandios, eine halbe Seite wirre Worte und Gekritzel, obwohl ich noch 50 Seiten wissenschaftlichen Text verfassen muss! Dass ich aber dabei schon drei Bücher durchgearbeitet habe und 37 Post-

Its bei interessanten Passagen für mögliche Zitate verteilt habe, fällt dann irgendwie unter den Tisch. Diese Arbeit aber wirklich – im wahrsten Sinne des Wortes – „abzuhaken“, verschafft deutlich mehr Befriedigung, als mit einer halben Seite Notizen ins Bett zu gehen. Buch X lesen – Check. Artikel Y besorgen – Check.

To-Do-Listen abhaken macht glücklich! :)

Natürlich funktioniert das nicht immer und bewahrt sicherlich nicht vor diesen frustrierenden Tagen, an denen einfach nichts klappt und man nichts zustande bringt. Diese Tage gehören aber – so schwer das auch zu akzeptieren ist – dazu. Ich finde, es ist okay, zwischendrin einmal einen unproduktiven Tag zu haben, und es ist auch okay, 'mal keinen Bock mehr zu haben.

Dennoch haben Listen und Pläne mir in all den kleinen und größeren Arbeiten und Projekten immer viel gebracht, weil sie eine Struktur (mittels Tages-/Wochenzielen und Meilensteinen) in das ganze Chaos aus Ideen, Literatur und Gedanken an den Abgabetermin in meinem Kopf gebracht haben. Um mich selbst nicht unnötig zu enttäuschen, ist es mir dabei wichtig, wirklich realistisch zu bleiben. Inzwischen fällt mir das auch leichter als am Anfang meines ersten Studiums. Das ist sicherlich auch individuell verschieden, aber aus meiner Perspektive ist es absolut unsinnig, davon auszugehen, dass zehn Stunden am Tag in der Bib zu sitzen und dabei konzentriert zu arbeiten, machbar wäre. Statt dessen plane ich lieber nur sechs Stunden ein und gönne mir ganz offizielle Pausen, um einen Kaffee mit meiner Freundin trinken zu gehen, eine Folge ‚Big Bang Theory' zu schauen oder eben Dinge zu tun, die nun mal zum Alltag dazu gehören, wie Wäsche zu waschen, einkaufen zu gehen oder einfach mal etwas zu essen (und damit meine ich nicht diese Art Essen mit Tastatur vollkrümeln und Kaffee verschütten, während ich Literatur recherchiere). Wenn ich dann sechs Stunden am Tag für die Arbeit an meinem Projekt einplane, kann ich davon ausgehen, dass mir davon mindestens nochmal eine Stunde wegfällt – für unerwartete Zwischenfälle. Meine beste Freundin schreibt mir eine Nachricht und bittet ganz dringend um Rückruf, weil sie Liebeskummer hat; ich habe ganz plötzlich wahnsinnigen Heißhunger auf Schokoeis (aber nur auf dieses ganz Spezielle – das mit den löffelgroßen Schokoladenstücken, das es aber nur in diesem einen Supermarkt da an der Ecke, drei Kilometer von hier entfernt gibt); oder mir fällt ein, dass ich ja noch ganz dringend bei Amazon ein Geschenk für meinen Bruder zum Geburtstag bestellen muss ... und all das schwirrt sicherlich auch genauso lange in meinem Kopf herum, bis ich es erledigt habe.

Daher schreibe ich mir sechs Stunden in meinen Tagesplan, setze mir aber nur Ziele, die ich in fünf Stunden erreichen kann. Und am Abend kann ich dann noch ganz entspannt und ohne schlechtes Gewissen eine Folge ‚House of Cards' schauen, anstatt frustriert zu sein, dass ich mal wieder nicht das geschafft habe, was ich mir vorgenommen hatte. Meistens.

Melanie Märsch

3.1.2 Überforderung erkennen – Prozesse verändern!

Welche Lösungen bleiben? An dieser Stelle können dies lediglich Empfehlungen sein, denn am Ende benötigt jeder Einzelne seinen eigenen Rhythmus, sein eigenes Tempo und seine individuelle Arbeitstechnik. Dennoch sollen hier einige Punkte beleuchtet werden.

3.1.2.1 Aufgaben „kleinrechnen"!

Große Aufgaben bestehen zumeist aus vielen verschiedenen kleinen. Brechen Sie also die Anforderung herunter, versuchen Sie, möglichst viele kleinere Pakete zu schnüren, und arbeiten Sie diese ab. Auf diese Weise wird es bedeutend einfacher, in die Arbeit hineinzukommen und nach kürzeren oder auch längeren Unterbrechungen wieder in den Schreibrhythmus zu finden. Es ist immer die „große Aufgabe", die Angst bereitet. Kleine Aufgaben erscheinen dagegen leistbar. Unser Hirn liebt übrigens die Abwechslung, was ebenfalls für die Strategie spricht, möglichst viele „Unterpunkte" zu schaffen.

3.1.2.2 Erlaubtes Multitasking!

Meine persönliche Erfahrung zeigt auch: Es ist durchaus sinnvoll, mehrere dieser kleinen Pakete parallel zu bearbeiten. Das heißt: nicht gleichzeitig, sondern eher: in der gleichen Phase. Es gibt wenige Menschen, die sich über sehr lange Zeit auf ein und dieselbe Sache konzentrieren können. Und echtes Multitasking ist nicht möglich. Wir können uns nicht gleichzeitig auf zwei Dinge konzentrieren:

> „Multitasking ist ein moderner Mythos – es ist nicht möglich, die Aufmerksamkeit zwischen zwei Aufgaben so zu teilen, dass sie mit gleicher Konzentration und Qualität erledigt werden. Meist leiden beide Aufgaben unter der geteilten Zuwendung. Geübte Hörer erkennen an der Stimme, ob ihr Telefonpartner während des Gesprächs noch etwas anderes macht - etwa die E-Mails an seinem PC ansieht. Sicher, wir können einige Aufgaben des Alltags mithilfe des „Autopiloten" erledigen – zum Beispiel Autofahren – und haben dann noch Kapazität für andere Aktivitäten, etwa ein Gespräch oder Radiohören. Aber schon beim Telefonieren im Auto wird es höchst gefährlich. Hinzu kommt, dass Multitasking auf Dauer nervös macht und schnell erschöpft." (Ernst 2011, 8).

Das menschliche Hirn jedoch ist so ausgestattet, dass es in Millisekunden von einer zur anderen Tätigkeit springen kann. Dies erzeugt manchmal den Eindruck von Gleichzeitigkeit. Wir können als Menschen also sehr schnell zwischen Themen, Aufgaben und eingehenden Reizen wechseln, diese für uns einordnen und kognitiv verarbeiten. Das heißt aber auch, wir können sehr schnell wieder zurück zu etwas finden, das wir uns als wichtig definiert haben, zur eigentlichen Arbeit, die wir uns vorgenommen haben. Darin besteht die Aufgabe der Disziplin, die eine besondere sein darf und muss – siehe dazu dann auch den folgenden Punkt.

3.1.2.3 Disziplin ist Selbstdisziplin!

Dies ist vielleicht einer der wesentlichsten Punkte von jenen, die Studierende in der aktiven Arbeitsphase berücksichtigen sollten. Es fällt meistens relativ leicht, vor Klausuren den notwendigen Druck aufzubauen, der die Prokrastination überwindet. Das Ziel ist definiert, die Aufgabe ebenfalls. Auch hier muss man sich ständig selbst motivieren, aber es erscheint vielen in der Praxis leichter als bei einer Haus- oder Abschlussarbeit, vielleicht deshalb, weil die Lernaufgabe klar formuliert ist. Bei schriftlichen Abgaben ist dies nicht immer der Fall. Studium ist eine Frage von Disziplinierung. Diese muss an der Hochschule selbst geleistet werden. Es gibt keine andere Instanz, die einen Zwang ausübt. Wir müssen unsere Selbststeuerungskräfte bemühen.[10]

Der Weg in den ersten Semestern muss für einen erfolgreichen Abschluss also hin zu einer sehr persönlichen Art der Selbstdisziplin führen. Alternativ darf man sich externe Institutionen suchen, die für Disziplinierung sorgen – aber auch dies muss man sich nun selbst organisieren. Meiner Meinung nach gilt: Wer diesen Schritt vollzogen

10 An dieser Stelle verweise ich gerne auf das „Lob der Disziplin“, das der langjährige Schulleiter des Internats „Schloss Salem“, Bernhard Bueb, geschrieben hat (vgl. 2006) – und ganz besonders aber auch auf die Replik zu diesem Buch vom damals 17-jährigen seinerzeitigen Sprecher der Kollegstufe des Internats (Klinger 2007, 29): „In Salem angekommen, tauchte ich Hals über Kopf in das reiche Angebot ein: Hockey, Schwimmen, Volleyball, Tanzkurs, Geige, Orchester, Politik und so fort. Schnell merkte ich, dass ich ein Zeitmanagement brauchte, um diese Dinge unter einen Hut mit Freunden und mit der Schule zu bringen. So habe ich die Selbstdisziplin entdeckt. Durch Angebote, die ich selbst wählen konnte, die mich letztendlich überfordert haben, habe ich Buebs höchste Sekundärtugend erlernt. Selbstdisziplin entsteht nicht notwendigerweise durch eingeforderte Disziplin. Salem ist auch gar nicht so streng, wie die „Bild“-Zeitung sagt. In den Naturwissenschaften genügt ein Gegenbeweis, um eine These zu widerlegen. In der Pädagogik ist das nicht ganz so leicht. Bueb muss irgendetwas vergessen haben. Das Ziel von Erziehung soll Freiheit sein. Freiheit ist nicht Unabhängigkeit, sondern, so Bueb, „sie bezeichnet den Willen und die Fähigkeit, sich selbst ein Ziel zu setzen, dieses Ziel an moralischen Werten auszurichten, mit dem eigenen Leben in Übereinstimmung zu bringen und konsequent verfolgen zu können“. Diese Freiheit könne man nur durch „unendliche Stadien der Selbstüberwindung“ und durch die „Umwandlung von Disziplin in Selbstdisziplin“ erreichen. Nun haben meine Eltern diesen Irrtum begangen und mir diese Unabhängigkeit gewährt, damit ich selbst zu dieser Freiheit fände. Es ist nicht fehlgeschlagen; ich traue mich, von mir selbst zu behaupten, kein Rotzbengel zu sein und mich auf gutem Wege zu dieser Freiheit zu befinden, wenn mir auch noch nicht ganz klar ist, wer ich eigentlich bin und welches mein Weg ist. Dafür weiß ich ein bisschen, was der Sinn und Zweck meines Lebens ist. Wenn ich überlege, was bei meiner Erziehung entscheidend gewirkt hat, ist es der Glaube, den meine Eltern stets in mich hatten, und das hohe Vertrauensverhältnis zwischen ihnen und mir. Sie verstanden es, die großen Feinde der Erziehung (wie das Fernsehen) für mich uninteressant zu machen, indem sie mir Alternativen anboten. Bis zur zweiten Klasse dachte ich, im Fernsehen liefe nichts anderes als die „Sendung mit der Maus“. Als Erwachsener muss man mit Jugendlichen auf einer Ebene umgehen, auch wenn diese stets das Recht auf Jugendlichkeit behalten müssen.“.

hat, wer in der Lage ist, sich selbst zu disziplinieren und Gratifikation (zum Beispiel: sich zu entspannen, sich unterhalten zu lassen, etwas Schönes zu essen) auf einen späteren Zeitpunkt zu verschieben, hat das Studium im Grunde bereits erfolgreich abgeschlossen.

3.1.2.4 Übersprungshandlungen vermeiden!

Wenn das Hirn an seine Grenzen stößt, verliert sich die Aufmerksamkeit, und es kommt zu sogenannten Übersprungshandlungen. Dieses sind Handlungen, die im Grunde völlig unsinnig erscheinen. In der Biologie dient als Beispiel oft das Eichhörnchen, das angesichts größter Gefahr und Bedrohung so tut, als würde es einen Zapfen oder eine Nuss knabbern, oder das Kaninchen, das beginnt, sich zu putzen. Ganz so dramatisch mag es nicht sein. Aber es kann tatsächlich vorkommen, dass man das Thema „Hausarbeit" anders interpretiert und zum Beispiel beginnt, Bad oder Fenster in der Wohngemeinschaft zu putzen, um bloß nicht an die ungeliebte abzugebende Hausarbeit gehen zu müssen. Damit wären wir bereits beim nächsten Punkt angelangt.

3.1.2.5 Ablenkungen? Bewahre!

Ablenkungen liegen heutzutage näher als je zuvor. Sie liegen nämlich auf dem gleichen „Desktop", auf dem persönlichen Schreibtisch, sie sind nur einen winzigen Klick entfernt, sie sind damit jederzeit verfügbar. Wo man früher 50 Mal zum Briefkasten rannte, um nach der Post zu schauen, obwohl man wusste, dass sie regelmäßig erst um 11 Uhr am Vormittag kam, kann man es beim versucht-konzentrierten Arbeiten heute nicht vermeiden, auf eingehende Mails oder Chatanfragen zu antworten. In diesem Moment, in dem ich dieses hier aufschreibe, erinnert mich übrigens mein Handy an eine aktuell eingegangene WhatsApp-Nachricht. Es ist eine unwichtige Gruppennachricht, auf die ich weder reagieren muss noch will – interessanterweise macht mich das beinahe traurig, eine wichtige Nachricht nämlich hätte mich herausgerissen, hätte mich von der Aufgabe entfernt, die erledigt sein will, hätte mich vom Schreiben abgehalten, das ich ebenso wie Sie als anstrengend und anspruchsvoll erlebe, sodass mir Ablenkung eigentlich in diesem Moment willkommen wäre.

3.1.2.5.1 Ab in den Flow!

Im Grunde wäre hier ein ganzer Exkurs einzufügen – das erspare ich Ihnen und mir – aber es soll zumindest ein kurzer Hinweis darauf erfolgen, dass es (gerade als Geistesarbeiter) sehr grundlegend lohnenswert ist, sich dem Thema „Flow" zu widmen. Der Begriff geht auf Csikszentmihalyi (vgl. 1996) zurück und wurde seither vielfach aufgegriffen (vgl. insbesondere Goldman 1996). Csikszentmihalyi entwickelte das Konzept in den 1970er-Jahren (vgl. 1996, vgl. Csikszentmihalyi/Csikszentmihalyi 1992). Im Flow scheint man gleichsam in der Situation, im Geschehen, in der Arbeit aufzugehen. Alles geht leicht von der Hand, fügt sich wie von selbst. Dabei entstehen Gefühle von Glück, beinahe Ekstase, Zufriedenheit und sogenannte Funktionslust (ein Begriff, den weit früher der Entwicklungs- und Bildungsforscher Jean Piaget bereits verwendet hat (vgl. Kohls 2011, 22)). Man ist mit sich und der Welt im Reinen und fühlt sich ausgeglichen, im Gleichklang mit den Dingen, die einen umgeben, die man tut.

In Flow-Zuständen sind wir fähig, uns rückhaltlos auf unsere Tätigkeit zu konzentrieren, wir sind ihr gewachsen, und wir richten uns an den Zielen aus, die Aktivität selbst wirkt unmittelbar auf uns zurück, und wir haben das definitive Gefühl, dass wir unser Tun auch kontrollieren können; im gleichen Moment verschwinden mit der Aufgabe verbundene und unverbundene Sorgen und Zweifel, noch auffälliger: Wir nehmen zeitverändert wahr, die Tätigkeit ist autotelisch, das heißt, sie findet ihre Begründung in sich selbst (vgl. Goleman 1996, vgl. Nakamura/Csikszentmihalyi 2014; vgl. Csikszentmihalyi 1996; vgl. Csikszentmihalyi/Csikszentmihalyi 1992).

3.1.2.5.2 Stress durch Ablenkung

Wer sich nun mit Flow-Zuständen unter aktuellen Rahmenbedingungen beschäftigt, muss die Tatsache einrechnen, dass „Stress durch Ablenkung stark zugenommen" hat (Kocher 2015, 40', da es sich um eine Hörfunksendung handelt, wird hier die Laufzeit und nicht eine Seitenzahl angegeben). Kocher wertet Daten der App „Menthal" aus, die zeigen, dass Studierende alle 12 Minuten ihr Smartphone aktivieren, dieses unterbricht also ständig Berufs- und Privatleben. Montag (2015, 40'50") verweist darauf, dass es nicht mehr gelänge, in den

Flow zu gelangen, da es Zeit benötigen würde, in diesen hineinzufinden – Unterbrechungen durch das neben dem Arbeitsplatz liegende Smartphone, durch Messengerdienste und Mail mit deren akustischen Eingangssignalen würden Aufmerksamkeit abziehen „ob wir wollen oder nicht“ (ebd.). Die Erkenntnisse basieren auf der Auswertung von rund 50.000 „Menthal“-Anwendern, die eine Applikation mit diesem Namen installiert haben, um ihr Smartphone-Verhalten für die wissenschaftlich motivierte Psychologie analysieren lassen (vgl. auch Bingmann 2015, o.S.).

Was an dieser Stelle noch aufzulösen wäre, ist ein Widerspruch, den der ‚Writing Code' beim Verweis auf Flow-Zustände geradezu provoziert. Im Zuge der hier vermittelten Arbeitsweise wird empfohlen, möglichst kleine Arbeitspakete zu definieren und diese durchaus durchmischt und spontan zu bearbeiten. Das ist natürlich keinesfalls im Sinne des Flow. Der Widerspruch ist nur ein scheinbarer, denn für den Flow muss man nicht vorsorgen. Wenn es Ihnen gelingt, Ihre Arbeitszeiten so zu organisieren, dass dieser möglich ist, wenn Sie alle Ablenkungen abschalten oder ausblenden, wenn Sie Prokrastinationstendenzen hinter sich lassen können, dann definieren die meisten Ratschläge dieses Buches vermutlich nur ein nettes „Add on“. Die Aufteilung der Arbeit und das empfohlene „Kleinrechnen“ ermöglicht es Ihnen eben auch dann vergleichsweise schnell voranzukommen, wenn Sie keine Idealbedingungen schaffen können, und wenn der Flow ein Fremdwort bleibt.

Erfahrungsbericht: „Time Management“, „Flow“ und „Elektronik“

Time Management: Projekte detailliert planen und in einzelne Aufgaben aufteilen. Die bekommen eine (realistische) Deadline, mit Raum für Unvorhergesehenes. Deadlines einhalten. Soviel Aufrichtigkeit und manchmal Härte sich selbst gegenüber sollte sein, gerade bei Schwierigkeiten mit Prokrastination. Selbst einen gewissen Druck erzeugen hilft, wenn man unter Druck besser arbeitet. Gute Planung schadet kaum einem Projekt, aber das ist eine recht deutsche Ansicht, die von kaum anderen Nationalitäten geteilt wird.

Aus der konzeptionellen Auseinandersetzung ergeben sich auch Fragen, die am besten mit dem Betreuer zu klären sind.

Flow: Kennt jeder! Wenn man einmal angefangen hat und sich erste Erfolge einstellen, fängt es an, Spaß zu machen. Sogar Aufgaben abhaken kann Erfolgsgefühle vermitteln und Motivation steigern. Gilt für den einzelnen Tag wie auch für Zeitspannen über Wochen und Monate.

Das Schlimmste für ein Projekt: schleifen lassen. Rahmenbedingungen ändern sich, Ziele oder Anforderungen ändern sich, Projektbeschreibung wird im schlimmsten Fall unklar, angefangene Arbeit muss geändert werden.

Pausen sollten wirklich Pausen sein. Wenn man unter Zeitdruck alle Wochenenden durcharbeitet, geht das auf Kosten der Leistungsfähigkeit und führt zu Frust.

Elektronik: Nichts stört so sehr wie E-Mail, SMS, Telefon, WhatsApp, Facebook ... Am besten abschalten oder im Spind lassen.

Wenn ich einen Lerneffekt beschreiben sollte: Große Projekte sofort und so rasch wie möglich abarbeiten. Nicht warten. Zeit wird nach hinten hinaus auch von selbst knapp. Da muss man nicht noch durch Warten beitragen. Für Detailverliebte: Das große Ganze nicht aus den Augen verlieren und Wichtiges von dem trennen, was auch interessant aber nicht entscheidend ist.

Ich habe mir viel Zeit gelassen, die Diplomarbeit berufsbegleitend geschrieben und bin großer Prokrastinierer - während ich das aufschreibe, warten missliebige Aufgaben... ;)

Benjamin Krieger

Seien Sie versichert – und daran wird sich nichts ändern: Schriftliche Abgaben im Studium lieben die Ablenkung. Alle gängigen Betriebssysteme erlauben heute die Einrichtung verschiedener Desktops oder auch Identitäten. Wenn Sie mögen, können Sie sich also einen eigenen Desktop für die Situation „Hausarbeit“ einrichten. Oder, in manchen Umgebungen noch besser: Sie schaffen eine neue Identität als gesonderter Benutzer, und hier wären dann bestimmte Programme gar nicht aus- und anwählbar (vgl. zu den technischen Möglichkeiten den Erfahrungsbericht von Bennet Piecha in Abschnitt 2.5.4). All dies hat wenig Sinn, wenn Sie nicht ein klein wenig Disziplin selbst aufbringen, da die größten Ablenkungen – um genau zu sein: Social Media – über den Browser verfügbar sind, den Sie natürlich für Ihre Arbeit (oft genug vermeintlich) dringend benötigen. Eine Strategie kann sein, Ablenkungen zu reduzieren und stattdessen klare Belohnungsstrategien auszuarbeiten, die in Wenn-Dann-Beziehungen münden: „Wenn Du zwei Seiten geschrieben hast, darfst Du ...!“ – so oder ähnlich könnte man formulieren. Damit wären wir beim Punkt Nummer Sechs angelangt.

3.1.2.6 Belohnen Sie sich!

Schaffen Sie sich bewussten Ausgleich für die erlebten Strapazen. Feiern Sie jedes kleine Kapitel, das Sie bearbeitet haben als „erledigte“ Leistung. Belohnen Sie sich mit Kleinigkeiten, z.B. damit, zehn Minuten Katzenvideos zu schauen. So etwas soll übrigens – empirisch bewiesen – tatsächlich die Aufmerksamkeit erhöhen; Dozierende, die in Japan ihre Vorlesungen von „niedlichen Tierbildern“ unterbrechen ließen, konnten tatsächlich höhere Aufmerksamkeitswerte für die Gesamtveranstaltung messen (vgl. Nittono/Fukushima/Yano/Moriya 2012, o.S.). Das signifikante Ergebnis der spannenden Studie: Tierbilder steigern Leistungsbereitschaft und Produktivität. Hiroshi Nittono, Professor für kognitive Psychologie (2013: o.S.): „Niedliches löst positive Emotionen aus, wir wollen diesen Dingen näher kommen, achten mehr auf Details“. Alleine durch das Betrachten entstehe ein Zustand fokussierter Aufmerksamkeit, der über das Anschauen selbst hinausgehe; die Erklärung dafür nennt sich „Kawaii“ – aus dem Japanischen übersetzt heißt das in etwa „Kraft des Niedlichen“ (vgl. Nittono/Fukushima/Yano/Moriya 2012, o.S.).

Für ihre Studie haben die Wissenschaftler Freiwillige in drei Gruppen eingeteilt, sie mussten verschiedene Aufgaben erledigen, z.B. Geschicklichkeitsspiele lösen; als „Appetizer“ durften sie Fotos von Tieren, Tierbabys oder gutem Essen betrachten, und am Ende brachten Fotos mit Tierbabys das besten Ergebnis (vgl. ebd.): Die Probanden waren „deutlich schneller, genauer und geschickter" (Nittono 2013, o.S.). Wen wundert es: Am schlechtesten schnitten die Probanden mit den Mahlzeit-Fotos ab, und während die das Betrachten von erwachsenen Tieren die Produktivität um fünf Prozent anhob, brachten es Tierbabys auf eine Steigerung von rund zehn Prozent (vgl. Nittono/Fukushima/Yano/Moriya 2012, o.S.). Ergo: „Niedliche Stimuli schärfen die Aufmerksamkeit, aber überreizen Sie es nicht! Nutzen sie kleine Pausen dafür. Unsere Testpersonen haben die Bilder 90 Sekunden lang betrachtet, das ist wirklich effektiv." (Nittono 2013, o.S.).

Also: Bilder von niedlichen kleinen Tieren rund um Ihren Arbeitsplatz platzieren und ab und an ein nettes Katzenvideo anklicken ... Oder: Gönnen Sie sich Kleinigkeiten, belohnen Sie sich für konzentrierte Recherche, Auswertung oder Verschriftlichung der Erkenntnisse. Denken Sie daran, auch hier das richtige Maß zu finden. Überlegen Sie sich ein „ökonomisches Modell", was welche Leistung tatsächlich wert ist.

3.1.2.7 Planung ist Selbstverpflichtung!

Dieser Ratschlag entfaltet seine Leistung tatsächlich nur bei bestimmten Arbeits- und Lerntypen. Planung wäre in diesen Fällen gleichzusetzen mit einer Selbstverpflichtung. Wer für sich annehmen kann, dass der Kalender regiert, für denjenigen ist die Umsetzung dieser Strategie hilfreich. Hier werden in Form eines Tageskalenders klare Zeiten für die Aufgabenerfüllung definiert, mit Arbeitseinheiten und Pausenregelungen. Die Arbeitsweise ist dann vergleichbar mit einem Job am Fließband, für den Arbeits- und Pausenzeiten fest definiert vorliegen. Allein das fordernde „Band", das kaum die Möglichkeit gibt, sich auf andere Dinge zu konzentrieren, steht für das Verfassen von wissenschaftlichen Arbeiten nicht zur Verfügung.

Aber, wie bereits betont, dies ist eine Methode, die nur für bestimmte Arbeitstypen funktioniert – schauen Sie selbst, ob sie Sie voranbringt. Problematisch wird es dann, wenn man einzelne für das Schreiben vorgesehene Zeitfenster ignoriert. Das kann positiv erlebt werden und für mehr Disziplin sensibilisieren, aber auch für zusätzlich Stress sorgen und damit kontraproduktiv wirken, da ein kumulativer Effekt entsteht.

3.1.2.8 Teilen Sie Ihre Inhalte!

Studierende tendieren dazu, den Prozess auch in ihrem Umfeld zu thematisieren – den Inhalt aber diskutieren sie eher selten. Kehren Sie dieses Verhältnis genau um. Sprechen Sie mit möglichst vielen Menschen über den Inhalt Ihrer Arbeit, nicht über die Problematik, dass Sie zu wenig Zeit finden, dass alles zu schwer ist, dass Sie nicht hineinfinden oder vorankommen.

Sie werden merken, wenn Sie inhaltlich diskutieren, wenn Sie aussprechen, was Sie bereits erforscht haben, wird sich Vieles leichter darstellen. Das Ausformulieren in mündlicher Rede unterstützt die kognitiven Verarbeitungsprozesse, das heißt, Sie eignen sich den Stoff leichter an, setzen sich intensiver mit ihm auseinander und müssen komplexe Inhalte verständlich ausformulieren – ohne, dass Sie schon druckreif sprechen müssen (vgl. dazu auch Abschnitt 2.4.1, insbesondere den Inhalt der dort eingefügten Fußnote). Erinnern Sie sich noch an die Ausführungen im zweiten Kapitel: Je mehr Hirnregionen beteiligt und „angesprochen" sind, umso mehr bleibt „hängen"? Das gilt auch hier: Die „Vermündlichung" Ihrer Erkenntnisse bezieht eine weitere sprach- genauer: „sprech-" bezogene Hirnregion ein. Dies hilft Ihnen dabei, schneller voranzukommen.

Nach meiner Erfahrung vereinsamen Studierende regelmäßig in dieser Studienphase, und damit entsteht über ihrer Abschlussarbeit auch eine emotionale Leere. Wie wichtig positive Emotionen für die erfolgreiche kognitive Verarbeitung sind, war ebenfalls im ersten Kapitel bereits Thema. Zumindest besteht in diesen Phasen oft eher wenig Kontakt zu Kommilitonen – ein Fehler. Suchen Sie bewusst in diesen Zeiten den direkten Austausch mit jenen, die in der gleichen Lage sind, die vor der gleichen Aufgabe stehen. Vermeiden Sie aber in eine gegenseitige Bemitleidungsspirale zu kommen, bleiben Sie eher auf der Inhaltsebene. Verteidigen Sie selbstbewusst Ihr Thema, treten Sie entsprechend auf, und erläutern Sie den Gang Ihrer Untersuchung, immer und immer wieder. Redundanz wird hier zum Freund, der mit jeder Wiederholungsschleife das Thema prägnanter fasst. Oft ergeben sich Lösungen für ganz elementare Probleme bereits, nachdem Sie die ersten Sätze formuliert haben. Probieren Sie es aus! Versuchen Sie, die Hemmungen loszulassen, die Sie davon trennen, sich selbst als Wissenschaftler zu sehen.

Erfahrungsbericht: Mehr Feedback im Detail holen!

Ich sehe mich sofort wieder an meinem Leipziger Schreibtisch sitzen. Und Facebook auf- und zumachen. Das gab es leider damals schon, genau wie einen Job, bei dem ich netterweise Negativstunden ansammeln durfte. Also schrieb ich vier Tage die Woche und ging an dreien arbeiten. Das hat geholfen, dem ganzen etwas Zeitdruck zu verleihen, und trotzdem stand ich mir so oft selbst im Weg. Rückblickend würde ich nicht nur Facebook einfach offen lassen (nützt ja nix), sondern auch weniger für mich allein schreiben. Ich hätte mir zwischendrin mehr Feedback im Detail holen sollen, auch wenn's weh tut. Nicht unbedingt von meinem Betreuer, der war eher fürs große Ganze zuständig, sondern von geschätzten Kommilitonen. So ärgere ich mich über einige unreflektierte Passagen heute noch. Was mich dagegen freut: Die Grundprämisse meiner Arbeit hat sich (leider) bewahrheitet, Musikmagazine sind tot. Generell hat mir die Arbeit sehr viel mehr Spaß gemacht mit einem Thema, das mich wirklich interessiert hat. Hach, ich sollte sie einfach nochmal schreiben.

Julia Menger

3.1.2.9 Bleiben Sie in Bewegung!

Eine gute Methode Ausgleich zu schaffen, besteht darin, sich damit zu belohnen, nach draußen gehen zu dürfen, Sport zu treiben. Die archaische Reaktion auf Stress war jeweils Flucht oder Kampf – beides Dinge für die viel Energie zur Verfügung stehen musste. Darauf ist unsere hormonelle Steuerung ausgelegt, in Stressphasen Energie für die großen Muskelgruppen zu liefern. Heute wird uns Stress im geistigen Sinne zugemutet, ohne dass wir fliehen oder kämpfen müssen. Steigt das Stresspotenzial über ein gewisses Maß – hier müssen Sie selbst sensibel werden –, dann kann es sinnvoll sein, einmal um den Häuserblock zu joggen, für eine Stunde ins Fitnessstudio zu gehen oder 50 Kniebeugen oder Ähnliches zu absolvieren. Sie werden merken, dass dies besser ausgleicht und schneller wieder ruhig werden lässt als alles andere, einfach weil die Evolution unserem veränderten Stressaufkommen noch nicht nachgekommen ist und das Stresshormon Kortisol so am leichtesten abzubauen ist.

Viele Studierende profitieren auch von bewussten Atemtechniken, die gerne in Entspannungskursen trainiert werden. Insbesondere im traditionellen Yoga finden sich zahlreiche Möglichkeiten, wie mithilfe von Atemübungen Stress abgebaut und der Geist beruhigt wird.[11]

Hinweis: Sport und Entspannung – und doch „immer bereit"!

Nehmen Sie zum Sport und ganz generell stets einen Notizblock oder Ihr Handy mit, um sich schnell etwas aufschreiben oder eine Sprachnotiz aufnehmen zu können. Häufig funktioniert das Gehirn im Loslassen besser. Bei anscheinend monotonen Sportübungen wird man plötzlich kreativ, man erkennt Zusammenhänge und hat hervorragende Ideen für den Text. Man schlägt innere Brücken und entdeckt logische Zusammenhänge. Erinnern Sie sich einfach an die Polymerase-Kettenreaktion als „Idee" einer langen nächtlichen Autofahrt (vgl. 3.1.1). Aha-Effekte „passie-

11 Sie können eine dieser Übungen gleich einmal ausprobieren. Sie nehmen dazu die rechte Hand, klappen Zeige- und Mittelfinger nach innen, dann atmen Sie ein paar Mal vollständig ein und aus. Schließen Sie dann mit dem Daumen der rechten Hand das rechte Nasenloch, atmen Sie vier Sekunden durch das linke Nasenloch ein. Dann schließen Sie mit dem Ringfinger auch das linke Nasenloch und halten den Atem acht Sekunden lang an, um dann den Daumen zu lösen und den Atem acht Sekunden lang durch das rechte Nasenloch ausströmen zu lassen. Atmen Sie dann wieder vier Sekunden lang ein, diesmal durch das rechte Nasenloch, schließen Sie dieses, halten Sie den Atem acht Sekunden, öffnen Sie das linke Nasenloch, und atmen Sie acht Sekunden lang aus. Führen Sie diese Übung mindestens drei Minuten lang durch. Im Yoga nennt sie sich „Wechselatmung" oder auch „Anuloma Viloma Pranayama". Diese Atmung schafft inneren Ausgleich, beruhigt Ihre Gedanken und wirkt stresslösend. Wenn Sie merken, dass der Müdigkeitspegel steigt, können Sie übrigens auch ausprobieren, einmal drei Minuten lang nur durch das rechte Nasenloch zu atmen.

ren" regelmäßig in den Entspannungsphasen, also: Seien Sie vorbereitet!

Aus meiner Sicht sind gerade deshalb die Entspannungs- oder vielleicht besser Umorientierungs- beziehungsweise Stressabbauphasen von elementarer Bedeutung für das Gelingen Ihres Projektes. Wer gut im Planen ist, und wer sich dann auch an die eigenen Pläne hält, der sollte in regelmäßigem Rhythmus diese Phasen direkt mit einplanen.

3.1.2.10 Lern- und Arbeitsorte bewusst auswählen!

Ebenso, wie Sie sich klar und jeweils für sich selbst definieren können, welche Ablenkungen Sie zulassen, welchen Ausgleichssport Sie treiben, welche Unterbrechungen Sie begrüßen wollen, werden Sie auch Ihre „Orte" definieren können. Die Fähigkeit, Leistung zu erbringen, ist tatsächlich ortsabhängig. Suchen Sie sich also jenen Ort, der für Sie am besten geeignet erscheint, an dem Sie glauben, konzentriert arbeiten zu können. Und dann besteht der zweite Teil der Kunst in der Selbstverpflichtung darauf. Gute Studierorte sind für mich beispielsweise Bibliotheken. Das mag daran liegen, dass Onlinerecherche für meine Generation im Studium noch die Ausnahme war. Im Jahr 1991 beispielsweise, als ich meine Diplomarbeit im Studium der Wirtschaftswissenschaften verfasste, war ich an der Universität Mannheim einer der ersten, der in US-amerikanischen Datenbanken nach Quellen über das Internet recherchierte. Damals musste man noch einen Antrag stellen, und die eigentliche Recherche übernahm ein Mitarbeiter der Bibliothek, mit dem man gemeinsam vor einem Bildschirm mit grüner Leuchtschrift saß.

Dennoch glaube ich bis heute, dass Bibliotheken nach wie vor – also auch im Zeitalter der Onlinerecherche – gute Lern- und noch bessere Schreiborte sind (dazu wird es weitere Hinweise im zweiten Band des ‚Writing Code' geben). Denken Sie daran, wenn Sie in der Bibliothek arbeiten, sich Kopfhörer oder Geräuschdämpfer als Ohrenstöpsel mitzunehmen, um alle Ablenkungen auszuschalten. Bei der Suche nach einem passenden Lernort geht es vor allen Dingen darum, Routinen zu durchbrechen, gewohnte Umgebungen loszulassen, die für die „alte“ Arbeitsweise stehen. Eine klare Empfehlung für einen Schreibort kann der ‚Writing Code' natürlich nicht geben – das bleibt am Ende eine sehr, sehr individuelle Angelegenheit!

Erfahrungsbericht: Feile lange an der These!

Nach einem Jahr war ich am Ende. Ich hatte viel zu viel Zeit damit verbracht, herauszufinden, worüber ich eigentlich schreiben wollte. Immer und immer wieder habe ich meine Forschungsfrage verändert, hier und da ein bisschen, irgendwann auch völlig. So wird man nie fertig. Deshalb: Feile so lange an deiner These, bis du genau weißt, was du untersuchen willst. Dann erst richtig mit der Recherche anfangen.

Die Bibliothek ist ein herrlicher Ort – aber nicht, um sich zu konzentrieren. Das konnte ich am besten zu Hause, allein in meinem Zimmer. Dort verbrachte ich lesend und schreibend gut drei Stunden am Vormittag, verließ das Haus zur Mittagspause und machte dann noch drei Stunden weiter. Am Abend, klar, wieder raus.

Maria Lang

Die Idee des Ortswechsels für die Abschlussarbeit basiert darauf, dass man Ort und Arbeitsweise miteinander verknüpft. Das Hirn weiß dann: Man geht am mit sich selbst vereinbarten Ort einer definierten Arbeit nach, man sucht einen neuen und anderen Platz auf und verbindet mit diesem die konzentrierte Arbeit an seinem Manuskript. Solche „Programmierungen“ funktionieren tatsächlich, vorausgesetzt, man lädt den neuen Arbeitsplatz gewissermaßen auf, man verknüpft sehr konkrete Handlungsweisen damit. Zum Beispiel legt man sich das Verbot auf, soziale Netzwerke zu öffnen oder Mails zu lesen, oder man schaltet die W-LAN-Funktion am Rechner gleich komplett aus. Man kann sich auch darauf verpflichten, das Handy auszuschalten oder gar nicht erst mitzunehmen. Wichtig dabei erscheint mir, dass man dies von Anfang an sehr konsequent durchführt, dass man grundsätzlich diszipliniert bleibt. Dann kann das funktionieren.

3.2 Typische Glaubenssätze – und Argumente gegen sie

Erinnern Sie sich noch an die Sache mit den kognitiven Dissonanzen und wie wir diesen als Menschen begegnen können? Es gibt eine Strategie, die wir hier regelmäßig anwenden, und ich bin mir nicht sicher, ob es die wirklich passende ist. Aber entscheiden Sie selbst:

Kennen Sie das noch aus der Schule? Man hat sich denjenigen angeschlossen, die eine Klassenarbeit besonders schwer fanden, man hat selbst betont, wie schlecht man da durchgekommen ist und wie schwierig man es mit der Lösung hatte, obwohl, wenn man ehrlich mit sich war, das keinesfalls der Wahrheit entsprach. Wir wollten uns ermöglichen, dass wir selbst einen mäßigen Erfolg noch dazu nutzen konnten, unseren Selbstwert stabil zu halten. Auch wenn dies, ehrlich betrachtet, irrational ist, so ist dies ein typisches menschliches Vorgehen und Verhalten (vgl. dazu auch in Abschnitt 3.1.1 die Anmerkungen zu „kognitiven Dissonanzen").

Auf ganz ähnliche Weise finden wir jede Menge irrationaler Affirmationen, die sich auf das Studium beziehen. Ich will nicht alle dieser Glaubenssätze, die wir mit jedem Denken mehr oder weniger stark verfestigen, hier aufzählen. Aber einige dieser Affirmationen sollen doch genannt sein, damit Sie das Prinzip erkennen, damit Sie erkennen, welche Wirklichkeiten Sie sich durch regelmäßiges Wiederholen selbst schaffen und in sich selbst manifestieren. Bereits in Kapitel Zwei haben wir schon das „große" Thema „Glaubenssätze" angesprochen. Hier nun soll es noch konkreter werden. Wer sich selbst reduziert, kann am Ende sagen: „Ich habe es ja gleich gewusst, ich habe es gleich kommen sehen. Es war gut, dass ich so skeptisch war. Das negative Denken hat mich gerettet!"

Blöderweise blockieren uns solche Glaubenssätze recht nachhaltig, sie sind zumeist hartnäckiger als der Zweifel, aus dem sie geboren sind. Übrigens: In diesem Moment, in dem ich dieses aufschreibe – und damit gewissermaßen ausspreche – macht sich selbst der innere Zweifler stark. Er fragt: „Kann ich das wirklich aussprechen? Ich will hier eine sehr praktische und von Fakten untermauerte Arbeitsweise präsentieren und beschreiben und beschäftige mich erst einmal mehr oder weniger ausschließlich mit psychologischen Fragestellungen und Kontexten?"

Merken Sie, wie Sie innerlich nicken? Ich weiß: Sie wollen ein Kochrezept, schnell und ohne sich mit inneren Zuständen beschäftigen zu müssen. Ich nehme mir die Freiheit, an dieser Stelle dennoch auf die problematischen Affirmationen hinzuweisen, weil es mich meine Erfahrung lehrt: Wenn es gelingt, diese Sätze umzuformen, sich eine neue Wirklichkeit zu denken, schafft das nicht nur eine völlig neue Weltsicht. Es befreit gleichermaßen und gibt einen Antriebsschub, mit dem man nicht rechnet, der einen jedoch nachgerade beflügelt. Wer gleich das Kochrezept will, bitteschön, auch dieses hält das Buch, wie versprochen, bereit. Brechen Sie an dieser Stelle also ab – und **lesen Sie in Kapitel 5 (Abschnitt 5.5)** weiter. Allen anderen – ich hoffe, Sie sind neugierig geworden und bleiben es – empfehle ich die Auseinandersetzung mit den eigenen Glaubenssätzen.

Ich habe Ihnen einige Sätze aufgeschrieben – aber natürlich keine Ahnung davon, wie es wirklich in Ihnen selbst aussieht. Entlarven Sie also Ihre persönlichen und eigenen Affirmationen – dazu gleich mehr. Hier nun erst einmal die gewählten Beispielsätze:

3.2.1 Nur eine Bachelorarbeit

> „Das ist ja „nur" eine Bachelorarbeit. Sie hat wenig Bedeutung, wird nicht gelesen, noch nicht einmal von meinen Gutachtern so richtig. Es ist also im Grunde auch nicht wichtig, was hierbei herauskommt." (Gerne wird in einer solchen Affirmation auch auf den ‚Wert' verwiesen, der möglicherweise gleich in ‚CP', in ‚Credits' angegeben wird: „...hat ja nur 12 Credits und beeinflusst meinen Schnitt maximal um 0,3 Notenpunkte").

Moderne, kapitalistische Gesellschaften tendieren dazu, vieles zur „Ware" zu machen, einen Tauschwert statt eines Gebrauchswertes zu definieren. Wir selbst als Teile solcher Gesellschaften können uns diesem nicht entziehen. Die Tradition einer solchen Betrachtungsweise findet sich bei Karl Marx (vgl. unter dem Aspekt der Entfremdung Marx/Engels 1932, 29-172; vgl. Marx 1932; vgl. Marx 2005) ebenso wie bei Erich Fromm, dessen „Haben oder Sein" (vgl. 2011) aus dem

Jahr 1976 bis heute eine ungeheure Strahlkraft entwickelt. Aus meiner Sicht hilft dieses Werk auch Studierenden dabei, sich selbst und ihre Berufung zu finden. Es wäre also eine passende „Kontrapunkt"-Lektüre, wenn Sie gerade Ihre Schreib-Motivation eingebüßt haben.

Zurück zur Affirmation: Können Sie sich sicher sein, dass dies auch stimmt? Nein!

Ich persönlich habe erlebt,

- dass die Ergebnisse von guten Bachelorarbeiten zur Diskussion in deutschen Leitmedien geführt und
- dass Bachelorarbeiten den wissenschaftlichen Diskurs nachhaltig beeinflusst haben,
- dass sich Personalverantwortliche in Unternehmen gar nicht die finale Note, sondern ausschließlich die Abschlussarbeit anschauen und danach ihre Entscheidung treffen,
- dass sich Gutachter von Bachelorarbeiten zu Forschungsprojekten inspirieren lassen,
- dass aus Bachelorarbeiten erfolgreiche wissenschaftliche Bücher entstehen.

Und was, wenn Sie die Abschlussarbeit nur schreiben, um sich selbst zu beweisen, für sich das Beste geben? Was kümmert Sie das Urteil der anderen, wo Sie doch selbst wissen, dass Ihr eigenes Urteil viel schärfer, vielleicht sogar vernichtender ist als das all derjenigen, die Ihre Arbeit lesen und begutachten müssen?

3.2.2 Wenig gelernt – da kann nichts herauskommen

> „Ich habe nicht das Gefühl, im Studium so viel gelernt zu haben, dass jetzt eine gute oder sehr gute Abschlussarbeit herauskommen kann oder soll."

Ja, das mag so sein, dass der gesamte Studienverlauf eher mediokre Ergebnisse brachte. Doch in der Praxis erlebe ich es tatsächlich häufig, dass im Zuge von „großen" schriftlichen Arbeiten bei Studierenden eine nachhaltige Veränderung zu beobachten ist, dass sie das eigene Studium erst am Ende mit neuen Augen sehen lernen, dass Sie

Verknüpfungen zum Alltag sehen, Ansatzpunkte und Möglichkeiten der Vertiefung.

Nehmen Sie sich dafür Zeit und begrüßen Sie das neue Gefühl, mit „Ihrem“ Studium mehr anfangen zu können als zuvor. Selbst dann, wenn Sie sich in Ihren Modulen und Kursen tatsächlich wenig Wissen angeeignet haben, so wissen Sie zumindest, an welchen Stellen und in welchen Quellen Sie das nötige Wissen abgreifen können. Vielleicht genügt das. Im ersten Kapitel war von ‚Sinn' die Rede – schriftliche Abgaben in größerem Umfang können dabei helfen, dem großen Ganzen Ihres Studiums mehr Sinn zu verleihen. Je mehr Sinn Sie Ihrer Arbeit geben, umso leichter fällt sie Ihnen, mit umso mehr Freude gehen Sie ans Schreibwerk, und umso eher sind Flow-Erlebnisse möglich. Noch eines: Vergleichen Sie sich und Ihre Arbeitsweise nicht zu sehr mit der anderer. Sie sind als Individuum einzigartig, und auch die Art und Weise, wie Sie arbeiten und welchen Dingen Sie Sinn verleihen möchten, ist es.

3.2.3 Ich werde nie zum „Wissenschaftler“

> „Mein Thema, meine Frage, meine These – das klingt alles so banal, das wird nie wissenschaftlich anspruchsvoll genug sein können!“

Bezogen auf diesen Glaubenssatz kann man leicht Abhilfe schaffen – indem man liest. Christoph Giesen, heute Redakteur der Süddeutschen Zeitung im Wirtschaftsressort, berichtet in Vorträgen vor Studierenden gerne von seiner Erfahrung an der London School of Economics: Im Masterstudiengang konfrontierte eine der Professorinnen ihre Studierenden regelmäßig damit, dass Sie nichts anderes erwarte, als täglich (!) 150 Seiten wissenschaftlicher Werke zu lesen. Das klingt im ersten Moment viel – mit ein wenig Übung gelingt es jedoch vergleichsweise schnell, sich hier systematisch zu trainieren. Lesen ist nach wie vor mit Blick auf das Studium die Kulturtechnik Nummer Eins. Nehmen Sie sich die Zeit, und lesen Sie. Lesen Sie Beiträge in wissenschaftlichen Fachzeitschriften, lesen Sie Bachelorarbeiten, die sehr gut bewertet wurden, schauen Sie sich in diesen den Gang der Argumentation an, und überlegen Sie sich eine vergleichbare Abfolge von Argumenten für das Thema, das sich Ihnen stellt. Wenn dies nicht möglich erscheint, dann „drehen“ Sie ein wenig am Thema selbst, versuchen Sie vielleicht mithilfe eines Untertitels nachzujustieren. Sie werden merken, dass allein die Lektüre von anderen wissenschaftlich orientierten Abschlussarbeiten Sie verändern wird. Sie werden erkennen, dass nahezu alle anderen Arbeiten mit herausragenden Noten ähnliche Strukturen aufweisen, einen klaren Argumentationsgang besitzen – und dass ihre Autoren Vokabular benutzen, das Sie kennen. Was hindert Sie also, es auf ähnliche Weise zu tun? Eine gute Übung ist es, parallel zu einer hervorragenden Arbeit eine eigene Gliederung zu entwickeln, sich also direkt am Muster zu orientieren. Dies ist selbst dann möglich, wenn man noch nicht allzu tief in das eigene Thema eingestiegen ist, was daran liegt, dass wir uns auch dann, wenn wir nicht bewusst unser Thema im Kopf bewegen, viele Gedanken sozusagen ‚im Hintergrund' machen.

3.2.4 Am Ende ist doch alles hier nur Formsache

> „Ich habe nicht das Gefühl, dass meine Betreuer viel Ahnung vom Thema haben, was muss ich mich also hier beweisen – das ist ja nur Formsache.“

Das kann im einen oder anderen Fall sogar stimmen – und ist dann auch nachgerade gewünscht, denn am Ende sind stets Sie die- oder derjenige, die das Thema nicht nur beherrschen, sondern eben alle Ihre Leser, ob begnadet oder nicht, an Ihre These heranführen und durch den Argumentationsgang begleiten. Ihre Leser (und die jeweils „ersten“ Leser sind vermutlich Ihre Betreuer und Gutachter) müssen keine konkrete Ahnung vom Thema haben – und werden dennoch Ihre Arbeit fair beurteilen können. Denn sie wissen um den Prozess und erkennen, wann ein Thema wissenschaftlich gut aufbereitet ist, wann ein Thema durchdrungen ist.

Sie als Autoren können aus dieser Not sogar eine Tugend machen: Führen Sie Ihre Leser so durch das Thema, dass diese Ihren Gedankengang zu jedem Zeitpunkt nachvollziehen können, arbeiten Sie klar und transparent, formulieren Sie Ihre Sätze verständlich, schaffen Sie Abschnitte, in denen Sie wesentliche Erkenntnisse noch einmal zusammenfassen, und gehen Sie ganz bewusst davon aus, dass Sie alle Ihre Leser „abholen“, durch Ihren Gedankengang „führen“ müssen. Wenn Sie mit dieser Einstellung ans Werk gehen, kann im Grunde nichts mehr schief gehen. Ein häufiger Fehler liegt darin, zu viel vorauszusetzen. Erinnern Sie sich stets daran: Sie sind der Experte! Sie kennen das Thema und niemand, den Sie kennen, hat diese spezifische Fragestellung tiefer, reifer, wissender durchdrungen! Wenn Sie Ihre Leser (und damit auch die ersten Leser, die Gutachter nämlich) nicht verlieren wollen, müssen Sie die Balance zwischen „Was setze ich voraus?“ und „Ich erkläre alles von Grund auf!“ halten. Im Zweifel sollten Sie dazu tendieren, eher weniger Vorwissen vorauszusetzen. Diese Linie abzustecken, darf übrigens auch Bestandteil der Vorabsprachen mit den Betreuern sein.

3.2.5 Praxis? Fehlanzeige!

> „Ich muss nur schauen, dass ich hier durchkomme. Für die spätere Berufspraxis bringt mir das Ganze doch sowieso nichts. Ob ich mir hier besondere Mühe gebe oder nicht, spielt da keine Rolle.“

Diese Affirmation ist sehr verbreitet und betrifft nicht nur schriftliche Ausarbeitungen im Studium. Hier springt wieder das Thema „Sinn“ ins Auge, wenn Sie den Dingen, die Sie tun, keinen Sinn zu geben wissen, wird das Lernergebnis tatsächlich suboptimal sein. Wenn dieser „Durchkommen“-Satz zutreffen sollte, warum achten dann Praktiker in den Personalabteilungen oft viel stärker auf Thema, Ausarbeitung und Note der Abschlussarbeit als auf die tatsächliche Abschlussnote? Warum nehmen in unzähligen Vorstellungsgesprächen die Bachelor- oder Masterarbeit und deren Thema breiten Raum ein?

Hinzu kommt noch etwas anderes: Sie bearbeiten gerade im Rahmen der Abschlussarbeit ein „großes“ Thema, und zwar selbstständig und eigenverantwortlich. Wer dies sogar in einem gegebenen Zeitrahmen mit Auszeichnung schafft, der empfiehlt sich auch für andere „große“ Aufgaben im Unternehmen, denn schließlich hat er sich als Projektmanager schon bewährt. Hier vertrauen Vorgesetzte schneller und setzen dies auch um. Viele Ihrer späteren Chefs werden einen ähnlichen Weg gegangen sein wie Sie. Das heißt, auch sie haben ähnliche Erfahrungen während des Studiums gemacht, und sie können später gut beurteilen, welchen Wert dies für sie selbst hatte.

3.2.6 Mir ist nicht zu helfen!

> „Andere können mir hier nicht helfen. Das Thema ist so spezifisch – und ich bin mir ja selbst unsicher, wenn sie einzelne Kapitel oder Inhalte kritisieren, zieht mich das noch weiter runter. Ich weiß ja, dass es im Grunde nicht gut ist!"

Das ist eine harte Nuss, und sie ist schwer zu knacken. Menschen tendieren dazu, ihr Selbstwertgefühl zu beschützen, indem sie es vermeiden, ihre Werke dem Urteil anderer auszusetzen, bevor sie nicht selbst ganz zufrieden sind damit. Das Problem dabei ist: Man selbst ist am schwersten von allen zufriedenzustellen, sodass es bis zum Abgabetag vielleicht lediglich dazu kommt, die Arbeit von einem anderen auf Rechtschreibung und Zeichensetzung gegenlesen zu lassen. Dabei ist es wichtig, sowohl inhaltliche wie auch formale Korrektur- und Überarbeitungsschleifen vorzusehen.

Diese Grundeinstellung zu überwinden, ist nicht leicht. Es geht am besten dann, wenn man bereits früh im Studium Erfahrungen mit Lerngruppen gemacht hat. Partner aus einer geübten Lerngruppe eignen sich perfekt für den Austausch über fachliche Inhalte. Hier muss man die Kommunikationsebenen für einen inhaltlichen Austausch nicht erst noch schaffen. Alternativ sucht man sich „Sparringspartner", die sich in der gleichen Situation befinden. Das dürfte nicht weiter schwerfallen, da viele der Mitstudierenden in der gleichen Haus- oder Abschlussarbeitenklemme stecken. Ich finde den Begriff des Sparringspartners übrigens treffend gewählt. Im Sparring wird der Boxkampf simuliert, man geht weit, manchmal sehr weit, um dem Partner zu zeigen, was im echten Boxkampf auf ihn zukommen kann. Dabei ist aber klar, dass man sich gegenseitig gewogen bleibt, dass man das Gegenüber auf sich offenbarende offene Flanken hinweist. Im echten Kampf wäre das anders. Dennoch „funktioniert" ein solches Sparring nur dann, wenn wir wissen, dass wir den anderen nicht schonen dürfen, denn schließlich muss er uns auch auf unsere Schwächen und Schwachpunkte hinweisen, wenn wir im Kampf nicht versagen wollen.

Wir schützen unseren Sparringspartner also nicht, wenn wir Schwächen in seiner Arbeit erkennen – und sie nicht aussprechen, weil wir Angst haben, dass er dies vielleicht nicht erträgt. Behalten Sie sich das Bild von den Sparringspartnern im Boxring vor Augen, wenn Sie sich mit Ihrem gewählten Partner abstimmen, wenn Sie sich auf jemand anderen einlassen. Hier wäre noch der Hinweis anzubringen: Achten Sie unbedingt darauf, dass Ihr Sparringspartner Ihnen nicht zu ähnlich ist. Je weiter Sie voneinander „entfernt" sind, umso besser. Denn dann werden auch jene Problemstellen offensichtlich, die Sie selbst garantiert nicht gefunden hätten. Arbeiten Sie doch ganz einfach mit jemandem zusammen, mit dem Sie während Ihres Studiums noch nie näher konfrontiert waren. Sie werden sehen, das wird Sie bereichern.

Aufgabe 4:

Nun wäre der Zeitpunkt gekommen, an dem Sie sich selbst Gedanken über Ihre Affirmationen machen.

Finden Sie mindestens fünf Glaubenssätze, von denen Sie denken, dass sie

... Ihre Arbeit erschweren,

... Prokrastination unterstützen,

... Sie klein machen,

... Ihre gestellte Aufgabe abwerten.

Anschließend machen Sie ein Selfie von sich!

Aus meiner Erfahrung ist es wirklich wichtig, diese Sätze aufzuschreiben, damit man sie sich auch später noch einmal anschauen, ergänzen, verändern kann. Der Vorteil des Aufschreibens beinhaltet auch, dass man sich gleichermaßen durch den Akt des Notierens von ihnen frei machen kann. Man gibt sie ab, indem man sie niederschreibt und damit aus dem Hirn auf das Papier führt. Das funktioniert natürlich nicht so leicht, und am Ende ist es harte Arbeit, negative durch positive Affirmationen abzulösen. Aber es ist ein Anfang.

In einem nächsten Schritt ist es wichtig, diese Sätze quasi umzudrehen – aus den negativen tatsächlich positive Überzeugungen zu formulieren. Hierzu müssen Sie jeweils Argumente finden, die die neue These stützen können. Sonst, und das ist das eigentliche Problem, glauben Sie wieder einmal sich selbst weniger als anderen.

Bezogen auf die hier bearbeiteten Affirmationen, könnten im Gegenzug folgende positiven Entwürfe funktionieren:

> „Ich will mich hier beweisen, ich mache das für mich! Ich suche bewusst analytische Denker als Kritiker, als optimale Sparringspartner, die mich auf inhaltliche und argumentative Schwächen meiner Arbeit hinweisen, mich mit meinen unlogischen Ableitungen konfrontieren und gemeinsam mit mir über Lösungswege dafür nachdenken. Ich nehme meine Arbeit ernst und wichtig, und ich glaube an den wissenschaftlichen Ertrag, der sich aus der Anwendung meiner Methode ergibt. Ich weiß darum, wie sich die Bearbeitung meiner These in das Fach einfügt und kenne mögliche konkurrierende Ansätze, die ich in meiner Arbeit auch aufgreife. Egal wie stark mein Thema an der Theorie orientiert ist, ich weiß, die Abschlussarbeit wird mir dabei helfen, einen für mich passenden und guten Job zu finden. Sie kann und wird mich dabei unterstützen, mich selbst von meiner besten Seite zu präsentieren – und ich kann über das Thema bei einem Bewerbungsgespräch befreit und wissend referieren."

Merken Sie, wie sich Ihr Denken verändert, schon allein bei der Lektüre dieses Abschnittes?

Aufgabe 5:

Nun ist es wieder an Ihnen, mit Ihren persönlichen Affirmationen zu arbeiten!

Nehmen Sie sich das Blatt mit den fünf Glaubenssätzen aus der vorangegangenen Aufgabe, und formulieren Sie diese um – ganz ähnlich, wie ich es Ihnen im vorangegangenen Absatz für einige der von mir deklinierten Affirmationen vorgeführt habe. Nehmen Sie die Arbeit ernst, und lassen Sie sich ruhig ein wenig Zeit. Lesen Sie zum Abschluss die umformulierten, neuen und positiven Affirmationen noch einmal aufmerksam durch. Beenden Sie auch diese Übung mit einem Selfie.

Vergleichen Sie das nach dieser Aufgabe angefertigte Bild mit dem vorangegangenen! Hat sich etwas verändert? Wie wirken Sie jetzt auf sich?

3.3 Verzweiflungsmomente – und wie Sie daran wachsen

3.3.1 Kritische Phasen zeigen: Sie sind auf dem richtigen Weg

Die folgende Regel mag unvorstellbar klingen, mag Sie irritieren und überraschen. Aber, und leider kann ich es nur aus der persönlichen Erfahrung und derjenigen von zahlreichen Kollegen ableiten, sie ist eine wichtige Regel, die Ihnen im Falle eines Falles auch Trost spenden kann.

Regel:

Die besten Arbeiten entstehen, wenn ihr Autor durch ein tiefes Tal der Verzweiflung gegangen ist; wenn die eigenen Zweifel so stark geworden sind, dass er am Rande des Denkmöglichen angelangt ist.

Wer darum weiß, kann nun daran arbeiten, die Selbstverständlichkeit dieses Zustandes zu akzeptieren. Sie werden sehen, stecken Sie in der Krise, ist das kaum möglich. Dennoch sollten Sie sich auch dafür eine passende Affirmation mit in das Abschlussarbeitengepäck nehmen, denn je schneller Sie die Krise überwunden haben, umso schneller sind Sie wieder (voll) arbeitsfähig.

Wie stellen sich solche Krisen dar?

- Sie haben das konkrete Gefühl, nichts von den Dingen, die Sie bislang getan haben, ergibt einen Sinn.
- Sie zweifeln insbesondere an der Sinnhaftigkeit des Themas und daran, Ihre Forschungsfrage beantworten zu können.
- Sie halten die Ergebnisse Ihrer Forschungsarbeit für zu wenig aussagekräftig oder banal.
- Sie stellen Ihre Struktur, die Gliederung und Ihre Vorgehensweise infrage.
- Sie verstehen nicht mehr, warum Sie bestimmte Dinge auf diese Weise bearbeitet haben.

Noch einmal: Verstehen Sie diese Phase als Geschenk, als eine Auszeichnung, die beweist, dass Sie auf dem richtigen Weg sind. Wichtig ist es allerdings, diese „Verzweiflung", wie ich es nenne, von reiner Prokrastination zu unterscheiden. Während letztere eher diffuse Ängste und ein ungeheures Druckgefühl erzeugt, das irgendwann unerträglich wird, bezieht sich erstere auf den Inhalt, auf die Vorgehensweise, sie hat einen klaren thematisch-intellektuellen Bezug, sie haben plötzlich das Gefühl, dass Sie nichts mehr richtig erfassen können und dass Ihr Denkvermögen nicht mehr ausreicht, um die komplexen Strukturen und Gedankengänge nachzuvollziehen, die Sie ausgelegt haben.

Erfahrungsbericht: Irgendwann kommt immer die Panik ...

Zeitlicher Stress: Der kommt ohnehin immer. Und dabei ist es egal, ob durch Aufschieberei oder durch externe Einflussfaktoren. Eine Abschlussarbeit geht ja schließlich immer mit einem Abschluss einher. Und dadurch fängt meistens etwas Neues an. Das heißt, dass sich die Welt im Zweifelsfall während der Schreibphase für die Abschlussarbeit weiterdreht und man allerlei Dinge „nebenbei" erledigen muss. Seien das Bewerbungen, die dann doch ein wenig mehr Zeit in Anspruch nehmen, Vorbereitungen für einen Umzug oder sogar bereits ein neuer schon angefangener Job, mit dem man die Schreibzeit für die Abschlussarbeit irgendwie vereinbaren können muss. Deshalb macht es tatsächlich Sinn, sich einen ordentlichen und für sich selbst auch wirklich realistischen Zeitplan aufzustellen. Und den sollte man tatsächlich an seiner eigenen Arbeitsweise orientieren und nicht an dem, was in irgendeinem Lehrbuch steht oder was der Kommilitone gesagt hat.

Aus meiner Erfahrung kommt trotzdem immer irgendwann eine Panik-Phase in der man glaubt, es auf keinen Fall rechtzeitig zu schaffen, aber wenn man sich diese Panik zunutze macht und diese in Motivation umwandelt, schafft man es auf jeden Fall. Eine Verlängerung zu beantragen kostet am Ende nur Zeit und Nerven, die man auch für die Arbeit hätte nutzen können. Sinnvoll ist so eine Verlängerung wahrscheinlich wirklich nur, wenn es große Probleme mit der Stichprobe gibt oder der Laptop geklaut wurde und alle Sicherheitskopien in der Dropbox, auf der externen Festplatte und im Mailprogramm verschwunden sind.

Bei massivem Zeitdruck hilft es eventuell, auch manchmal schon die eigenen Ansprüche nochmal zu überdenken und gegebenenfalls anzupassen. Das heißt nicht, dass die Qualität darunter leiden sollte, aber meistens geht man an so eine Arbeit ohnehin mit zu hohen Ansprüchen heran.

Betreuer: Es ist zwar im ersten Moment sinnvoll, sich den Prüfer oder Betreuer herauszusuchen, bei dem man immer die besten Noten bekommen hat. Am Ende hilft es aber viel mehr, jemanden auszuwählen, der sich mit dem Thema gut auskennt und der einen auch gut unterstützen kann. Und das ist völlig unabhängig davon, wie intensiv man sich während der Arbeit mit seinen Betreuern austauscht. Für mich hat es beispielsweise gut funktioniert, nur wenige Treffen mit meinen Betreuern auszumachen, um das Thema zu besprechen und festzumachen, und dann nach einiger Zeit noch einmal hinzugehen, um zu schauen, ob ich auf dem richtigen Weg bin. Das kommt aber jeweils individuell auf die eigene Arbeitsweise an. Trotzdem kann es oft nicht schaden, mit den Betreuern noch einmal Absprache zu halten, weil sie meistens sofort erkennen, ob man sich in einer Sache verrennt und ob man sich zu viel vorgenommen hat.

Die wichtigste Erkenntnis für mich ist auf jeden Fall, dass man immer den besten Weg für sich selbst finden muss. Und der sieht meistens doch ganz anders aus als der Weg, den die anderen gehen. Wenn die anderen dreieinhalb von fünf Monaten Prüfungszeit darauf verwenden, den Forschungsstand zu beschreiben und immer wieder zu überarbeiten und nach einem Monat schon 70 Seiten geschrieben haben, heißt das nicht, dass das für einen selbst das Maß aller Dinge sein muss. Wenn man schnell schreibt und mehr Zeit braucht, Zusammenhänge für sich selbst im Kopf herzustellen, zu lesen und auszuprobieren, ist es nicht schlimm, nach dreieinhalb Monaten erst 40 Seiten zu haben. Solange sich das mit der eigenen Arbeitsweise vereinbaren lässt und man die Arbeit auch in sechs Wochen noch vollständig runterrocken kann, ist das in Ordnung und auch nicht besser oder schlechter als bei den anderen, die zum Ende hin Probleme mit ihrer Auswertung bekommen. Damit einher geht auch, dass man seine eigene Arbeitsweise auch nicht mehr ändern wird. Wenn man während des Studiums die Hausarbeiten vor allem über Nacht an den Tagen kurz vor der Abgabe geschrieben hat, wird es bei der Abschlussarbeit nicht anders sein, auch wenn man sich das vornimmt. Und das ist auch okay, man muss das nur so realistisch in den eigenen Zeitplan einplanen – und sich dieser Tatsache bewusst sein.

Anne Quader

3.3.2 Eine sanfte Rückführung: Akkommodation ermöglichen!

Wie nun aber finden Sie aus dem Tal heraus? Wie überwinden Sie die Lähmung, die sich in der Panik einstellen kann?

Es gibt ein einen recht hilfreichen Mechanismus, der zwar nicht zwingend garantiert, dass die Verzweiflung verschwindet, den Sie aber ausprobieren sollten, weil er sie in die Lage versetzt, Ihr Denken „wieder einzufangen“.

1. Öffnen Sie Ihre Ausgangsdatei. Speichern Sie diese unter einem anderen Namen, der Ihnen verdeutlicht, dass es hier um einen Test geht.
2. Wählen Sie die Gliederungsansicht Ihres Dokumentes. Stellen Sie die zweite Gliederungsebene zur Ansicht ein.
3. Nun verschieben Sie innerhalb der Kapitel einige Unterkapitel. Ihre Aufgabe ist es, einen anderen „sinnvollen“ Ort für das gewählte Unterkapitel zu finden.
4. Gehen Sie dabei wahllos vor, und erstellen Sie quasi eine neu gegliederte Arbeit.
5. Fragen Sie sich: Ergibt diese neue Struktur Sinn? Was habe ich mir bei der Gliederung gedacht? Gibt es Bereiche, die vielleicht wirklich an anderer Stelle besser aufgehoben sind?

6. Öffnen Sie Ihre Originaldatei,– und vergleichen Sie beide Dateien. Gibt es Bereiche, die nach dem Umbau besser sind als zuvor? Welche Gedanken haben Sie sich beim Verschieben gemacht?
7. Vergessen Sie nicht, nach diesem „Test" die neu angelegte Datei wieder zu schließen (und vielleicht auch zu löschen), damit Sie nicht versucht sind, in dieser weiterzuarbeiten. Es sei denn, es haben sich hier Geistesblitze aufgetan, die Sie in jedem Falle berücksichtigen wollen.

Das mutige Aufbrechen der Arbeitsstrukturen spiegelt ein Aufbrechen gewohnter Denkmuster. Verzweiflung am Inhalt und an der Vorgehensweise verweisen zumeist auf genau dieses, auf festgefahrene Denkmuster und die Erfordernis neue Strukturen auszubilden, also Akkommodation[12] zu ermöglichen. Die beschriebene Methode zwingt Sie zurück in die Struktur, und lässt Sie mit dem weiterarbeiten, was in einer logischen Abfolge bereits vorliegt.

Das ist das Wichtige: Die Verzweiflung muss für Sie etwas Normales sein, so brutal sich dies anhören mag. Wie Sie mit ihr zurechtkommen, ob Sie sie überwinden können, liest man am Ende Ihrer Arbeit an. Und künftige Arbeitgeber sind in diesem Punkt sehr sensibel. Für sie ist es schließlich ein wichtiger Hinweis, ob Sie in der Lage sind, auch in inhaltlich-kritischen Situationen wieder in die zu erledigende Projektarbeit zurückzufinden.

12 Die Begriffe Assimilation und Akkommodation verweisen auf jene beiden Prozesse, die im Sinne einer Didaktik Strukturen aufbauen. Assimilation heißt dann so viel wie: Neue Informationen und neues Wissen werden an die bestehende Struktur angepasst in sie integriert, eingeordnet, das ist nicht passiv, sondern ein aktiver Prozess, ein „handelndes Einwirken" (Eigenmann 1975: 95). Akkommodation läuft in umgekehrter Richtung, hierbei wird die vorhandene Struktur, also das Assimilationsschema an neue Informationen angepasst (Anderseck 1988: 35), die neue Struktur erweitert (Skemp 1971: 44). Vielleicht sollte man mit Anderseck (1988) und auch Aebli (1977) gleich noch Kant (1781) integrieren und auf seine „apriori" hinweisen, denn im Grunde sind diese ja auch nichts anderes als Assimilationsschemata. Diese Auffassung führte in der Pädagogik weg von einer „Abbildtheorie" des Erkennens, das die Assoziationspsychologie predigte, hin zu einem „aktiven Gestalten" zu einer „Einwirkung" (Piaget 1973: 23).

Ein paar sehr praktische Tipps sollen hier zusätzlich dazu dienen, sich schnell wieder zu beruhigen:

1. In einer solchen Phase werden Sie von Stresshormonen überschwemmt. Am besten bauen Sie diese – evolutionsbedingt – über körperliche Betätigung ab. Sport wäre also ein erster Schritt.
2. Sorgen Sie für ausreichend Schlaf; gute Tiefschlafphasen sind für Gedächtnisprozesse elementar (vgl. Born 2000, 198 ff.).[13]
3. Trinken Sie obergäriges Bier – gerne auch alkoholfrei. Ein bescheuerter Tipp, der hier nur aufgenommen wird, um zu überprüfen, ob Sie das Buch auch sorgfältig lesen? Nein! Obergärige Biere liegen zumeist noch auf der Hefe, das heißt, sie enthalten eine Reihe von B-Vitaminen – darüber hinaus wirkt der Hopfen beruhigend. Sie können für die Beruhigungswirkung natürlich auch Tee aufgießen. Schließlich ist Bier nichts anderes als kalter, alkoholisierter Hopfenblütentee.

---

13 Zu den Ausführungen in dieser Fußnote vgl. Born (2000, 198–208): Die Tiefschlafphasen, insbesondre jene des frühen Schlafes, haben Einfluss auf die sogenannte „deklarative Gedächtniskonsolidierung“. Verantwortlich dafür sind Prozesse in einem bestimmten Hirnbereich, dem Hippocampus. Der wissenschaftlich interessanteste Aspekt dabei: In der frühen Schlafphase ist die Cortisolfreisetzung gehemmt, die Rezeptoren für das Hormon bleiben inaktiv – eine Aktivierung dieser „hippocampaler Glucocorticoidrezeptoren“ hemmt den Konsolidierungsprozess – also die Gedächtnisbildung. Früher waren sich Forscher sicher, dass die Konsolidierungsprozesse vorwiegend während des sogenannten REM-Schlafs stattfinden, also in den Phasen, die aufgrund der schnellen Augenbewegungen abgrenzbar sind. Solche Schlafphasen häufen sich in der zweiten Hälfte des nächtlichen Schlafs, die erste Hälfte ist eher von längeren Tiefschlafphasen geprägt. In der Fachsprache liest sich das dann mit Bezug auf Born (2000) so: „Ein Vergleich der Gedächtnisleistungen der Untersuchungspersonen nach Phasen des frühen bzw. späten Schlafs führt nun zu folgenden Ergebnissen: Hippocampal vermittelte deklarative Gedächtnisleistungen werden in verstärktem Maße durch die Tiefschlafphasen der ersten Nachthälften gefördert. Das deklarative Gedächtnis wird dabei als ein System gesehen, das bei Speicherungsprozessen vorwiegend auf hippocampale und angrenzende Temporallappenstrukturen rekurriert. Gespeichert werden Fakten und Episoden (semantisches und episodisches Gedächtnis), wobei der Zugriff auf Gespeichertes willentlich erfolgt. Das non-deklarative Gedächtnissystem hingegen wird als eine Sammlung impliziter Gedächtnisprozesse definiert, bei denen es ohne willentliche Anstrengung allein durch das wiederholte Einüben zur Abspeicherung kommt (vgl. Priming und klassisches Konditionieren). Ein willentlicher Zugriff auf dieses von hippocampalen Strukturen unabhängige Gedächtnis ist in der Regel nicht möglich. Ob und in welchem Ausmaß REM-Schlaf für die non-deklarative Gedächtniskonsolidierung relevant ist, konnte aufgrund der durchgeführten Untersuchungen nicht abgeklärt werden.“ (Neuro-Depesche 2001, o.S.).

4. Achten Sie auf Ihre Ernährung: Wenn Sie beispielsweise am Abend noch jede Menge Eiweiß (Fisch oder Fleisch) und Rohkost zu sich nehmen, dann können Sie zumeist den folgenden Morgen vergessen, denn Ihr Körper muss sich, weil sich die für die Verarbeitung notwendigen Organe, sprich: Dünndarm und Leber, in der Nacht eine Pause verschafft haben, erst einmal um die Aufgaben des vergangenen Abends kümmern. Das entzieht Leistungsfähigkeit, die Sie in dieser Lebens- und Arbeitsphase dringend auf anderen Gebieten benötigen. Wenn Sie ihre Leber grundsätzlich in der anstrengenden und stressreichen Phase unterstützen wollen, empfiehlt die Pflanzenheilkunde übrigens gerne Mariendistelsamen: diese dann einfach kleinmörsern und dem Essen beifügen (vgl. Oesterle 2015, o.S.); sprechen Sie diesbezüglich aber stets vorher mit Ihrem Arzt oder Apotheker.
5. Vermeiden Sie Kaffee (vgl. Poldrack et al. 2015, o.S.)[14].
6. Sie können zur Unterstützung verschiedener Körperfunktionen zusätzlich Vitamine zuführen. Auch bezogen auf die Aspekte dieses Unterpunktes reden Sie vorweg bitte mit Ihrem Arzt oder vielleicht auch einem Apotheker. Lassen Sie sich beraten, und verweisen Sie auf die besondere Lebens- und Stresssituation, in der Sie sich befinden. Folsäure und Vitamin B 12 wären zwei Kandidaten, die in besonders intensiven Tiefphasen Energie bringen. Wenn Sie eher zu negativem Denken neigen, dann knabbern Sie Cashew-Kerne neben dem Schreiben. Darin ist mit Tryptophan eine essenzielle (also eine vom Körper nicht selbsttätig herstellba-

14 Russel Poldrack, Wissenschaftler der Stanford-Universität ließ über 18 Monate hinweg jeden Dienstag und Donnerstag das eigene Hirn scannen. Insbesondere die kleinen Dinge, minimale Veränderungen in der Hirnstruktur, haben ihn dabei interessiert, diese werden zum Beispiel durch tägliche Routinen verursacht. Deshalb kam er in seiner gut dokumentierten Studie auch auf die Idee, die Wirkung von Koffein zu untersuchen, seine Tasse Kaffee zum Frühstück. Das Ergebnis: Koffein beeinflusst, wie verschiedene Teile des Gehirns miteinander kommunizieren; und je niedriger die tägliche Dosis war, desto stärker war der Austausch. Insbesondere die Verbindung zwischen dem sogenannten somatosensorischen Netzwerks (also die Körperwahrnehmung, die durch Haut, Organe, Muskeln oder Gelenke vermittelt wird) und jenen Hirnbereichen, die für das Sehen zuständig sind, hing von der Koffeinzufuhr ab – die Versuchsbeschreibung, die zum Nachweis dieses Zusammenhangs führte ist übrigens absolut lesenswert und auch aus Sicht der Dokumentation wissenschaftlicher Arbeitsprozesse spannend (vgl. zur gesamten Fußnote: Poldrack et al. 2015).

re) Aminosäure enthalten, die im Körper zu Serotonin umgewandelt wird. Deshalb auch wird ihr eine stimmungsaufhellende Wirkung nachgesagt: Der Serotoninspiegel erhöht sich, und eine leicht antidepressive Wirkung wird wahrscheinlich.

3.4 Heilsames Schreiben – Homöopathisch Texten

Homöopathie ist eine alternative – und in der Schulmedizin durchaus umstrittene – Heilkunst. Begründet von Samuel Hahnemann (vgl. Hahnemann/Lutze 1881) ist sie aller Kritik zum Trotz in vielen Haushalten angekommen, vielleicht auch, weil die zugrundeliegende Idee ebenso simpel wie einleuchtend ist: Simila similibus curantur (Hahnemann/Lutze 1881, 102), Gleiches wird mit Gleichem geheilt. Deshalb werden von klassischen Homöopathen zum Teil Gifte in hohen bis höchsten Verdünnungen – einzelne Moleküle sind nicht mehr nachweisbar – verabreicht. Verursacht ein solches Gift in hoher Dosis einen Hautausschlag, dann wird das homöopathische Mittel, das aus diesem Gift gewonnen wird, gegen ähnliche Formen von Hautausschlägen verwendet. Dies ist das Grundprinzip der Heilmethode. Der Körper erhält jene Informationen, die seine Selbstheilungskräfte in Bewegung setzen. Doch warum die lange Vorrede über Komplementärmedizin?

In diesem Abschnitt möchte ich Ihnen ein bewährtes Mittel zur Psychohygiene empfehlen, das zumindest bezogen auf das Schreiben von Abschlussarbeiten aus meiner Perspektive ein ähnliches Wirkprinzip verfolgt wie die Homöopathie. Das heißt, Sie dürfen Schreibprobleme, vielleicht auch Schreibhemmungen und die Angst vor der großen schriftlichen Aufgabe mit eben jenem bekämpfen, was vielleicht die größte Hürde darstellt: mit Schreiben.

Es gibt hier ein aus meiner Erfahrung hervorragendes Verfahren, das die US-amerikanische Autorin Julia Cameron (2000 und 2003) – unter anderem Dozentin für Kurse im kreativen Schreiben – dokumentiert hat. In der deutschen Übersetzung nennt sich das Prinzip „Morgenseiten“ und ist eine Übung, die gleich auf mehreren Ebenen wirkt (vgl. Cameron 2000, 33): Die Übung selbst könnte einfacher nicht sein: Man schreibe jeden Morgen, recht nah am Aufstehen, also ohne bereits richtig in den Tag gekommen zu sein, handschriftlich drei Din-A4-Seiten Text. Fertig.

Sie können darin über nachschwingende Träume sinnieren, über anstehende Aufgaben des Tages nachdenken oder Ihrem Ärger Luft machen. Sie können auf den drei Seiten 125 Mal den gleichen Satz aufschreiben oder kleine Geschichten erzählen. Wichtig aus meiner Sicht ist, dass Sie bei dieser Übung nach Cameron (2000) nicht lange nachdenken, dass Sie einfach anfangen zu schreiben. Niemand wird diese Seiten lesen dürfen, sie sind ausschließlich für Sie selbst gedacht, enthalten Ihre Geheimnisse und Wünsche, hier dürfen Sie Ihr Innerstes nach außen kehren und sich insbesondere von negativen und belastenden Gedanken befreien (Cameron 2000, 36–38): „Halten Sie sich an die folgende Regel: Denken Sie immer daran, dass die negativen Meinungen Ihres Zensors nicht der Wahrheit entsprechen. Das erfordert Übung. Indem Sie die negativen Meinungen jeden Morgen nach dem Aufstehen hochkommen lassen und zu Papier bringen, lernen Sie, dem Zensor auf die Schliche zu kommen. Da es keine falsche Art gibt, die Morgenseiten zu schreiben, zählt die Meinung des Zensors nicht, der diese Morgenseiten bewerten könnte." (Cameron 2000, 36). Und weiter: „Die Morgenseiten werden Ihnen zeigen, dass Ihre Stimmung in Wirklichkeit keine Rolle spielt. Einige der besten kreativen Werke entstehen genau an den Tagen, an denen Sie das Gefühl haben, dass das, was Sie tun, der letzte Mist ist. Durch die Morgenseiten werden Sie lernen, mit dem Urteilen aufzuhören und sich einfach nur selbst schreiben zu lassen."

Tatsächlich wird dieser Akt des „Herausschreibens" vielfach als Befreiung erlebt. Aus meiner persönlichen Perspektive – es gibt viele Lebensphasen, in denen ich sehr konsequent jeden Morgen auf diese Weise geschrieben habe und inzwischen habe ich einige Notizbücher gefüllt – wirkt die Übung auf mehreren Ebenen:

1. Sie haben ein sehr einfaches Instrument, um sich Dinge von der Seele zu schreiben, sie quasi loszuwerden, auch, wenn es erst einmal nur für den Moment ist.

2. Ein wesentlicher Sinn liegt in der Regelmäßigkeit. Sie disziplinieren sich in einem Bereich, von dem Sie wissen, dass er Ihnen gut tut. Doch diese selbstgewählte und leichte Disziplinierung macht es Ihnen auch auf anderen Gebieten leicht, in die Disziplin zu finden. Sie können der einen Routine (Morgenseiten) die andere (Arbeit an Haus- oder Abschlussarbeit) folgen lassen. Dies ist der gleiche Effekt, den Sie bei Kindern erleben, die mit festen Aufgaben in das Familienprogramm eingebunden sind (Geschirr abspülen, Müll hinausbringen, Betten machen, Wäsche sortieren, etc.). Diejenigen, die in ihren Familien regelmäßig mit eigenen Tätigkeiten betraut werden (diese dürfen nicht zu groß und nicht zu umfangreich sein), trainieren nichts anderes als Disziplin – etwas, das sich auch auf spätere und andere Aufgaben überträgt.
3. Aus meiner Sicht ist es auch wichtig, die Übung konsequent handschriftlich durchzuführen. Sie können dies gerne ausprobieren – und die gleiche Textmenge einmal in ein Computersystem schreiben. Sie werden sofort feststellen: Die feinmotorische Führung der Hand über die Seiten besitzt einen zusätzlichen Effekt.
4. Denken Sie nicht nach, was Sie schreiben sollen! Normalerweise schreiben wir nur Dinge auf, die zum späteren Lesen gedacht sind. Diese Texte müssen Sie nicht wieder lesen. Sie dürfen dies zwar, aber die Empfehlung von Cameron lautet (vgl. 2000), erst nach einigen Wochen oder Monaten, vielleicht nach einem Vierteljahr das Geschriebene wieder hervorzuholen und mit wachem Bewusstsein zu analysieren. Sie werden in der Rückschau häufig die Relativität Ihrer Probleme und Fragen erkennen, aber dies muss aus meiner Erfahrung heraus nicht einmal so erfolgen. Sie können die Seiten auch dauerhaft in den Tresor legen oder vernichten.
5. Die Inhalte der Seiten werden sich verändern, wenn Sie diese zu unterschiedlichen Tageszeiten schreiben. Der Übergang aus dem nächtlichen Verarbeitungsrhythmus in die Tagesaktivität ist, wie ich meine, die perfekte Zeit, um sich in das Schreiben zu begeben, da man an beide Felder, an Nacht und Tag, anknüpfen kann. Pro-

bieren Sie es aus. Es ist tatsächlich ein Unterschied, wann Sie sich am Tag zum Schreiben mit sich selbst verabreden.

6. Selbstverpflichtung benötigt Übung, Übung ist Selbstverpflichtung. Halten Sie einige Tage durch, auch wenn es schwerfällt. Wenn Sie sich einmal darauf eingeschwungen haben, werden Sie feststellen, dass Ihnen etwas fehlt, wenn Sie auf die Morgenseiten verzichten müssten.
7. Ich persönlich habe die Erfahrung gemacht: Insbesondere in psychisch fordernden Zeiten – und eine Abschlussarbeit zum Abschluss zu bringen, fordert den Menschen, jeden, stark – dienen Morgenseiten dem Erhalt der Denk- und Leistungsfähigkeit. Cameron selbst (2000) sieht die Übung auch als wesentliche Stütze für den Erhalt und die Entwicklung der eigenen Kreativität.
8. Morgenseiten dienen meines Erachtens insbesondere der Reinigung. Vergleichen Sie dies mit einer Dusche. Sie werden vermutlich auch häufiger in der Woche unter der Dusche stehen. Morgenseiten wirken ähnlich wie die morgendliche Dusche oder das Zähneputzen. Deshalb bezeichne ich diese Übung auch gerne (wie oben schon) als einen Akt der Psychohygiene. Sie reinigen Ihren Geist, bevor Sie sich an komplexe Aufgaben wagen.
9. Ihr Gedanke wird nun sein: Das kostet mich viel zu viel Zeit! Sie benötigen je nach Tag zwischen 20 und etwa 45 Minuten Zeit. Doch diese Übung wirkt wie ein Beschleuniger – und meines Erachtens sparen Sie mehr als die aufgewendete Zeit am Ende ein. Reduzieren Sie stattdessen Ihren Medienkonsum, verzichten Sie auf Ihre Lieblingsserie, reduzieren Sie das Studium der Facebook-Timeline auf ein Minimum. Schließen Sie hierzu einen inneren Vertrag mit sich, Sie werden sehen, der Tag hat reichlich Zeit, wenn Sie Ihrem Geist ermöglichen, ins Fließen zu kommen.
10. Weniger als drei Seiten? Meine eigene Erfahrung sagt klar: Nein! Warum, kann ich Ihnen nur damit erklären, dass es jeden Morgen ein wenig Zeit benötigt, um in den Modus hineinzufinden, um sich wieder an die Übungsform zu gewöhnen. Mir passiert es in den Morgenseiten immer wieder, dass ich nach etwa einer geschriebenen Seite spüre, es verändert sich etwas, das Thema

nimmt eine Wendung, die Haltung verändert sich. Manchmal, das sind dann immer große Momente, entsteht das Gefühl, man würde gar nicht selbst schreiben, und stattdessen schreibt ein anderer. Ich kann mir das logisch nur so herleiten, dass andere Hirnregionen, die tiefer liegen als unser bewusstes Sein, die Regie übernehmen. Das aber würde bedeuten, dass wir diese Bereiche aktivieren – und damit vielleicht auch für die folgende Arbeit verfügbar halten.

Sie haben es längst gemerkt: Dieser Abschnitt ist ein Plädoyer! Ein Plädoyer für eine Übung, ein Verfahren, das mit vielen zielsicheren und treffenden Argumenten zu torpedieren wäre. Ich weiß darum – es ist aber ein Verfahren, dessen Wirkmächtigkeit eben nur am eigenen Körper, im eigenen Bewusstsein erlebt werden kann, das Ausdauer und Regelmäßigkeit benötigt. Alle jene, die damit arbeiten, die sich darauf eingelassen haben, haben sich von den Morgenseiten auch verändern lassen – jedenfalls alle, die ich kenne. Meine Frau hat mir nach einigen Jahren Erfahrung mit den Morgenseiten einmal den folgenden Satz mit auf den Weg gegeben: „Glaub' mir, diese Seiten sind mächtiger, als Du Dir je vorstellen wirst können!". Ein für mich bis heute bemerkenswerter Satz.

4 Die Bewertung: Wie man der Rezeption begegnet

Wenn Sie wissen, wie Ihre Arbeit gelesen wird, wenn Sie wissen, wie Ihr Betreuer seine Gutachten verfasst, werden Sie schnell erkennen, dass es keinesfalls ideal ist, einzelne Kapitel nacheinander zu schreiben. Die Erkenntnis dieses Kapitels muss sein: Vergessen Sie die Linearität! Abschlussarbeiten schreiben sich wie bereits mehrfach angedeutet nicht von „vorne nach hinten". Zumeist übrigens werden sie auch nicht auf diese Weise gelesen. Schauen wir uns also zuerst einmal an, mit welchen Rezeptionsmustern sich die Betreuer Ihrer Arbeit ans Werk machen. Bedenken Sie dabei, dass sich im Zuge der Massenuniversität und steigender Studierendenzahlen in allen Hochschulformen häufig bei einzelnen Betreuern sehr viele Arbeiten zur gleichen Zeit stapeln. Das bedeutet, man muss als Dozent sehr effizient und schnell viele hundert oder gar tausend Seiten bewältigen können. Das geht nur mit ausgefeilten Arbeitsroutinen. Drei mögliche Routinen möchte ich Ihnen hier vorstellen.

4.1 Lesetypen-Bingo: Eine fröhliche Dozenten-Auswahl

Es ist nie falsch, sich mit seiner Zielgruppe intensiv auseinanderzusetzen. Dies gilt insbesondere natürlich für wissenschaftliche Arbeiten, die einem Begutachtungsprozess unterworfen werden. Hier sollte man also gut Bescheid darüber wissen, mit wem man zu rechnen hat. Die folgenden Lesetypen stellen eine erste Annäherung zur Verfügung. Wenn Sie mögen, können Sie die Liste gerne gedanklich erweitern.

4.1.1 Dozenten lesen – Routine 1, der Kontexttyp

Der Gutachter beginnt mit dem Titel, blättert dann ins Literaturverzeichnis und prüft, ob die angegebenen Quellen mit seinen grundlegenden Überlegungen zum Thema übereinstimmen. Die leitenden Fragen wären: „Welche Autoren werden genannt? Bei welchen Quellen würde ich selbst beginnen? Sind interessante, mir noch unbekannte Autoren und Beiträge verarbeitet? Wie steht es um die Ausgewogenheit – abhängig vom Thema – zwischen wissenschaftlichen Fachzeitschriften, Monografien und Internetquellen? Sind die ‚richtigen', also für das Fach einschlägigen Fachzeitschriftentitel und Verlage berücksichtigt?". Aus diesem Grund nennen wir diesen Leser auch den „Kontext"-Typen. Er sucht mit dem eigenen (zumeist weiten) Horizont die Anschlussfähigkeit der Arbeit an das Fach und seine Protagonisten. Erst dann, wenn dieser Aspekt „abgehakt" ist, wendet sich der Gutachter der Einleitung zu und fällt hier die Entscheidung, ob er die Arbeit insgesamt lesen will beziehungsweise muss, oder ob er nicht sogar bereits an diesem Punkt eine Notenentscheidung treffen kann.

Zumeist wird die Arbeit dann gelesen, wenn der Autor für das Thema einnehmen und begeistern kann, wenn er das Interesse des Gutachters nicht nur weckt, sondern auch über mehrere Seiten hält. Regelmäßig fällt die Entscheidung zum genaueren Studium der Texte bei sehr guten und sehr schlechten Arbeiten: bei ersteren, weil es Spaß macht (und auch Gutachter lieber Gutes als Schlechtes lesen), bei letzteren, weil man immer genau abwägen muss, ob ein Kandidat bestehen kann oder nicht. Bei dieser weit verbreiteten Arbeitsroutine werden Arbeiten selten ganz gelesen und rezipiert. Vielmehr werden per Nagelprobe einzelne Kapitel ausgewählt und tiefer studiert; diese einzelnen Abschnitte entscheiden dann am Ende maßgeblich über die Note.

Enthalten diese Arbeiten empirische Teile, wird der Kontext-Typ stets auch die Datenauswertung genauer anschauen und sich – zumindest kurz – ebenfalls der Methodenbegründung widmen.

4.1.2 Dozenten lesen – Routine 2, der Strukturtyp

Viele Betreuer stimmen zwar im Rahmen der Anmeldung sehr intensiv den Titel ab, achten dann aber bei der Bewertung erst einmal nur auf den Autor und blättern sofort und unmittelbar ins Inhaltsverzeichnis. Weil dieser Typ durchaus verbreitet scheint, wäre die Empfehlung an dieser Stelle, sehr genau darauf zu achten, wie die Arbeit gegliedert ist, wie aussagekräftig die Überschriften für Kapitel der ersten, zweiten und dritten Ebene gestaltet werden.

Die Logik der Arbeit sollte sich – für den „Strukturtypen“ unter den Betreuern – tatsächlich auf einen Blick erschließen. Wie geht der Autor vor, wie wird der rote Faden entwickelt und ausgelegt, wie wird der Eindruck von „Schlüssigkeit“ vermittelt? Mit Glück fällt der Blick noch einmal auf den Titel, bevor das in der Gliederung als interessantester Abschnitt erkannte Kapitel sofort gelesen wird. Der Strukturtyp ist in der Lage, logische Brüche und Schwächen der Arbeit bereits nach wenigen Sekunden in der Gliederung auszumachen.

Er sucht nach den erweiternden Aspekten der Forschungsarbeit und interessiert sich für die Argumentation. Wenn keines der inhaltlichen Kapitel als besonders wesentlich erkannt wird, wendet sich dieser Dozent sehr schnell dem Fazit zu, das dann eine sehr klare Abfolge von Thesen und Argumenten aufweisen sollte. Schließlich geht es auch hier um das schnelle Erfassen von Struktur. Der Strukturtyp legt großen Wert darauf, durch das Thema geleitet zu werden, er hasst wenig aussagekräftige Kapitelüberschriften und will die zentralen Gedanken allein schon aus dem Inhaltsverzeichnis zumindest aber aus Einleitung und Fazit schließen.

4.1.3 Dozenten lesen – Routine 3, der Intuitionstyp

Intuitive Gutachter bleiben zumeist beim Titel hängen, lesen dann Einleitung und Schluss und achten insbesondere darauf, dass hier keine logischen Brüche entstehen. Intuitiv wollen sie die Essenz der Arbeit in sich aufnehmen und entwickeln ihren ersten Noteneindruck auf Basis eines Bauchgefühls. Dieses Gefühl kann man tatsächlich gut erzeugen, wenn man Einleitung und Fazit gedanklich zusammenzieht.

Bei Anwendung eines solchen Prozesses weiß man sehr schnell, wie viel Gedanken in der Arbeit stecken, wie viel Mühe sich der Autor gegeben hat, um seine Leser abzuholen, wie viel Sorgfalt für die Argumentation aufgewendet wurde und wie viel „Herzblut“ in die Bearbeitung des Themas geflossen ist. Wer flüssige Einleitungen schreibt, kennt sich im Thema aus, weiß einen großen Bogen zu schlagen und das eigene Thema vorbildlich in den Kanon des jeweiligen Faches einzuordnen – so jedenfalls die Überzeugung des intuitiven Typus.

Ob er am Ende weiterliest, wer weiß. Oft genügt ihm auch ein kurzes Durchblättern der Seiten, um ein Bewusstsein zu entwickeln. Wer den Intuitionstyp „abholen“ will, muss die Arbeit hervorragend einleiten und souverän abschließen. Hier sollte das Thema umfassend ausgebreitet und in der Tiefe durchdrungen sein. Es geht nicht um die Details, es geht um die große Linie und die zentralen Gedanken, die die Autoren bei ihrer Arbeit entwickeln. Dies zu erfahren, gibt diesem Typen ein gutes Gefühl – und was könnte eine bessere Voraussetzung für eine gute Bewertung sein?

4.1.4 Schnellleser? Nicht irritieren lassen!

Abschlussarbeiten zu lesen ist Übungssache. Lassen Sie sich also nicht davon irritieren, dass Ihr Dozent möglicherweise nicht allzu viel Zeit mit Ihrer Arbeit verbringt. Es gibt tatsächlich geübte Wissenschaftler, die in wenigen Minuten nicht nur die Essenz einer Arbeit erkennen, sondern die in kürzester Zeit eben auch den Argumentationsgang, die methodische Vorgehensweise und die abschließend zusammengefassten Erkenntnisse verarbeiten.

Es mag überraschen, dennoch gilt: Unterschätzen Sie den Schnellleser nicht, der sich mit einem kurzen Blättern vor dem Kolloquium noch schnell einen Überblick verschafft. Gerade im Wissenschaftsbetrieb lassen sich einige Menschen finden, die ein sehr leistungsfähiges Gedächtnis besitzen. Oft können sie verschiedene Prozesse sehr schnell und ausgesprochen effizient ablaufen lassen. Dies gilt natürlich ganz besonders dann, wenn sich beispielsweise Haus- oder Bachelorarbeiten auf Konzepte konzentrieren, die zum langjährigen Kanon des Faches zählen. Dann kann man getrost danach schauen, welche Autoren zitiert werden, auf welche Basiswerke immer wieder zurückgegriffen wird (hierzu reicht schnelles Querlesen im Regelfall), denn es ist beinahe eine Grundregel, dass Studierende immer wieder auf Bücher und Beiträge zurückgreifen, die aus ihrer Sicht das von ihnen gewählte Themenfeld gut und vor allen Dingen verständlich abstecken. Diese genutzten Basisquellen erfasst man beim Lesen interessanterweise schneller, wenn man die vorliegenden Seiten sehr schnell querliest, die Arbeit vermeintlich nur oberflächlich durchblättert und dabei ausschließlich auf die genutzten Quellen und wesentliche Stichworte achtet.

Häufig merkt man so auch, dass der Studierende seine eigene Arbeit an dieser Quelle auch gliederungsmäßig orientiert. Hier muss kein Gutachter intensiv hineinlesen, denn die Basiswerke seines Faches sind ihm bekannt; er wird die Seiten querlesen und vieles überblättern. Es kann für ihn von Vorteil sein, insbesondere mäßige Arbeiten bestehen den Schnelllesetest nicht oder nur mit mangelhaftem oder ungenügendem Ergebnis.

Erfahrungsbericht: Pragmatismus vor inhaltlicher Genauigkeit!

Es war 1992, und es war in Nicaragua. Ich ließ mit meiner Co-Autorin unser Manuskript mühselig aus dem Drucker mit dem Lochpapier, um es noch vor Ende des Auslandssemesters an unseren Betreuer an der Uni Salzburg zu schicken. Das Manuskript erhielt er angeblich nie. Zurück in Österreich verschmiss er die Diplomarbeit zwei Mal. Wir saßen Stunden vorm Büro unseres Betreuers, damit er es schaffte, in vier Monaten zumindest meinen Teil anzusehen. Meine Co-Autorin war weniger hartnäckig. Bei ihr dauerte es ein Jahr.

Das Learning aus der Geschichte:

1. Bei der Betreuerwahl ist Pragmatismus oft besser als inhaltliche Passgenauigkeit, und Coachingfähigkeiten sind oft wichtiger als Facherxpertise.
2. Sich gut informieren, was der Betreuer will und wie er ist.
3. Das Zeitmanagement des Betreuers kennen und mit ihm abstimmen.
4. Im Falle der Fälle bringt Hartnäckigkeit ans Ziel.

Silvia Ettl-Huber

4.1.5 Nichtleser, Gutachtenmuffel, Notenjonglierer

Sie haben es längst gemerkt, alle bereits aufgeführten Varianten einer Lesertypologie tun eines: Sie gehen davon aus, dass Ihre Arbeit auch gelesen wird. Spätestens im Zeitalter von Massenuniversität und -hochschule ist dies jedoch nicht mehr selbstverständlich. Sie können dies natürlich – wie viele andere vor Ihnen – testen, indem Sie einen unsinnigen Satz in Ihrer Arbeit verstecken, die den Gutachter vielleicht dazu auffordern, Ihnen eine Mail zu schicken. Wird sie nicht geschickt, hat er (vermutlich) nicht gelesen. Aber eine sichere Ausschlussmethode stellt auch dies nicht dar. Die Empfehlung des ‚Writing Code' ist: Geben Sie alles, um Ihren Gutachter davon zu überzeugen, dass er die Arbeit gerne liest. Wenn Sie die Arbeitsroutine (vgl. Abschnitte 1.2 und 5.5) einhalten, steigert dies aus meiner Sicht die Chance, tatsächlich gelesen zu werden, unmittelbar. Warum? Ganz einfach: Der ‚Writing Code' zwingt Sie dazu:

- besonderes Augenmerk auf die Einleitung zu legen – wenn Ihr erster Leser von den ersten Sätzen überzeugt wird, gelingt es Ihnen vielleicht, das Interesse komplett zu gewinnen,
- ihre Gliederung übersichtlich und aussagekräftig zu gestalten; im Idealfall formulieren Sie die Überschriften ja zum Schluss – und geben damit über die Gliederung schon jede Menge Informationen zum Gedankengang,
- im Text immer wieder „Leuchttürme" zu setzen, die selbst beim Durchblättern jeweils die Kapitelanfänge leicht lesbar gestalten und wichtige Inhalte ausleuchten.

Wenn Sie eher auf „Durchkommen" pokern und die Note am Ende egal ist (und dies ist ja in Bachelorstudiengängen regelmäßig der Fall – wer ökonomisch in ECTS denkt, kann an mancher Hochschule auf große Mühen für eine BA weitestgehend verzichten), dann können Sie natürlich vom Nichtleser profitieren. Sie machen einfach im Kolloquium (siehe Kapitel 6), in der Verteidigung, in der Disputation eine gute, nein: die beste Figur und können damit Ihre Note optimieren, selbst dann, wenn Sie eine reichlich mäßige oder schlichtweg schlechte und unliebsam auf das Papier geworfene Arbeit einreichen. Meine persönliche Erfahrung zeigt jedoch, dass Studierende Wert darauf legen, tatsächlich ein faires und inhaltlich fundiertes Feedback zu bekommen. Schließlich haben sie sich zumeist über Wochen und Monate mit dem Thema beschäftigt und sich intensiv bemüht, eine gute, tragfähige Linie zu finden. Ergo: Es ist in dieser Sicht nur fair, dass ein Gutachter dies auch würdigt. Das Gefühl, einen wertvollen Beitrag und Leistung erbracht zu haben, will am Ende belohnt sein. Es mag sein, dass Sie schnellstmöglich Ihr Studium abschließen wollen, langfristig gedacht (und hier sprechen auch die zusammengetragenen Erfahrungsberichte für sich), ist das eher suboptimal.

Dies alles kann nicht darüber hinwegtäuschen: Ja, es gibt vermutlich Nichtleser unter den Gutachtern. Diese, so leid mir dies auch tut, können Sie mit ein wenig Menschenkenntnis lange vor Ihrem finalen Arbeitsschritt identifizieren ... (der Erlebnisbericht von Prof. Dr. Silvia Ettl-Huber dürfte hier ebenfalls durchaus aussagekräftig sein, vgl. 4.1.4). Dem bliebe dann auch nichts hinzuzufügen. Wenn Sie ehrlich sind, dann gehen Sie eben durchaus opportunistisch an diese Wahl, weil jene Dozenten bereits im Studium dadurch aufgefallen sind, dass sie mit der Vergabe guter Noten sehr großzügig verfahren. Hier bliebe einmal mehr darauf zu verweisen, wie Sie Ihr Studium und damit auch Ihren Abschluss verstehen wollen, als etwas, das Sie sich selbst erarbeitet haben, oder als etwas, das Sie einfach abhaken wollen „um zu“ (also beispielsweise, um bessere Aufstiegsmöglichkeiten im Job zu haben, schneller mehr Geld zu verdienen, bessere Karrierechancen als geringer Qualifizierte zu haben).

Was Sie beachten müssen: Mit ihren Noten, die jene nichtlesenden Gutachter aus einem wie auch immer gelagerten Bauchgefühl heraus bilden, liegen diese häufig nicht einmal daneben. Sie verbinden zumeist eine gute Menschenkenntnis und die Erfahrungen aus dem laufenden Studiengang mit einer Einschätzung Ihrer Person. Diese wird im Kolloquium anschließend anhand Ihrer Ausführungen gefestigt.

Sie können gerade dort sehr schnell erkennen, ob Ihre Gutachter sorgfältig oder weniger sorgfältig gelesen haben. Wenn Sie hier noch einmal Ihre Inhalte vorstellen dürfen, ohne dass Sie unterbrochen werden, können Sie eher von Letzterem ausgehen. Ansonsten nämlich wollen die Prüfer eher wissen, was Sie heute anders machen würden, welche methodischen Veränderungen Sie vornehmen würden, wie Sie Ihre Frage beantworten würden und welche Aspekte für künftige Forschung bleibt (vgl. dazu ausführlich Kapitel 6).

Erfahrungsbericht: Krönender Abschluss statt letztes Hindernis!

Für mich war die Bachelorarbeit nur ein letztes Hindernis. Inzwischen habe ich festgestellt, dass ich Themenwahl und ‚Schreiberei' tiefergehend hätte berücksichtigen sollen. Soll heißen: Ein Thema finden, das für die Zukunft hilfreich ist UND mich interessiert, mich vielleicht auch herausfordert. Zwar hatte ich nach dem Bachelor keine Ahnung, wo ich später landen würde, und ob ich noch einen Master anschließe, aber ich hätte mir die Chance lassen sollen, hätte mich mit jener Thematik befassen sollen, die mich nach fünf Semestern am meisten fesselt. Stattdessen habe ich mein Thema passend zu meinem Bachelor-Praktikum gewählt, welches mir ermöglichte, im Betrieb zu schreiben, meine Experten um mich herum zu befragen und möglichst wenig andere Themen mit einzubeziehen.

Für mich war meine Bachelorarbeit leider nur eine letzte Hürde, über die ich dann versucht habe, mit Hängen und Würgen ‚drüberzukommen'. Sie hätte sein sollen: ein Abschluss, eine Würdigung meines Wissens, ein Ausblick oder zumindest relevant für mein zukünftiges Arbeitsfeld.

Würde ich heute nochmal eine Arbeit schreiben, würde ich mein Thema zuallerletzt festlegen. Ich würde ein grobes Themengebiet bestimmen, welches ich gründlich recherchieren würde, würde dann Thesen auswählen und widerlegen. Und erst abschließend dann, würde ich das Thema konkret bestimmen, als Spezialist darüber eine Arbeit schreiben und hoffentlich Spaß daran haben.

Mein Tipp also: Habt Spaß (nicht zu viel!), fordert Euch in gleichem Maß heraus und hinterfragt Euch immer wieder.

Sophia Manns

4.2 Der wichtigste Merksatz: Weg von der Linearität

Was man an dieser Stelle für sich mitnehmen sollte: Keiner der im vorangegangenen Abschnitt vorgestellten Typen – und es gibt sicher eine erkleckliche Zahl weiterer Varianten – liest die Arbeit von vorne nach hinten. Mit Glück trifft man auf einen sorgfältigen und sendungsbewussten Gutachter, der es als Aufgabe sieht, Arbeiten intensiv zu lesen und genau zu bewerten. Je nach Eigenleistung aber profitieren auch Studierende häufig von eher oberflächlicher Begutachtung ihrer Ergüsse.

Nun die Frage: Wenn aber Hausarbeiten und auch die sorgfältig erstellte Abschlussarbeiten eher selten linear rezipiert werden, warum in aller Welt sollte man sie dann linear schreiben?

Der wichtigste Merksatz des vorliegenden Buches lautet also:

> *Wissenschaftliche Schriften – egal ob Haus- oder Abschlussarbeit und Dissertation – werden grundsätzlich nicht linear, nicht von vorne nach hinten geschrieben!*

Das klingt logisch und nachvollziehbar – und dennoch wird dieser Merksatz selten wirklich befolgt. Eine überwiegende Zahl von Studierenden beginnt mit der Einleitung und schreibt am Ende das Fazit. Und selbst dann, wenn einzelne Kapitel zu unterschiedlichen Zeitpunkten entstehen, und vielleicht schon einmal Kapitel vier vor dem zweiten Kapitel formuliert wird, so ist das grundlegende Denk- und Handlungsmuster sehr häufig linear angelegt. Was aber, wenn man die Einleitung schon schreibt, ohne das Ergebnis zu kennen, ohne zu wissen, worauf die Arbeit hinausläuft? Kann man dann auch geneigte Leser für die eigene Arbeit begeistern und dazu bringen, dass sie sich gerne und mit großem Vergnügen mit dem Thema beschäftigen? Nun, man mag einwenden, dass man die Einleitung am Ende noch einmal überarbeiten kann und vielleicht auch wird. Dennoch werden aus der ersten Fassung immer einige Reste stehen bleiben. Insgesamt entsteht auf diese Weise eine suboptimale Fassung.

4.3 Orientierungshilfe: Ein Bewertungsraster

In den meisten Hochschulen werden ähnliche Bewertungsmaßstäbe für Hausarbeiten oder Abschlussarbeiten verwendet. Man sollte also nicht zu schnell davon ausgehen, dass die Dozenten und Betreuer jeweils eigene und unterschiedliche Anforderungen haben. Das mag in Nuancen eine Rolle spielen, am Ende aber werden insbesondere die hier zusammengetragenen Aspekte in die Bewertung einfließen. In der folgenden Tabelle wird auch versucht, eine Gewichtung vorzunehmen. Die Tabelle wurde von den Hochschullehrern im Bereich Medien an der Hochschule Ostfalia in Salzgitter mit Anregungen und Hinweisen von Vertretern der Universitäten Leipzig (Kommunikationsmanagement) und Darmstadt (Elektrotechnik) gemeinschaftlich entwickelt und wird direkt für die Begutachtung von Abschlussarbeiten verwendet. Zu jedem der enthaltenen Punkte wird eine Note gebildet sowie ein kleiner Textabsatz ausgeführt, damit Absolventen schnell erkennen, wo und wie ihre Arbeit Schwerpunkte setzt und im Bild der Gutachter gute beziehungsweise schlechte Ergebnisse generiert hat. Die Gesamtbeurteilung der schriftlichen Arbeit setzt sich dann aus den gewichteten (siehe Prozentangaben in der folgenden Tabelle) Einzelnoten zusammen. Anschließend wird diese meist noch mit dem Ergebnis eines mündlich zu leistenden Kolloquiums zusammengeführt, wobei schriftliche und mündliche Note zu zwei beziehungsweise zu einem Drittel gewichtet werden. Lesen Sie bezogen auf die Formalia in jedem Falle die für die Abschlussarbeit relevanten Paragrafen der Prüfungsordnung Ihres Studienganges!

Tabelle: Bewertungsraster für Abschlussarbeiten.

Thematisierung, Themenwahl, Fragestellung und Thesenformulierung (15%) – Präzision der Themenstellung – Aussagekraft des Titels – Formulierung der Forschungsfrage – Relevanz des Themas für das Fach

– Diskussion der Themenrelevanz in der Arbeit – Fähigkeit zur Formulierung einer zentralen These
Gliederung, Aufbau, roter Faden (15%) – Stringenz der Gliederung – Erkennbarkeit eines roten Fadens – Fähigkeit zur Führung des Lesers – Inhaltliche Brüche – Logik des Argumentationsgangs – Adäquanz der Gliederung – Verbindung der Einzelteile – Angemessenheit des Umfanges
Theoretisch-konzeptionelle Qualität (20%) – Fähigkeit zur Arbeit mit Begriffen – Reflexion und Diskussion der Begriffe – Analytische Qualität (im direkten Gegensatz zu reiner Deskription) – Berücksichtigung des aktuellen Forschungsstandes – Qualität des Quellenmaterials – Verweis auf zentrale Autoren und Werke – Verwendung einschlägiger wissenschaftlicher Fachzeitschriften – Internationalität – (abhängig von der Fragestellung) – Fähigkeit zur Schwerpunktsetzung – Theoretische Durchdringung des bearbeiteten Feldes – Bezug aller Inhalte und Argumentationsstränge zur zentralen These – Fähigkeit zur Reflexion gewonnener Erkenntnisse – Eigenständige und über die Quellenarbeit hinausgehende Argumentation
Empirisch-analytische Qualität (20%) – Wahl einer adäquaten Methode – Beantwortung der Frage, warum diese Methode die Forschungsfrage bearbeitet – Begründungsgang zum methodischen Vorgehen – Stellungnahme zu deduktivem oder induktivem Vorgehen – Bildung von Hypothesen und Unterhypothesen – Quantitative Umsetzung: Hypothesen werden vorab formuliert – Qualitative Umsetzung: Ableitung der Hypothesen aus den gewonnenen Daten) – Kritische Diskussion von Repräsentativität oder Nichtrepräsentativität

- Sorgfalt der Datenerhebung und deren Dokumentation (im Grunde: Wissenschaftlichkeit der Datenerhebung).
- Validität und Reliabilität der Untersuchung, sowie Selbsteinschätzung zu diesen Punkten
- Übersichtlichkeit und Nachvollziehbarkeit der Ergebnisdarstellung
- Formulierung von Anknüpfungspunkten für die zukünftige Forschung
- Kritische Reflexion und Diskussion der eigenen Daten

Fazit, Schlussfolgerungen (20%)

- Qualität der zusammenfassenden Darstellung und Interpretation
- Darstellung des Erkenntnisgewinns
- Übersichtlichkeit der Ergebnispräsentation
- Brücke zur Einleitung, finale Umsetzung des roten Fadens
- Bezug der Erkenntnisse mi Blick auf die Ausgangsfragestellung
- Praxisrelevanz (oder theoretische Qualität) der Schlussfolgerungen
- Innovationsgrad, Eigenständigkeit
- Wissenschaftlicher Ertrag

Form, Stil, Rechtschreibung, Berücksichtigung der "guten Praxis" wissenschaftlichen Arbeitens (10%)

- Zitierweise und Fähigkeit zur direkten und indirekten Rede, "Paraphrasierungsqualität"
- Sprache, Stil, Verständlichkeit, Nachvollziehbarkeit, angemessene Wortwahl
- Rechtschreibung und Zeichensetzung
- Layout, Abbildungen, formale Umsetzung
- Zitierweise (korrektes Zitieren, Quellenangaben)

Endnote = 10 % Thematisierung + 15 % Gliederung + 20 % theoretisch-konzeptionelle Qualität + 20 % empirisch-analytische Qualität + 20 % Fazit und Ausblick + 10 % Formalia und Rechtschreibung.

Quelle: Eigene Darstellung in Anlehnung an das an der Ostfalia Hochschule, Campus Salzgitter, Bereich Medien verwendete Raster.

4.4 Bewertung: Kurzgutachten für Bachelorarbeiten

Um zu erkennen, wie ein Gutachter vorgehen kann, sind in den folgenden Unterabschnitten vier verschiedene Bachelorarbeiten und ihre Gutachten kurz vorgestellt. Achten Sie beim Blick über die folgenden Seiten insbesondere darauf, welchen Details der Gutachter hier seine Aufmerksamkeit schenkt, wo er seine Schwerpunkte setzt. Zumeist werden in den kurzen Ausformulierungen einzelne Aspekte betont, die in den Hinweisen unter den Überschriften der jeweiligen Rubrik erscheinen (vgl. Bewertungsraster in Abschnitt 4.3).

Hinzu kommt, dass selbst bei gut oder sehr gut bewerteten Arbeiten zahlreiche Aspekte aufgenommen werden, die der Gutachter als eher problematisch erlebt. Dies ist einer Tradition geschuldet, die man mit dem lateinischen Wort „ex negativo" bezeichnet. Gutachten werden generell auf diese Weise aus dem Negativen, mit Blick auf Probleme, unlogische Aspekte, wenig sorgfältig ausgearbeitete Inhalte, schlecht formulierte Abschnitte, schwierige Stellen erstellt, also mit Betonung der Probleme. Begutachtungen von wissenschaftlichen Arbeiten nehmen sich stets der Kritik an. Sie fragen beispielsweise: Wo liegen die Fehler? Was hätte ich anders gemacht? Bildet die Methode tatsächlich die beste Möglichkeit ab, die Forschungsfrage zu beantworten? Hätte es andere Wege gegeben, das Ziel zu erreichen? Welche Aspekte fehlen? Ist die Literatur umfassend abgebildet, oder sind mir weitere Werke oder Autoren bekannt, die sich mit dem Thema befassen? Ist der Gang der Untersuchung logisch aufbereitet und werden die Kapitel sinnhaft miteinander verknüpft?

Nun mögen Sie vielleicht fragen, welchen Sinn es hat, Gutachten zu lesen, deren Hintergrund Sie nicht kennen, deren Ausgangstext Sie nicht gelesen haben. Die Empfehlung an dieser Stelle wäre: Lassen Sie sich darauf ein, denn:

- Sie werden unzählige Hinweise für die Arbeit an Ihrem eigenen Thema finden,
- Sie werden erkennen, wie Gutachter vorgehen, wie sie denken und welche Kriterien sie besonders wichtig nehmen, also welche Schwerpunkte sie setzen,
- Sie werden darüber hinaus erfahren, wie wichtig es ist, einen roten Faden in Ihrer Arbeit zu erkennen und alle Ausführungen an Ihrer Ausgangsfragestellung abzugleichen.

Sie können aus den folgenden Abschnitten noch mehr „herausholen", wenn Sie sich einen Notizblock an die Seite legen und kurze Stichworte zu Ihren Erkenntnissen formulieren, beispielsweise zu der Frage, wie die Gutachter Methoden reflektieren und bewerten. Diese zum Beispiel – und das ist in allen Gutachten sehr gut erkennbar – werden stets daraufhin überprüft, ob sie ein passendes Werkzeug zur Beantwortung der Forschungsfrage darstellen.

Erfahrungsbericht: Mut zum Eingrenzen, Weglassen, Wegstreichen!

Beim „Kampf mit der Prokrastination“ half mir eine Vereinbarung mit einer Freundin. In der Cafeteria auf einem Stück Kaugummipapier hielten wir schriftlich fest, dass ich fünf Tage die Woche, vier Stunden am Stück (ohne zwischendurch etwas anderes zu machen) an der Abschlussarbeit arbeite. Das war quasi ein Vertrag, ohne Definition einer Vertragsstrafe. Durch diese Zusage schaffte ich es endlich, mich nicht von eintrudelnden E-Mails, FB, Kaffeepausen, HoPo oder meiner Stelle als Studentische Hilfskraft ablenken zu lassen. Zu Anfang war ich noch nicht einmal produktiv, aber das kam dann recht schnell, weil ich mir plötzlich die Zeit nahm und sie nicht mit anderen, auch damals wichtigen Dingen füllte.

Als Erfahrung habe ich mitgenommen, dass man Mut zum Eingrenzen, Weglassen und Wegstreichen haben muss. Nicht jede Facette eines Themas muss beleuchtet und mitgenommen werden. Ob die Erfahrung auch in einen Lerneffekt mündete, entzieht sich allerdings bis heute einer empirischen Prüfung.

Daniel Fochtmann

4.4.1 Beispiel 1: Bachelorarbeit mit Publikationspotenzial

Im Folgenden lesen Sie das Gutachten zu einer Bachelorarbeit, die sich mit **Verflechtungsstrukturen im deutschen TV-Markt** beschäftigt – und hier genauer die fünf größten Fernsehsender des Landes daraufhin untersucht, wie diese mit Produktionsgesellschaften zusammenarbeiten und wirtschaftlich verflochten sind. Besondere Brisanz erhält das Thema, da unter den fünf größten Sendern vier öffentlich-rechtliche zu finden sind. Im Nachgang wurden die Erkenntnisse dieser Arbeit in einer anerkannten wissenschaftlichen Zeitschrift publiziert (Hennecke/Rau 2015) auf die große deutsche Leitmedien aufgrund der Aktualität und Brisanz des Themas mit großer Resonanz reagierten (vgl. Seewald 2015 a und b) in der Folge wurde der Ansatz sogar deutlich noch erweitert und in ein recht umfangreiches Buch gegossen (vgl. Rau/Hennecke 2016). Hier wurden also – für eine Bachelorarbeit eher unüblich – neue Erkenntnisse gewonnen. Trotz dieses großen Erfolges der Arbeit und seines durchaus bemerkenswerten Beitrages für die Forschung in seinem Fachgebiet, hat der Autor der Arbeit keine 1,0 erhalten, da sich die Gutachter in diesem Fall streng an ihrem Bewertungsraster orientiert haben. Hier die auf die obige Tabelle abgestimmte Bewertung der Arbeit.

Thematisierung, Themenwahl, Frage und These (15%) – Note: 1,7

Das Thema ist treffend gewählt und für eine Bachelorarbeit gut geeignet, die Themenstellung ist weitestgehend präzise, die Formulierung der Forschungsfrage nachvollziehbar, wobei sie vergleichsweise offen gestellt ist. Das Thema trifft ins Herz der Disziplin und beschäftigt sich mit einer zentralen Frage des Medienmanagements.

Gliederung, Aufbau, roter Faden (15%) – Note: 2,0

Die Gliederung ist komplex, für den Leser wird es an vielen Stellen nicht zu hundert Prozent nachvollziehbar, wo sich der Autor gerade bewegt, vieles zur Vorgehensweise wird zu Recht beschrieben, hemmt aber die Orientierung in der Arbeit (so zum Beispiel auf Seite 33 – hier wäre zu fragen, warum die Methode der Inhaltsanalyse vorgestellt wird, welchen Anlass der Autor dafür sieht?). Für den Gutachter ist tatsächlich Kapitel 5 zentral. Die zu diesem Kapitel gehörenden Anhänge müssen dabei beachtet werden, denn diese machen die Arbeit wertvoll und hätten selbstbewusster herausgestellt werden müssen. Der Anhang mit den Beteiligungslisten hätte dabei durchaus übersichtlicher gestaltet sein können. Durch die Definition „Atlas“ mit geografischem Verweis schafft sich der Autor zusätzlich das Problem, auch geografische Angaben machen zu müssen. Dies wäre nicht erforderlich gewesen.

Theoretisch-konzeptionelle Qualität (20%) – Note: 1,3

Die Arbeit ist zielführend, das Thema sehr fleißig bearbeitet. Wäre hier nur der Fleiß zu bewerten, dann müsste zwingend eine 1,0 gegeben werden. Gut wäre gewesen, wenn der Autor noch stärker direkt mit den Sendern gearbeitet hätte und zumindest bei den öffentlich-rechtlichen Sendern auf deren Informationspflicht als Anstalt des öffentlichen Rechts verwiesen hätte. Dies hätte heilen können, dass es nicht gelungen ist, die zusätzliche Untersuchung durchzuführen. Dennoch wird für die theoretisch-konzeptionelle Qualität der Arbeit eine 1,3 vergeben, da es dem Autor vorbildlich gelingt, Schaubilder zum Verflechtungsdickicht zu zeichnen und dies auch entsprechend zu begründen.

Empirisch-analytische Qualität (20%) – Note: 2,3

Die Vorgehensweise ist gut und nachvollziehbar. Die Tatsache, dass der Autor die geplante Befragung zumindest von einer inhaltsanalytischen Auswertung der „Interviewabsagen“ hat begleiten lassen, ist vorbildlich. Insgesamt hätte die Recherche noch tiefergehend erfolgen können – im Falle der beteiligten öffentlich-rechtlichen Sender in jedem Fall über eine nachdrückliche Befragung mit Verweis auf die Informationspflicht. Nicht ganz nachvollziehbar erscheint dem Gutachter auch der Verzicht auf eine Integration der Senderfamilie ProSieben.Sat1. Hier wäre die Vermutung naheliegend, dass auch dieses Unternehmen in die Untersuchung hätte aufgenommen werden können oder müssen. Insbesondere natürlich vor dem Hintergrund, dass ProSieben.Sat1 wesentlicher Faktor im Duopol des privaten deutschen Fernsehmarktes ist.

Fazit, Schlussfolgerungen (20%) – Note: 2,0

Fazit und Schlussfolgerungen hätten deutlich selbstbewusster ausfallen können und müssen. Schließlich gelingt dem Autor hier eine für die Wissenschaft wertvolle Leistung, und er steigert den Erkenntnisgewinn des Faches. Dennoch gilt: Die Hypothesen sind durchgängig bearbeitet, sorgfältig kommentiert und bewertet. Der Autor bleibt in guter Weise zurückhaltend, was die Bewertung anbetrifft – auch dies ist ihm zugute zu halten.

Form, Stil, Rechtschreibung, „gute Praxis" (10%) – Note: 2,0

Die Rechtschreibung ist in Ordnung, stilistisch ist die Arbeit eher schwach. Einige grammatikalisch merkwürdige Satzkonstruktionen begegnen in nahezu jedem Kapitel. Die Zitierweise ist korrekt. Der Autor arbeitet sorgfältig, warum die Arbeit in den unterschiedlichen Kapiteln unterschiedlich formatiert ist, erschließt sich nicht.

4.4.2 Beispiel 2: Außergewöhnliche Methodenwahl

Als zweites Beispiel wird hier eine Arbeit gewählt, die sich sozialwissenschaftlich orientiert mit der Frage nach den Auswirkungen internetfähiger Endgeräte beschäftigt, die für Kinder in deutschen Haushalten zur Verfügung stehen. Ein sehr interessanter Aspekt dabei ist die Tatsache, dass die Autorin hier mit einem Onlinepanel arbeitet. Bei solchen Panels erklären sich Menschen grundsätzlich bereit, vergleichsweise regelmäßig an Befragungen teilzunehmen – und stellen auch ihre demografischen Daten zur Verfügung. Das bedeutet, dass Befragungen, die auf einem Onlinepanel beruhen, repräsentative Ergebnisse generieren. Dies ist bei Bachelorarbeiten eher selten gegeben. Bei Nutzung solcher Panels wird quasi über den Befragungszeitraum hinweg exakt darauf geachtet, dass die gewählte Grundgesamtheit (zum Beispiel Gesamtbevölkerung Deutschland) repräsentativ abgebildet wird. Das bedeutet, fehlen zur korrekten Abbildung „alleinerziehende Väter im Alter von 30 bis 35 Jahren, die jeweils ein Kind im Alter von 6 bis 10 Jahren betreuen“, so werden diese algorithmisiert über die Befragungssteuerung im Panel besonders berücksichtigt, bis sich am Ende ein korrektes Spiegelbild der Grundgesamtheit ergibt. Dies erhöht die Aussagekraft der gewählten Stichprobe erheblich. Die Autorin der Bachelorarbeit, deren Begutachtung Sie untenstehend finden, hat sich übrigens etwas Besonderes einfallen lassen: Üblicherweise verursacht die Nutzung der Onlinepanels erhebliche Kosten. Kein Wunder, besteht doch in Aufbau und Pflege ihres Panels das eigentliche Kapital der anbietenden Unternehmen, zudem müssen die softwareseitigen Lösungen entwickelt werden, die auf sehr komplexe Weise für alle Befragungen Repräsentativität absichern. Die Autorin war als Werkstudentin beim Markt- und Meinungsforschungsunternehmen tätig, das das Panel verwaltet – durch freiwillig geleistete Mehrarbeit konnte sie sich die Nutzung des Onlinepanels sozusagen erarbeiten.

Das gewählte Beispiel zeigt auch, dass die unterschiedlichen Bewertungsfelder auch in ihrer Benotung sehr stark voneinander divergieren können. Hier wird neben eine 2,7-Bewertung der theoretischen Substanz der Arbeit eine 1,3-Bewertung der empirischen Qualität gestellt. Dies ist für die vorliegende Arbeit gerechtfertigt.

Thematisierung, Themenwahl, Frage und Thesen (15%) – Note 2,0

Die Thematisierung ist nachvollziehbar, die Motivation der Autorin wird ebenfalls deutlich. Ob es sich bei Kindern im Alter zwischen sechs und zehn Jahren jedoch tatsächlich um eine Generation „Always On“ handelt oder ob diese erst in eine solche hineinwachsen werden, steht aus Sicht des Gutachters infrage. Die gewählte Fragestellung ist etwas unspezifisch und erfordert das Schärfen des Begriffes „neue Medien“, dies leistet die Autorin lediglich zufriedenstellend.

Gliederung, Aufbau, roter Faden (15%) – Note: 2,0

Die Gliederung ist übersichtlich, leider ist sie dabei wenig aussagekräftig, der Theorieteil ist sehr dünn und müsste stärker und gezielter auf die Forschungsfrage hinführen (vgl. theoretisch-konzeptionelle Qualität). Die Titel der Gliederung und damit die Überschriften für die Kapitel sind definitiv zu kurz gewählt, so erschließt sich die Arbeit nicht auf den ersten Blick. Aber insgesamt sind eine logische Vorgehensweise und ein roter Faden erkennbar.

Theoretisch-konzeptionelle Qualität (20%) – Note: 2,7

Theoretisch-konzeptionell ist die Arbeit dünn und quellenarm, die zentrale Begriffsdiskussion müsste tiefergehend erfolgen und auf mehr Quellen verweisen – das würde die Arbeit nicht ausdehnen aber tiefschürfender machen. Es wird auch nicht klar, warum das gewählte Konstrukt auf diese Weise bedeutsam ist. Ansatzweise wird dies in den Abschnitten 2.3 und 2.4 geleistet. Insgesamt jedoch wird dem Gutachter nicht ersichtlich, wie die Autorin zu den abgeleiteten Forschungsfragen und Hypothesen gelangt. Vieles – gerade in den einführenden Kapiteln – ist sehr deskriptiv und an einigen Stellen auch unscharf dargestellt, die Quellenarbeit ist schwach.

Empirisch-analytische Qualität (20%) – Note: 1,3

Die statistische Auswertung ist sehr sorgfältig durchgeführt, die empirische Analyse vorbildlich. Die Autorin nutzt ein Onlinepanel – und sie liefert damit eine aus empirischer Sicht außergewöhnliche Bachelorarbeit ab, die auf einer sinnvoll geschichteten Stichprobe basiert. So wird in den Berechnungen Cronbachs Alpha korrekt berechnet, die Signifikanzen sind im Kontext der Varianzanalyse gut angegeben, bei Anova hätte es noch eines noch eines Post-hoc-Tests bedurft (um zu wissen, welche Gruppen sich signifikant unterscheiden). Zwingend hätte die Autorin jedoch noch transparenter machen müssen, um welches Panel es sich hier handelt, wie dessen Repräsentativität gesichert ist etc. Insgesamt ist die Darstellung der Auswertung gut und übersichtlich gelöst

Fazit, Schlussfolgerungen (20%) – Note: 2,0

Die Schlussfolgerungen im Rahmen der Diskussion sind angemessen und zeigen, dass sich die Autorin mit ihren Daten intensiv auseinandergesetzt hat. Es wird hier allerdings auch ersichtlich, dass die Arbeit vermutlich linear entstanden ist. Eine stärkere Untergliederung der Diskussion wäre wünschenswert gewesen. Das als Fazit gekennzeichnete Kapitel ist im Grunde kein Fazit, stattdessen wird dieses in der Diskussion vorweggenommen, deshalb auch klammert die Bewertung das (schlechte) Kapitel 8 aus. Die Forderungen am Ende zeigen eine eher unwissenschaftliche Tendenz.

Form, Stil, Rechtschreibung, „gute Praxis" (10%) – Note: 2,3

Die Rechtschreibung ist weitestgehend in Ordnung, der Stil könnte ausgefeilter sein, viele einfache Aussagesätze reihen sich aneinander. Es wäre der Autorin ebenfalls zu empfehlen, wissenschaftliche Zusammenhänge differenzierter darzustellen, dies wirkt sich ebenfalls auf die Bewertung des Stils aus. Die Zitierweise ist gut, allerdings ist sowohl die Zahl als auch die Qualität der verwendeten Quellen eher unterdurchschnittlich.

4.4.3 Beispiel 3: Ausgezeichnete Arbeit „ex negativo"

Es soll neben einer schlechten (Beispiel 4) auch noch eine exzellent bewertete Arbeit aufgenommen werden. In Beispiel 3 beschäftigt sich die Autorin mit einem wirtschaftswissenschaftlichen Thema: **Die Entscheidungstheorie im Marketing.**

Hieran fällt auf, dass es Gutachter deutlich leichter haben, wenn ihnen eine exzellente Arbeit vorliegt. Das hier mit aufgenommene Kurzgutachten kann, da ja auch hier der Grundsatz „ex negativo" gilt, deutlich kürzer ausfallen.

Thematisierung, Themenwahl, Frage und Thesen (15%) – Note: 1,0

Der Titel ist so knapp wie präzise und führt direkt zum Kern der Arbeit. Die zentrale Fragestellung und die aus Sicht des Gutachters passgenaue Gliederung der Arbeit werden sorgfältig in der Einleitung abgeleitet. Die Themenstellung wird gekonnt präzisiert und moduliert.

Gliederung, Aufbau, roter Faden (15%) – Note: 1,3

Die Gliederung ist nachvollziehbar, der rote Faden gut und erkennbar ausgelegt, der Leser wird gut geführt. An einigen Stellen ufert die Arbeit etwas aus, und Kürzungen hätten vermutlich wohl getan, aber es gibt keine inhaltlichen Brüche, die Logik des Argumentationsganges ist sehr gut, die Einzelteile werden nachgerade vorbildlich verbunden. An einigen Stellen – zum Beispiel auf Seite 38 – hätte die Bedeutung der gerade geführten Diskussion für die zentrale Themenstellung klarer verdeutlicht werden müssen.

Theoretisch-konzeptionelle Qualität (20%) – Note: 1,0

Die Arbeit ist über weite Strecken brillant formuliert und zusammengestellt. Das Niveau entspricht einer Masterarbeit, und die Argumentationskraft der Autorin ist beeindruckend. Aus wissenschaftlicher Sicht ist das Thema vorbildlich und sehr gut bearbeitet. Einziges Manko sind fehlende internationale Quellen. Da bei der Themenstellung jedoch deutsche Quellen auch aus internationaler Sicht den Status quo repräsentieren können, kann darüber hinweggesehen werden. Leider werden keine wissenschaftlichen Fachzeitschriften zitiert. Dennoch gilt: Im Vergleich mit anderen Bachelorarbeiten ist dieses Werk außergewöhnlich.

Empirisch-analytische Qualität (20%)

Es ist kein empirischer Teil enthalten. Die Note zur theoretisch-konzeptionellen Qualität wird entsprechend doppelt gewichtet.

Fazit, Schlussfolgerungen (20%) – Note: 1,3

Das Fazit ist gut, es könnte etwas tiefergehend und umfangreicher im Vergleich zu den anderen Bestandteilen der Arbeit ausfallen und den Leser noch besser durch die Logik der Untersuchung führen. Aber insgesamt auch dieses eine sehr gute Leistung.

Form, Stil, Rechtschreibung, „gute Praxis" (10%) – Note: 1,3

Sprache und Stil sind auf elaboriertem Niveau verortet, die Autorin empfiehlt sich für weitere wissenschaftliche Texte. Wenige Fehler in der Interpunktion, vorbildliche Quellenarbeit und Zitierweise.

4.4.4 Beispiel 4: Note? Gerade noch 4,0!

Wie bereits angekündigt, hier nun ein Beispiel, das eine mit gerade noch 4,0 bewertete Arbeit zeigt. Die Autorin hat sich dem Markt für Musik angenommen. Der Titel ihrer Bachelorarbeit unterteilt sich in einen Haupt- und einen als Frage formulierten Untertitel: **Der Musikkonsument im Wandel – Auswirkungen digitaler Geschäftsmodelle auf dem deutschen Musikmarkt. Wird die physische CD langfristig vom deutschen Musikmarkt verdrängt?**

Thematisierung, Themenwahl, Frage und Thesen (15%) – Note: 3,0

Das Thema wirkt bereits ausgereizt und, salopp formuliert, „durch" – dennoch könnte man erwarten, dass es hier noch Erweiterungsmöglichkeiten zum bisherigen Forschungsstand gibt. Allerdings lässt der Titel auch vermuten, dass die Fragestellung eher in der Breite und weniger in der Tiefe beantwortet wird. Dies bestätigt sich im weiteren Verlauf, die Forschungsfrage wird dennoch eindeutig formuliert, wobei der Gutachter erste Zweifel an einer tiefergehenden Relevanz hat.

Gliederung, Aufbau, roter Faden (15%) – Note: 3,7

Die Gliederung ist eher flach. Die meisten Unterkapitel zeigen, dass es sich hier überwiegend um Deskription handeln wird. Den Gutachter macht die Übersicht des Inhaltsverzeichnisses eher skeptisch. Ein roter Faden ist erkennbar, allerdings verspricht die Übersicht und die Gliederung wenig Tiefgang, dies bestätigt dann auch die Lektüre der Arbeit. Es handelt sich hier um eine reine Deskription ohne weitere und tiefergehende Analyse. Auch die eigens erhobenen Primärdaten ändern hier wenig, Vieles wird beliebig zusammengestellt, ohne die einzelnen Kapitel an der zentralen These auszurichten.

Theoretisch-konzeptionelle Qualität (20%) – Note: 4,0

Die Aufarbeitung ist mangelhaft, zentrale Autoren werden nicht genannt und herangezogen, der Stand der Forschung wird nicht aufbereitet, es gibt kaum valide Quellen, die die Autorin heranzieht, die Übersicht über Musikumsätze mit den unterschiedlichen Produkten genügen für eine wissenschaftlich ausgerichtete Arbeit nicht. Auch die Vorgehensweise ist über weite Strecken unwissenschaftlich, die Quellenarbeit schlecht, unzählige Sachaussagen bleiben unbelegt. Die Autorin bewegt sich jedoch durchgängig an ihrer Ausgangsfragestellung. Deshalb wird dieser Teilbereich gerade noch mit 4 bewertet.

Empirisch-analytische Qualität (20%) – Note: 3,3

Zur Bewertung dieses Abschnittes führen allein die sorgfältige Transkription der Interviews und die Anlage eines Analyserasters. Dies ist für eine Inhaltsanalyse, wie sie die Autorin vornimmt, sehr hilfreich. Weniger erfreulich allerdings ist die Aufbereitung der Interviews im Text, hier stellt die Autorin mehr oder weniger wahllos Aussagen zusammen. Eine Abgleichung an der zentralen These erfolgt eher implizit und häufig überhaupt nicht. Auch werden die Interviews kaum zielgerichtet an der These entlang geführt. Hier hätte man viel deutlicher noch die zentrale Fragestellung modulieren müssen, das Thema in die Tiefe führen können, so ufert die Datenerhebung aus, und ein klares Fazit fällt schwer.

Fazit, Schlussfolgerungen (20%) – Note: 5,0

Die Schlussfolgerungen fallen entsprechend schwach aus, das Fazit ist ungenügend.

Form, Stil, Rechtschreibung, „gute Praxis" (10%) – Note: 5,0

Die Umsetzung und Darstellung entspricht nicht den formal vorgegebenen Richtlinien für schriftliche Abgaben im Studiengang, die Zitierweise ist mangelhaft.

4.5 Lernaspekte: Die Logik des „ex negativo"

1. Sie erkennen an den beispielhaft angeführten Gutachten leicht, worauf diejenigen achten, die Ihre Arbeit bewerten müssen. Es wird ersichtlich, dass diese sich im Regelfall zu allen angegebenen Feldern Gedanken machen. Das bedeutet für Ihre Arbeit, dass Sie keinen der enthaltenen Aspekte vernachlässigen sollten.
2. Viele Hochschulen und Fakultäten beziehungsweise Fachbereiche arbeiten nicht in gleicher Weise übergreifend systematisch, indem solche Bewertungsraster vorgegeben werden (und für Sie als Studierende auch einzusehen sind). Dennoch handeln die meisten Professoren mehr oder weniger nach diesen Kriterien. Allerdings werden die Schwerpunkte häufig anders gesetzt. Hier müssen Sie

auch auf die Tradition in Ihrem jeweiligen Fach und auf jene die an Ihrer Hochschule gelebt wird.

3. In sozialwissenschaftlichen Fächern wird stärker auf die erfahrungswissenschaftliche Qualität von Abschlussarbeiten geachtet, in naturwissenschaftlichen auf den Erkenntnisgewinn oder das intelligente Zusammenführen bereits bestehenden Wissens, zumeist eben auch verbunden mit Laborerkenntnissen. In ingenieurwissenschaftlichen Fächern wird häufig das Verständnis für Zusammenhänge und Abhängigkeiten in den Mittelpunkt gestellt. Oft wird hier der Neuigkeitswert stärker betont. Dieser ergibt sich aus intelligenten Lösungen für Konstruktionsprobleme, die mathematisch oder konzeptionell erschlossen werden. Sie können also bezogen auf Ihr Fach das vorgeführte, hier in erster Linie an den Sozial-, Wirtschafts- und Geisteswissenschaften orientierte Schema, für Ihren persönlichen Gebrauch anpassen. Dies geschieht vorzugsweise in Abstimmung mit Ihrem Gutachter.
4. Alle Gutachten folgen, wie angesprochen, einem „ex negativo“-Ansatz. Erschrecken Sie also nicht, wenn im Gutachten zu Ihrer Arbeit überwiegend oder sogar ausschließlich Negatives hervorgehoben wird. Dies ist wissenschaftliche Tradition und etwas völlig Normales, selbst bei guten bis hervorragenden Arbeiten.
5. Der Arbeitsprozess in der Umsetzung wissenschaftlicher Thematik ist in hohem Grade formalisiert. Das kommt Ihnen zugute, denn wenn Sie einmal die Systematik erkannt und für sich angenommen haben, können Sie sich auf den Prozess verlassen, können Sie die trainierten Arbeitsabläufe mit jeder schriftlichen Arbeit optimieren.
6. Das Bewertungsraster konzentriert sich auf die klassische Variante, Abschlussarbeiten und Hausarbeiten zu gestalten. In manchen Schulen wird zwischenzeitlich auch die im anglo-amerikanischen Raum verbreitete Anfertigung von „Essays“ propagiert. Dies wird im zweiten Band des ‚Writing Code‘ aufzugreifen sein.
7. Im Regelfalle befruchten sich Empirie und Theorie gegenseitig, und eine sorgfältige Erarbeitung des Wissensstandes zahlt sich bei der Entwicklung und vor allem bei der konkreten Umsetzung

einer erfahrungswissenschaftlichen Methode nachhaltig aus. Auch wenn die Bereiche im Bewertungsraster getrennt aufgeführt sind, so sind sie stets sehr eng aufeinander bezogen. Bei empirischen Arbeiten kann der theoretische Teil kürzer ausfallen. Es darf jedoch nicht an Tiefgang fehlen. Das ist ein häufiges Problem von Arbeiten, die erfahrungswissenschaftliche Methodik einsetzen (vgl. Beispiel 3 in diesem Kapitel, Abschnitt 4.4.3).

Es ist mir durchaus bewusst, dass an vielen Hochschulen eine Systematik, wie sie hier vorgeführt wird, nicht verfügbar ist und auch nicht gelebt wird. Sie können dies aber auch als Studierende im Grunde einfordern. Regelmäßig ist die Art und Weise, wie Gutachten zu Haus- und Abschlussarbeiten geschrieben und angelegt werden, auch ein Thema im Rahmen der Akkreditierung von Studiengängen. Dies ist Teil des Bologna-Prozesses und soll garantieren, dass die Lehrangebote vergleichbar sind und sich auf der Höhe der Zeit befinden. Oft wird die Form, wie Gutachten zu erstellen sind, auch in Akkreditierungsberichten erwähnt oder sogar festgeschrieben. Sie dürfen also als Studierende solche Vorgaben im Bachelor-Master-System einfordern.

Erfahrungsbericht: Mich selbst besser kennenlernen!

Das, was ich mir immer selbst gesagt habe und auch zu anderen sagen würde: Keine Panik! Rom wurde auch nicht an einem Tag erbaut, und so braucht auch die Planung und das letztendliche Schreiben der Arbeit seine Zeit. Klingt abgedroschen, ist aber so. Man sollte sich keine Illusionen machen, denn es ist viel Arbeit, die einige Zeit kosten wird. Kleine Ziele setzen, wie zum Beispiel eine Stunde pro Tag zu schreiben, hilft. Bei der Auswahl des Themas für Abschlussarbeiten ist der entscheidende Faktor, dass das Thema interessant ist und vielleicht auch schon Vorkenntnisse bestehen. Man muss also nicht von Null anfangen. Nutze alle Ressourcen die zur Verfügung stehen, vereinbare einen Termin mit deinem Dozenten, Professor, Prüfer, und sprich über deine Arbeit, ihre Struktur und besondere Probleme. Auf diese Weise erhält man wertvolle Tipps und bekommt ein besseres Gefühl für

Schwächen der Arbeit oder der Fragestellung. Rechne mit unvorhergesehenen Hürden wie beispielsweise Probleme in Gruppenarbeiten. Gruppenarbeiten sind meiner Meinung nach furchtbar aber leider nicht zu vermeiden. Versuche also, gut zu planen, und setze genügend "Puffer" für Deadlines!

Mir hat wahrscheinlich am meisten geholfen, Distanz zu meiner Arbeit zu halten und zu hinterfragen, warum und wie ich Dinge tue. Außerdem würde ich raten, ehrlich zu sein. Wenn Hypothesen nicht aufgehen oder sie nicht beantwortet werden können, sage das in der Abschlussarbeit! Der Lerneffekt – wenn man von einem solchen sprechen kann – war sicherlich, mich selbst und wie ich funktioniere besser kennenzulernen. Da für das „Big Picture" die Themen meiner Arbeiten nicht mehr interessant sind, ist das wahrscheinlich das, was übrig bleibt.

Ansonsten kann ich sagen, dass man solche Arbeiten und den damit verbundenen Stress sicherlich ernst aber auch nicht zu ernst nehmen sollte. Ich bin zum Beispiel in kurzer Zeit während meiner Abschlussarbeit zwischen drei Städten, zwei Kontinenten und zwei Ozeanen hin und her gezogen. Das hat mich motiviert, mich hinzusetzen, zu schreiben und fertigzuwerden.

Fee Gutsch-Dolbow

4.6 Fließtext: Masterthesis und Dissertation

Bei größeren Arbeiten wie einer Masterthesis werden Gutachten zur Bewertung häufig in Fließtext geschrieben. Ein solches Gutachten kann dann durchaus mehrere Seiten umfassen. Hier sollen zwei Beispiele gegeben werden, die aus einem sozialwissenschaftlichen Kontext entspringen, eines für eine Masterarbeit (vgl. Abschnitt 4.6.1), eines für eine Diplomarbeit (vgl. Abschnitt 4.6.2). Darüber hinaus wird kurz auf Besonderheiten der Dissertation (vgl. Abschnitt 4.6.3) eingegangen.

4.6.1 Beispiel 5: Masterthesis als erfolgreiches Buch

Bei diesem gewählten Beispiel handelt es sich um eine Masterarbeit, die im Rahmen eines *Weiterbildungsstudienganges* angefertigt wurde. Sie war Teil eines Studiums an einer privatwirtschaftlich von einer Stiftung geführten Hochschule, die dabei sehr eng mit einer Universität zusammenarbeitet. Auch deshalb erscheint dieses Gutachten hier von besonderem Interesse. Ich gehe davon aus, dass in zunehmendem Maße Weiterbildungsstudiengänge im Masterbereich eine Rolle für die deutsche Bildungslandschaft spielen. Deshalb sei hier auch der knappe und kurze „Werkstattbericht" einer Studentin eines Weiterbildungsmasters mit aufgenommen.

Erfahrungsbericht: Arbeit aus einem Guss!

Urlaub vom Job in der Arbeitsphase der Masterarbeit war für mich wichtig und am Ende entscheidend. Sich täglich nach der Arbeit wieder einzulesen und auch in den besonderen Stil einzufinden, den eine wissenschaftliche Arbeit erfordert, ist weniger effizient, als jeweils am Wochenende oder überhaupt im Urlaub konsequent durchzuschreiben. Argumentationslinien gehen weit flüssiger von der Hand, und das Werk gerät dann aus „einem Guss".

4.6.1.1 Beispiel 5 – die Rahmendaten

Im Beispiel dieses Abschnitts hat sich die Autorin mit Fragestellungen der „Augmented Reality" beschäftigt und damit ein sehr aktuelles Thema gewählt. Das macht dieses Beispiel besonders interessant, da die Herausforderungen bei aktuellen Fragestellungen oft deshalb besonders groß sind, weil man sich nicht auf einen eingeführten Kanon verwertbarer Literatur berufen kann, und sich die Beschaffung internationaler Quellen in vielen Fällen nicht gerade leicht gestaltet. Bleibt anzumerken, dass die Autorin dieser Masterthesis zum Thema weitergeforscht und die Arbeit zu einem deutschsprachigen Standardwerk entwickelt hat, das im Sommer 2015 in einem renommierten Verlag erschienen ist (vgl. Schart/Tschanz 2015).

Ein weiterer Aspekt ist hier von Interesse: Die Masterarbeit wurde in englischer Sprache verfasst. Dies ist insbesondere der gewählten qualitativen Methode geschuldet. Die meisten Interviews – die Arbeit verwertete Experteninterviews – führte die Autorin auf Englisch. An vielen Hochschulen ist dies heute durchaus eine Alternative, die es den Kandidaten jeweils auch erleichtert, sich um Positionen bei international operierenden Unternehmen zu bemühen oder sich direkt im Ausland zu bewerben. Insgesamt wurde für die Arbeit eine Note von 2,0 vergeben.

4.6.1.2 Bewertung der Arbeit – Gutachten:

Die Autorin greift ein hoch relevantes Thema auf und konzipiert ihre Arbeit sorgfältig, die Themenstellung verweist auf einen eher explorativen Zugang zum Forschungsfeld. Dies bestätigt sich im weiteren Verlauf. Das Risiko der Arbeit deutet sich jedoch ebenfalls bereits im Titel an, hier zeigt sich eine vergleichsweise breite Anlage, nach der Lektüre des gesamten Werkes kommt der Gutachter zum Schluss, dass eine spitzere Thematisierung mit einer deutlicher formulierten und damit abgrenzenden Forschungsfrage und der abgeleiteten Thesenstellung zu einem noch besseren Ergebnis hätte führen können. Dabei ist die Arbeit ordentlich gegliedert, sie führt den Leser gut in die Begriffswelt der ‚Augmented Reality' ein. Besonders hervorzuheben ist hier das präzisierende zweite Kapitel, da dort das Forschungsfeld von verwandten Begriffen abgegrenzt wird. Dies ist gut, müsste als diskursive Begriffsdiskussion jedoch wissenschaftlicher verfasst werden. Dass die Autorin im Anschluss technische Gegebenheiten und schließlich die Anwendungsfelder erläutert und zusammenträgt, ist fraglos folgerichtig. Allerdings geraten die Kapitel vergleichsweise deskriptiv, und es entsteht ein nachhaltiger Eindruck von Additivität, der aufgrund der explorativen Anlage der Arbeit zu befürchten war. Hier hätte sich der Gutachter einen häufig eher analytischeren Blick gewünscht, der die aktuelle Literatur mit den Erkenntnissen der Autorin verschränkt.

Bei aller Kritik gilt: Die Autorin ist in der Lage, Begriffe abzugrenzen, einzuordnen und ein sehr umfassendes Forschungsfeld zu bearbeiten, sie argumentiert auf hohem Niveau und mit wissender Kraft. Im Bereich der Analyse (siehe vorangegangene Anmerkung) wäre es schön gewesen, wenn sie mit klarer wissenschaftlicher Arbeitsweise weniger in die Breite als in die Tiefe gegangen wäre. So liefert Kapitel vier beispielsweise einen bunten Blumenstrauß von Anwendungen, nach deren Betrachtung und Beschreibung ein zusammenfassender Abschnitt ausgesprochen hilfreich gewesen wäre.

Aus Sicht des Gutachters ist die Quellenarbeit gut bis sehr gut, die zentralen Autoren und einschlägige Quellen sind aus seiner Sicht berücksichtigt, die Arbeit ist dem Forschungsfeld angemessen ausgesprochen international angelegt. Dies zählt zu ihren Stärken. Dem Thema entsprechend, sind vergleichsweise zahlreiche Internetquellen angefügt, deren Qualität nicht immer nachvollzogen werden kann. Viele dieser Quellen verweisen auf die eingebundenen Fallbeispiele aus der Praxis. Da die Themenstellung eher breit gewählt ist, wird es für die Autorin allerdings schwierig, analytische Kraft zu entfalten. Dies geschieht im Grunde lediglich nach Einführung der empirischen Methode, dieser Teil der Arbeit, so die Sicht des Gutachters, ist um ein Vielfaches besser angelegt.

Zur empirischen Vorgehensweise bleibt anzumerken: Die Idee, eine eher in der Praxis verankerte Arbeitstechnik mit einer qualitativ angelegten Befragung zu koppeln, ist kreativ und interessant. Die Ergebnisse, die die Autorin generiert, sind beachtlich. Die Aussagen der Befragung werden im Rahmen einer SWOT-Analyse der weiteren Analyse zugeführt. Dies schafft Übersichtlichkeit und erlaubt es dem Leser, sich gut zu orientieren – und das eben breit angelegte Feld auch mit Blick in die Zukunft zu beurteilen. Die Auswahl der Gesprächspartner ist beeindruckend. Die zusammengetragenen Aussagen sind zielführend für das Verständnis des gesamten Feldes und erweitern den verfügbaren Stand der Erkenntnis. Hier liegt aus Sicht des Gutachters das Herz der Arbeit, und hier beweist die Autorin ihre eigentliche Fähigkeit, das Thema nachhaltig und zielgerichtet zu durchdringen.

Die Erkenntnisse aus der Untersuchung sind faszinierend. In der Tat, die Darstellung der Ergebnisse besticht durch ihre sorgfältige und klare Gliederung – und die Übersichtlichkeit. Am Ende würde man sich, dies sei kritisch angemerkt, noch eine stärker analytisch geführte Zusammenfassung wünschen, die ein klares und bitte im Stil wissenschaftlicher Arbeitsweise formuliertes Fazit ermöglicht. Die vielen Hinweise auf „persönliche" Betrachtungsweisen und Erfahrungen, die häufige Verwendung der ersten Person erzeugen über die gewählte Stilistik mehrfach einen Eindruck, der dem Anspruch der Arbeit nicht angemessen erscheint.

Die Arbeit wurde nicht in der Muttersprache der Autorin verfasst, dies ist ergänzend anzumerken. Da die Interviews mit internationalen Vertretern des Fachgebietes durchgeführt wurden, schien das folgerichtig und vorteilhaft. An einigen Stellen hätte sich der Gutachter jedoch einen differenzierteren und sprachlich anspruchsvolleren Stil gewünscht, der fraglos in der Muttersprache der Autorin zu entwickeln gewesen wäre. Die Formalia sind eingehalten und entsprechen den Anforderungen, die an eine Masterarbeit gestellt werden.

4.6.2 Beispiel 6: Gemeinschaftlich erstellte Abschlussarbeit

Das folgende Beispiel zeigt Ihnen ein vergleichsweise umfangreiches Gutachten, das jedoch sehr deutlich darstellt, wie sich Gutachter sehr intensiv mit einer Arbeit und ihrem Thema auseinandersetzen – auch und gerade dann, wenn ihnen das Thema liegt, wenn ihr Interesse geweckt wird. Es zeigt auch, dass in solchen Gutachten sehr häufig tatsächlich Details aufgegriffen und bewertet werden. Die genaue Lektüre des Gutachtens ersetzt hier zwar nicht die Lektüre der Arbeit, aber sie zeigt, welche Kraft die beschriebene Studie entwickelt und welche Schwerpunkte gesetzt werden. Vielfach besteht unter Studierenden der Verdacht, ihre eigene Arbeit wird oder wurde nur oberflächlich gelesen und damit nicht ausreichend gewürdigt (vgl. auch 4.1.5). Dies mag tatsächlich vorkommen, und es mag auch Fälle geben, in denen – wie bei einem guten Freund von mir – die handschriftlichen Anmerkungen des Gutachters auf Seite 25 der Diplomarbeit enden. Insgesamt jedoch kann man nicht zwingend damit rechnen. Zumindest immer dann, wenn die Hochschule von den Betreuern verschriftlichte Gutachten zu Abschlussarbeiten einfordert, sollten Studierende im Zweifel darauf bauen, dass ihr Werk auch rezipiert wird.

4.6.2.1 Beispiel 6 – die Rahmendaten

In diesem Beispiel geht es um eine historische Studie, die mit einer sehr umfangreichen Inhaltsanalyse gekoppelt ist. Der Umfang der Arbeit und die systematische Auswertung von Primärdaten rechtfertigt in diesem Fall eine kooperativ erstellte Arbeit. Mit **„Ideologische Superstrukturen und ihr Einfluss auf Journalisten und ihre Arbeit“** untersuchen eine Autorin und ein Autor unterschiedliche Berichterstattungsmuster im Kontext des Afghanistan-Einmarschs der Sowjets und der USA. Im Ergebnis entsteht eine spannende und zielführende Untersuchung, die mit einer hervorragenden Bewertung abschließt. An diesem Gutachten kann man typische Formulierungen und Bewertungslinien erkennen. Der Gutachter bemüht sich hier auch um eine Relativierung des „ex negativo“-Prinzips, wie sie sich bei sehr guten Arbeiten anbietet. Zudem referieren ausformulierte Gutachten, die wie dieses in Fließtext verfasst wurden, häufig auch knapp den Inhalt der Arbeit. Je leichter also der Inhalt Ihrer eigenen Arbeit zusammenzufassen ist, je konzentrierter sich dieser darstellen lässt, desto leichter machen Sie es Ihrem Gutachter.

4.6.2.2 Bewertung der Arbeit – Gutachten, Note: 1,3[15]

Die Autoren nehmen mit dem Beispiel der Berichterstattung über die sowjetische Besetzung Afghanistans 1979/80 sowie den amerikanischen Einmarsch in Afghanistan 2001 ein hoch spannendes Themenfeld in den Blick. Ihr Ziel besteht nicht nur darin, die im Titel genannten ‚ideologischen Superstrukturen' herauszuarbeiten. Sie wollen darüber hinaus Denkweisen hinterfragen und überprüfen, die sich möglicherweise bis heute in der Medienberichterstattung Deutschlands nachweisen lassen. Der theoretischen Annäherung muss vor diesem Hintergrund nachgerade zwingend eine empirische Untersuchung folgen, die eine inhaltsanalytische Basis einschließt. Um gleich an diesem Punkt auf die Inhaltsanalyse einzugehen: Diese ist sorgfältig operationalisiert, zielgerichtet durchgeführt und von den Erkenntnissen wertvoll für die Beurteilung der Berichterstattung in Ost und West. Das Vorhaben – Parallelen in der Berichterstattung zwischen 1979 und 2001 zu ziehen, beziehungsweise die Berichterstattungsmuster zu vergleichen, die in einem Zeitraum von jeweils zwei Wochen nach dem Einmarsch liegen – erweist sich als für die wissenschaftliche Diskussion gewinnbringend.

Die Relevanz der Themenwahl ergibt sich nachgerade idealtypisch aus der Inhaltsanalyse. „Um den Einfluss ideologischer Superstrukturen auf Journalisten und ihre Arbeit festzustellen, muss also konkret das Ergebnis journalistischen Handelns im Mittelpunkt der Analyse stehen.“, schreiben die Autoren auf S. 91. Sie stecken damit nicht nur den Zielraum ab. Sie rechtfertigen nachhaltig die Vorgehensweise im Rahmen der Inhaltsanalyse. Die Wahl der Methode ist sorgfältig begründet und abgeleitet. Das Codebuch ist nachvollziehbar entwickelt und gut auf die Erfordernisse des Untersuchungsgegenstandes abgestimmt. Die Messgröße V 7 hätte aus Sicht des Gutachters noch spezifischer entwickelt werden können, indem beispielsweise eine der klassischen Schulen der Journalistik zugrunde gelegt wird. Hier zeigt sich, dass vermutlich das Codebuch parallel zur wachsenden Menge der verfügbaren Operationalisierungseinheiten entwickelt wurde. Das kann ein mögliches Vorgehen sein. Durch die dann messbare Größe eines „Nichterscheinens“ eines Elementes, gewinnt die Inhaltsanalyse ohne großen Mehraufwand zusätzliche Aussagekraft. Warum beispielsweise – sollte es so sein – gibt es zwar relevante Kommentare, aber im Untersuchungszeitraum keinen einzigen Leitartikel in den gewählten Presseorganen? Problematisch scheint dem Gutachter unter V 5 auch die Klassifizierung „Seite 3“, da sich Beiträge, die zum Beispiel typisch für die Seite 3 der Süddeutschen Zeitung natürlich auch in „Der Spiegel“ oder auch in „Sputnik“ finden können. In der Frankfurter Allgemeinen Zeitung sind die typischen „Seite 3“-Geschichten vielfach auf der vorletzten Seite des ersten Buches untergebracht. Eine Ressortgliederung in dieser Weise vorzu-

15 Das Gutachten wurde zur Verwendung in diesem Buch stark gekürzt.

nehmen ist, so gesehen, möglicherweise für das Untersuchungsobjekt nicht durchgängig zielführend. Dies mag aber tatsächlich Nebensache sein, da die inhaltlichen Kategorien der Inhaltsanalyse die für die Arbeit an den Hypothesen weit bedeutsameren sein dürften. Hervorzuheben ist hier die sorgfältige binäre Kodierung der Quellen. Mit einer Vielzahl von Objekten macht dies zwar Mühe, bringt aber hohen Erkenntnisgewinn für die Zielrichtung der Arbeit (vgl. insbesondere S. 168 ff. und das Codebuch ohne Paginierung im Anhang). Im Übrigen wird auch die Wahl der entsprechenden Medien gut begründet. Dies sei deshalb gesondert erwähnt, weil es in der Tat kaum sinnvoll erscheint, sich hier nicht ausschließlich auf tagesaktuelle Massenmedien zu beschränken.

Da die Untersuchung historisch bedeutsame Markpunkte in den Blick nimmt, ist es grundsätzlich zu begrüßen, die inhaltsanalytisch gewonnenen Erkenntnisse noch einmal von Expertengesprächen unterfüttern zu lassen. Die gewählten Personen sind interessant und von hohem Wert für das Erkenntnisinteresse der Arbeit. Die Interviews selbst lesen sich spannend und dürfen im Rahmen dieser Arbeit durchaus als historisch bedeutsam betrachtet werden. Es wird in guter Weise vermittelt, welchen Berichterstattungsmustern Journalisten in konkreten Arbeitszusammenhängen folgen. Die Gespräche sind für den Erkenntnisgewinn der Arbeit wertvoll. Allein wird für den Leser die konkrete Auswahl der Gesprächspartner nicht immer nachvollziehbar.

Idealerweise wären Vertreter aller für die Inhaltsanalyse herangezogenen Medien auch in der tieferen Befragung berücksichtigt. Hier hätten die Autoren den Leser noch besser an die Hand nehmen dürfen, zumal dann auch nur ein einziges ernstzunehmendes Interview mit einem Vertreter der „Westmedien" zustande gekommen ist. Darüber hinaus verpassen die Autoren die Chance, hier konsequent die „qualitative" Chance der gewählten Methodik zu nutzen, um weitere Hypothesen zu generieren. Zur Erinnerung: Qualitative Verfahren werden insbesondere angewandt, um aus einer oftmals klar explorativ orientierten Haltung heraus, induktiv Hypothesen zu gewinnen. Die Gespräche wären überdies in diese Richtung gut zu nutzen gewesen (besonders hervorzuheben sind in diesem Zusammenhang die Gespräche mit den Gesprächspartnern Steininger und Kogelfranz, die eine Fülle von interessanten Ansatzpunkten liefern). Stattdessen stellen die Autoren ihrem Leitfaden sogar gezielt eine Hypothese voran. Da diese glücklicherweise sehr offen und beinahe etwas vage bleiben, weil man sofort versucht ist nach dem „Wie?" zu fragen, stellt sich der Gutachter die Frage, welche weiteren, nun induktiv gewonnenen Hypothesen die Autoren nach den Erfahrungen in und mit den tiefen Gesprächen heute zusätzlich formulieren würden. Dies wird an dieser Stelle auch deshalb so ausformuliert, weil sich der Anhang über weite Strecken sehr spannend liest. Der Leser bleibt im Geschehen und sehr dicht an den Personen. Die Interviewer sind in ihrer Führung spürbar und dennoch vielfach von einer bewundernswerten Zurückhaltung. [...]

Um es bei aller beschriebenen, leichten Kritik noch einmal zusammenfassend festzuhalten: Die gewählte Methodik ist eine wissenschaftlich geeignete Vorgehensweise, das durchaus komplexe Konstrukt, dem sich diese Arbeit widmet, zu erfassen und zu operationalisieren. Die Autoren verstehen es, sich mit Sachverstand diesem Komplex zu stellen und diesen für den Leser in anschaulicher und nachvollziehbarer Weise aufzubereiten. Obwohl die Arbeit bereits mehr als 200 Seiten umfasst, findet der geneigte Leser im Übrigen zahlreiche Ansatzpunkte, die zusätzlich hätten eingebracht werden können. Vor allen Dingen scheinen die geführten Interviews in der Arbeit selbst zu kurz zu kommen. Dies kann man einsehen, wenn man das Bemühen der beiden Autoren bedenkt, das Lesen am faktischen Tatbestand und damit am Kern der Arbeit zu entwickeln.

[...] Es geht hier nicht darum, die ganze Arbeit noch einmal aufzubereiten, es geht vielmehr um eine abschließende und tiefgründige Bewertung, die den Tiefgang der gesamten Arbeit noch einmal widerspiegelt. Hier wäre eine noch deutlichere, klarere Führung und Gliederung hilfreich gewesen. Sicher erschließt sich bei sorgfältiger Lektüre des Textes, im Grunde stets die implizite Validierung. Dennoch kann sich der Gutachter nicht ganz dem Eindruck verwehren, dass am Ende doch das Zeitmanagement in der Diplomarbeitsphase nicht zu hundert Prozent stimmig gewesen ist. Vielleicht liegt es auch daran, dass mit den unterschiedlichen Hypothesen auch unterschiedliche Ebenen angesprochen werden, die jeweils auch eine anders geartete Herangehensweise zur Verifizierung oder Falsifizierung erforderlich machen, was ja im zweiten Teil der Arbeit vorbildlich entwickelt wird, daran soll ja kein Zweifel herrschen, und damit die Hoffnung auf eine abschließende Gesamtbewertung schüren.

[...] Zusammenfassend ist zu bemerken: Diese Arbeit ist spannend und lesenswert bis in ihren Anhang hinein, sie ist sorgfältig geplant und ausgeführt, die Autoren beweisen ihre Fähigkeit, mit komplexen Fragestellungen umzugehen, diese zu durchdringen und in einer interessanten Weise darzustellen. Formell ist – bis auf einige wenige Kleinigkeiten, die ein weiterer „Lesedurchgang" behoben hätte – nichts zu beanstanden.

4.6.2.3 Lernhinweise aus dem Vollgutachten in Beispiel 6

Die Ausführungen zu Beispiel 6 zeigen,

...dass Gutachten durchaus auch länger ausfallen können. Bei einer Ausgangsarbeit, die rund 200 Seiten umfasst, erscheint dies jedoch nicht weiter verwunderlich (wie in der Fußnote angegeben, wurde das Gutachten für die Verwendung hier um rund 50 Prozent gekürzt).

... dass auch dieses Gutachten mehr oder weniger alle Aspekte aus den vorangegangenen Kurzgutachten beleuchtet.

... dass insbesondere die zweistufige empirische Methode im Blick steht, zumal hier die quantitativ angelegte Inhaltsanalyse von deiner qualitativen Experten- oder hier vielleicht besser: Insiderbefragung begleitet wird. Solche methodischen Verschränkungen – oft als sogenannte Triangulation angelegt – finden meist die spezielle Aufmerksamkeit der Gutachter.

... dass Gutachter gerne dazu neigen, die Ihnen bekannte Literatur wiederzufinden – und sich besonders auch darüber freuen, wenn die Autoren Quellen nachweisen und nutzen, die der Gutachter eher gar nicht im Kontext der Arbeit gesehen hätte – oder die ihm gänzlich unbekannt sind.

... dass ein Gutachten, der sich die Mühe macht, die Arbeit auch wirklich zu lesen, ein exzellentes Feedback für die eigene Arbeit liefern kann – und dies im Idealfall mit der Verschriftlichung des Gutachtens auch tut.

Aufgabe 6:

Betrachten Sie eine bereits abgeschlossene Hausarbeit oder vielleicht auch Ihre erfolgreich eingereichte, vielleicht schon bewertete Bachelorarbeit einmal aus Sicht eines Gutachters. Lassen Sie sich dabei von den oben zusammengestellten Kriterien leiten, und formulieren Sie es aus! Sie werden erkennen, dass Sie wie selbstverständlich quasi die Seite wechseln und Ihre Arbeit in völlig neuem Licht sehen.

4.6.3 Erweiterter Modus: Hinweise für Dissertationen

Ein weiteres Beispiel soll Ihnen nicht vorenthalten bleiben. Es ist für all jene gedacht, die an einer Dissertation arbeiten oder diese in Erwägung ziehen. Aktuell gibt es eine Vielzahl von Wegen, die Promotion anzustreben. Man kann den klassischen Weg der Assistenzzeit beschreiten – abhängig von der Fachtradition gibt es 50- oder 100-Prozent-Stellen für wissenschaftliche Mitarbeiter –, und auf diesen Stellen gibt es zumeist die Möglichkeit auch zu promovieren. In jüngerer Zeit gibt es immer häufiger auch sogenannte kumulative Promotionen. Hier wird keine eigenständige Monografie abgeliefert, stattdessen werden Beiträge, die in Fachzeitschriften oder auch in Tagungsbänden publiziert wurden, zusammengezählt und als adäquat zu einer eigenständig verfassten Monografie bewertet. An den Universitäten, an denen dies möglich ist, regelt dies zumeist direkt die Promotionsordnung. Alternativ gibt es inzwischen – ähnlich wie im angloamerikanischen Hochschulwesen – sogenannte Graduiertenschulen. Hier setzen die Promovenden sozusagen ihr Studium fort, und es gibt ähnlich wie in Masterstudiengängen einen formalisierten Ablauf des Promotionsstudiums. Das hier lediglich in Auszügen integrierte Beispielgutachten, wurde zur Bewertung einer Dissertation verfasst, die, zeitweilig unterstützt durch ein Stipendium, parallel zur Berufstätigkeit des externen Promovenden eines Lehrstuhls angefertigt worden war.

4.6.3.1 Beispiel 7: Komplexes Thema, angemessene Methode[16]

Gutachten für Promotionen weisen einige Besonderheiten auf: Unter anderem wird in einem solchen Gutachten regelmäßig dem Promotionsausschuss der betroffenen Fakultät die Annahme oder die Ablehnung der Arbeit empfohlen. Ebenso kann hier eine Überarbeitung vor der finalen Publikation gefordert werden – dies entspräche einer Auflage, die die Kommission entsprechend zu würdigen hat. Zum Hintergrund: Erst mit der Publikation der Arbeit gilt eine Promotion im Regelfalle als abgeschlossen. Dabei zählt heutzutage zumeist auch eine Onlinepublikation – genaueres erläutert die jeweilige Promotionsordnung der Fakultät. Auch eine Bewertung enthält das Gutachten; diese kann je nach Hochschule „summa cum laude“ oder „ausgezeichnet“, „magna cum laude“ oder „sehr gut“, „cum laude“ oder „gut“ und schließlich „rite“ oder „befriedigend“ ausfallen.

16 Auch dieses Gutachten wurde für die Verwendung in diesem Buch um mehr als die Hälfte des Umfanges gekürzt.

Erfahrungsbericht: „Ich kann!", das geht nur mit einem Freund und Mentor!

Ich kann eine Dissertation schreiben, auch wenn ich ganz allein auf weiter Flur bin. Ohne Arbeitsplatz, weil die Klinik geschlossen wurde, in der ich gearbeitet habe. Ohne fachliche Betreuung, weil der Doktorvater seinen Ruhestand genießt. Ohne Kollegen, die eventuell in ähnlicher Situation stecken könnten, weil man als Biologin unter Medizinern ohnehin Exot ist.

Ich kann auch eine Dissertation schreiben mit neugeborenem Baby. Ich brauche länger, weil ich fast nur nachts arbeiten kann, wenn das Kind schläft. Das Internet ist im Jahr 2000 noch jung, aber alle Fachpublikationen sind schon online. Es gibt noch kein Facebook, aber es gibt Internetforen zum Thema Babys, wo sich des Nachts viele junge Mütter tummeln, mit denen man sich austauschen kann über Themen, die einen viel mehr interessieren als das langweilige Zusammenschreiben der Diss. Es gibt ein furchtbar spannendes neues Ebay, wo man Babyausstattung kaufen kann. Der Ablenkungsfaktor steht dem der heutigen Social Media in nichts nach, wenn man weiß, wo man suchen muss.

Nein, stimmt alles nicht. Man kann dies alles nicht tun. Wenn man nicht damit anfängt zu schreiben, weil ja alles so ungünstig ist gerade. Dann braucht man eines ganz dringend: Einen Freund und Mentor, der die Lage erkennt, einen regelrecht zwingt mit seiner Hilfe eine Gliederung zu schreiben und regelmäßig penetrant und unerbittlich nach Fortschritten fragt, der einem streng verbietet, sich herauszureden.

Petra Buvari

Die gewählte Beispieldissertation, hier nur in Auszügen dargestellt, wurde vom Gutachter mit einer „magna cum laude" bewertet und für die Publikation in einer Verlagsreihe der Medienökonomie empfohlen. Sie beschäftigt sich mit Regionalzeitungen in Deutschland und konzentriert sich dabei auf Geschäftsmodelle. Der Autor nutzt die Szenariotechnik auf Basis von Interviews, die er mit Verlagsleitern geführt hat.

4.6.3.2 Bewertung der Arbeit – Gutachten mit „magna cum laude"

Hier nun, wie angekündigt einige Auszüge aus dem Gutachten, das gleich mit einer Grundproblematik bei der Themenwahl einsteigt:

Der Autor nimmt sich eines anspruchsvollen Themas an, das für ein Promotionsvorhaben durchaus Fallstricke bereithält. Der größte unter diesen ist der Aktualitätsdruck, unter dem die Arbeit letzten Endes steht. Mit jedem Tag ihres Voranschreitens – und man muss davon ausgehen, dass er sich schon seit geraumer Zeit mit diesem Schwerpunkt auseinandersetzt – zeigt sich eine veränderte Situation am Markt. Mit jedem verstreichenden Monat, können weitere Veränderungen nicht nur wahrgenommen, sondern eben auch in monetären Größen verzeichnet werden. Diese Aktualitätsanfälligkeit des Themas wird begleitet von immer wieder neuen Gedanken und Thesen, die berufene oder sich selbst als berufen erachtende – wie auch immer gelagerte – „Experten" in die Diskussion einbringen. So entsteht ein augenfälliges, nicht immer von wirklicher Substanz geprägtes Rauschen, das es einem Promovenden schwer macht, dem einst ausgelegten Faden zu folgen, die Arbeit konsequent zu einem Schlusspunkt hin zu entwickeln.[...]

Die Titel der einschlägigen Publikationen lauten dann beispielsweise wie folgt: „Krise der Printmedien: Eine Krise des Journalismus?" (Bohrmann/Toepser-Ziegert 2010); „Das Verschwinden der Zeitung?" (Weichert/Kramp 2009); „Presse in der Krise" (Kirchhoff/Krämer 2010); „Wozu noch Zeitungen? Wie das Internet die Presse revolutioniert." (Weichert/Kramp/Jakobs 2009). Von diesen vergleichsweise wahllos herausgegriffenen Publikationen findet in der Literaturliste der vorliegenden Arbeit lediglich eine einzige Berücksichtigung. Ist dies ein gutes, ist dies ein schlechtes Zeichen? Wie so häufig in der Wissenschaft gilt: sowohl als auch. Der Gutachter sieht es für diesmal tendenziell positiv, denn der Autor lässt sich durch diese Publikationen nicht beeindrucken, zumal die aufgezählten Werke nicht gerade von ausdrücklichem Tiefgang geprägt sind. Andererseits sollte eine Dissertation die aktuelle Literatur zum Forschungsgegenstand abbilden, was dem Autor der vorliegenden Dissertation durchaus kritisch anzulasten ist. [...]

Bemerkenswert ist, dass sich der Autor nicht scheut, auch theoretisch tiefgängige soziologisch geprägte Werke einzubeziehen, indem er beispielsweise auf Bourdieus Kritik der gesellschaftlichen Urteilskraft abhebt oder auch die sehr interessanten Studien von Gunnar Otte zu Sozialstrukturanalysen und zur Arbeit mit Lebensstilen in seine Argumentation einbaut. Der Gutachter erkennt hier solide Quellenarbeit und den Mut, sich wenig dogmatisch verhaftet auf ein Forschungsgebiet einzulassen, das von Natur aus interdisziplinär angelegt ist. [...] Mit der Zielsetzung die Entwicklung von deutschen Regionalzeitungen vor dem Hintergrund der Medienkonvergenz aufzuzeigen, wird der Aufbau der Arbeit nachvollziehbar. Sie ist gut strukturiert und in ihren Kapiteln und Abschnitten sorgfältig abgestimmt. Dies ist ein Pluspunkt, der es dem Leser erlaubt, sehr schnell und zielsicher innerhalb der über 200 Seiten starken Analyse (ohne Literaturverzeichnis und Anhang) zu navigieren. [...] Da hier Ökonomie und Publizistik in besonderem Maße aufeinandertreffen, wäre es durchaus attraktiv gewesen, internationale Autoren wie beispielsweise den umtriebigen Holländer Marc Deuze, der lange Jahre in den Vereinigten Staaten (Indiana) gelehrt hat oder auch die Forscher um Stephanie Craft aus Missouri zu Wort kommen zu lassen. Dies wird auch vor dem Hintergrund angemerkt, dass ja auch der Autor das Phänomen einer fälligen „Neu(er)findung" regionaler Tageszeitungen und die Bedeutsamkeit seiner Studie ganz richtigerweise auch unter internationalen Gesichtspunkten sieht. Der stark ausdifferenzierte deutsche Tageszeitungsmarkt ist gerade durch seine regionale Struktur auch in anderen Weltregionen von Interesse, und die angewandte Szenariotechnik würde sich als Blaupause auch für andere Märkte eignen, dann freilich auch mit anderen Ergebnissen. Dennoch, eine klare Schwäche der Arbeit liegt in ihrem eher sparsamen Umgang mit internationalen Quellen und Erkenntnissen zum Zeitungssterben.

[...] In ähnlicher Weise nimmt sich der Autor den Geschäftsmodellen an, dekliniert Begriff und Perspektiven, um sich dann auf die zentralen Probleme (u.a. Verbundproduktion) einer Tageszeitung zu konzentrieren. Dass der Autor das volkswirtschaftlich relevante Theorem der Zweiseitigen Märkte mit den entsprechend passenden und zielführenden Quellen diskutiert, sei hier nur kurz angemerkt. Eine besondere und eigenständige Leistung der Arbeit liegt in der Ableitung der drei Dimensionen, denen alle Geschäftsmodelle von Regionalzeitungen unterliegen (S. 79 ff.). Dies ist gut strukturiert und sehr logisch abgeleitet und verdient die lobende Anerkennung.

[...] Die Methode ist gut abgeleitet, man kann dem Autor auf allen beschriebenen Stufen folgen, die Vorgehensweise scheint plausibel und dem Anspruch, respektive dem Untersuchungsgegenstand angemessen. Bleibt anzumerken, dass ihm mit dieser Vorgehensweise im Grunde nur ein oberflächlicher Blick auf eine durchaus disperse Verlagslandschaft gelingt und, was vielleicht noch schwerer wiegt: Er gewinnt lediglich eine Innensicht. Ob angesichts der auch vom Betreuer der Arbeit jüngst in der Zeitungsdebatte beschriebenen Ratlosigkeit gerade der Regionalzeitungsmacher zukunftsweisende Geschäftsmodelle ausschließlich aus dieser Innensicht heraus entwickelt werden können, bleibt indes mehr als fraglich. Damit muss die gesamte Vorgehensweise des Autors in Zweifel gezogen werden: Kann es mit dieser methodisch durchaus sehr anspruchsvoll gestalteten (Mehrfach-)Befragung, also mit einem Panel aus zehn (vgl. S. 114) Verlagsvertretern erstens gelingen, die Zeitungslandschaft in Deutschland mit ihren nach wie vor durchaus unterschiedlichen (organisatorischen, produktionslogischen, konsolidierenden, oder ganz einfach: unternehmerischen) Konzepten abzubilden, und zweitens besonders zukunftsträchtige Geschäftsmodelle identifizieren? Die Antwort heißt auf beide Fragen: Nein!

[...] Zur Ehrenrettung: Vieles bleibt vergleichbar und darf demnach auch verallgemeinert werden. Es bleibt an dieser Stelle jedoch nur davor zu warnen, die vom Autor gewonnene Innensicht tatsächlich so zu interpretieren, als wären hier am Ende selbst bei ausschließlicher Innensicht alle denkbaren Geschäftsmodelle und Szenarien aufgezeigt. Der Gutachter ist darüber hinaus eher der Ansicht, dass es vor allen Dingen branchenexterne Impulse sein werden, die neue Szenarien denkbar werden lassen und in die Zukunft der Geschäftsmodelle von Tageszeitungsunternehmen weisen.

[...] Vielleicht hätte sich der Autor sogar noch ein wenig mehr Selbstbewusstsein gönnen können, noch kritischer mit seiner Bewertung sein dürfen, die Empfehlungen noch dezidierter darstellen können. Insgesamt aber ist auch der Katalog der zehn strategischen Aufgaben (S. 194 ff.) sehr solide erarbeitet. Der Autor versteigt sich auch im Eifer des Gefechtes nicht zu unbelegbaren Hinweisen und Mutmaßungen. Wenn er also zum Beispiel sagt, dass „die Verlage [...] die Dehnbarkeiten bzw. Möglichkeiten ihrer Marken auf spezielle Dienstleistungen häufig noch nicht ausgeschöpft" haben, so lassen sich diese Aussagen anhand der Untersuchung auch nachvollziehbar beweisen. Wünschenswert wäre allerdings gewesen, wenn der Autor dies noch besser kenntlich gemacht hätte, um den Leser zu führen. Dem Gutachter fällt auch im Schlusskapitel auf, dass es der Autor versteht, ökonomische Kenntnisse im richtigen Kontext anzubringen und auch von den Verlagen einzufordern.

4.6.3.3 Lernaspekte und Besonderheiten für Dissertationen

Es ist hier vom Umfang weniger als die Hälfte des Gutachtens abgebildet, es soll also lediglich ein erster Eindruck vermittelt werden, um es dem Leser zu erleichtern, sich noch intensiver in die Rolle des Gutachters hineinzudenken. Aus meiner Sicht machen Beispiele anschaulich, wie in ausgewählten Situationen konkret gehandelt wird. So finden sich auch in diesem Dissertationsgutachten zahlreiche Lernaspekte. Viele Betreuer von Bachelorarbeiten sind auch an solchen Gutachten geschult, bringen Erfahrungen aus Promotionsverfahren mit und ein. Die Erwartungshaltung an Bachelorarbeiten ist verständlicherweise deutlich reduzierterer Natur. Dennoch ist die ‚Bewertungslogik' im Grunde identisch.

Lernhinweise, die das Beispiel geben kann:

1. Dissertationen müssen den aktuellen Stand der Literatur ohne Wenn und Aber abbilden. Egal welche Qualität eine Dissertation hat, es ist bei Annahme zwingend erforderlich, dass die Literatur und die Tradition des gewählten Themenbereiches hier erfasst sind.
2. Es empfiehlt sich stets – auch bei einer stark auf ein einziges Land bezogenen Fragestellung – zu schauen, welche internationalen Publikationen herangezogen werden können. Dies gilt bereits bei Bachelorarbeiten. Wer den internationalen Forschungsstand – und zumindest englischsprachige Werke – berücksichtigt, hat zudem die Chance, dass er Quellen findet, die auch die Betreuer der Arbeit noch nicht kennen. Das gibt Pluspunkte!
3. Eine Dissertation zeigt, dass ein Autor in der Wissenschaft angekommen ist. Es ist sozusagen der Ritterschlag in der Disziplin „wissenschaftliches Arbeiten". Das bedeutet, dass man nun von ihm auch eine gewisse Selbstständigkeit erwartet, sogar mehr: Der Wissenschaftsbetrieb fordert Selbstbewusstsein, also die aktive und zielgerichtete Übernahme von Verantwortung bei der Ausformulierung von Thesen, bei der Darstellung von Begründungszusammenhängen und der Interpretation von Argumenten. Der Autor muss also selbst interpretierend, einschätzend und bewertend, im Zweifelsfalle sorgfältig abwägend in Erscheinung treten. Hierin liegt ein großer Unterschied zu Bachelor- und Masterarbeiten, die dies nicht in gleichem Maße erfordern.
4. Eine Dissertation erweitert den Wissensstand eines Faches, sie generiert über einen neuen Blick auf theoretische Zusammenhänge oder die konsequente Auswertung von Primärdaten neue Erkenntnisse. Eine Dissertation steht für wissenschaftlichen Neuigkeitswert – eine Forderung, die an Bachelor- oder Masterarbeiten nicht gestellt wird. Dennoch bedienen sich vielfach auch diese empirischen Verfahren, die den Wissenstand des Faches zu erweitern wissen.
5. Dissertationen müssen publiziert werden. Das bedeutet, sie sind auch verfügbar. Wer sich mit einigen aktuellen Dissertationen sei-

ner Disziplin, seines Fachgebietes – und sei es auch noch so klein – befasst, kann sich zahlreiche Anregungen für die eigene Abschlussarbeit holen, kann auf die dort erfasste Literatur rekurrieren oder die Verschränkung der unterschiedlichen Quellen betrachten. Das hilft fraglos für die eigenen Werke.

4.7 Sinn und Zweck der hier aufgeführten Gutachten

Bei der Entwicklung des ‚Writing Code' habe ich mir über dieses Kapitel – das Kapitel 4 – besonders lange Gedanken gemacht und die Frage gestellt, ob es tatsächlich sinnvoll ist, so viele unterschiedliche Gutachten zu zitieren, wo doch die Leser die zugrundeliegenden Arbeiten überhaupt nicht kennen, die gewählten Methoden und ihre Entstehungsgeschichte nicht konkret im Text der Arbeit nachvollzogen haben. Ich habe mich dennoch entschieden, dies alles genau so mit aufzunehmen. Denn es zeigt sich: Die Lektüre von Bewertungen verändert die Sensibilität für das eigene Arbeitsverhalten und sie erhöht die Aufmerksamkeit für Details, die man schnell vernachlässigt. Aus meiner Erfahrung produziert die Arbeit mit Gutachten und Bewertungsrastern regelmäßig wahre „Aha-Effekte", da sich darin zeigt, dass eben am Ende das „Ganze" zählt, und dass sich die Einschätzung einer „Großen Arbeit", eines eigenständigen „Werkes" doch aus sehr vielen Einzelaspekten zusammensetzt.

Es gibt einen weiteren Grund: Die Gutachten stehen gewissermaßen auch für eine Würdigung. Betrug bei Abschlussarbeiten ist heute möglicherweise leichter denn je zuvor: „Die Anonymität des Internets bereitet gerade im akademischen Bereich besondere Probleme, denn dort werden geistige Leistungen verlangt und zum Beispiel durch das Anfertigen von Arbeiten überprüft." (Spitzer 2012, 110) und Spitzer verweist in der Folge auf US-amerikanische Internetseiten wie „Cheathouse", „Essaytown" oder „AcaDemon". Über diese Seiten wurden Themen und Inhalte zum Download zur Verfügung gestellt – es konnten auch direkt Arbeiten themenspezifisch in Auftrag gegeben werden (Morgan/Vaughn (2010, 755)). Auch die Analyse von Suchmaschinenabfragen durch Neville (2012) bleibt am Ende aufschlussreich: Er analysierte Stichworte wie „free term paper",

„buy term paper", „freee collage paper" und „free research papers" für die Jahre zwischen 2003 und 2011. Die Abfragen waren während des Semesters deutlich häufiger und stiegen bis zu deren Ende an, während der Semesterferien gab es sie nur in geringem Maße (vgl. Spitzer 2012, 111).

Natürlich kann dies auch darauf hindeuten, dass einfach die Rechercheleistung in diesen Zeiten zunahm, Inhalte und Quellen für die eigene Arbeit recherchiert wurden. Man kann daraus natürlich auch schließen, dass zahlreiche Studierende mit betrügerischer Absicht, Leistungen „erschleichen" wollen. Dem kann der ‚Writing Code' nur eines entgegensetzen: Wer gerade bei Abschlussarbeiten in tatsächlich betrügerischer Absicht Fremdleistungen in Anspruch nimmt, vergibt sich eine der größten Bildungschancen seines Lebens. Aus meiner Erfahrung gibt es nichts, was gleichermaßen größte Herausforderung ist wie Quelle reicher Bestätigung und Befriedigung, auch die große Aufgabe zu meistern.

5 Turboantrieb: Ein Abschied von der Gewohnheit

Wer nur für einen Moment überlegt, wird über die Überschrift dieses Kapitels und damit über dieses selbst schnell hinweglesen wollen. Dabei, und das sei gleich im ersten Satz angemerkt, werden die folgenden Abschnitte die vermutlich wichtigsten des gesamten Buches für Sie sein. Sie müssen beim Verfassen Ihrer Arbeiten die „Produktionsroutine" verändern, wenn Sie den Turbo des ‚Writing Code' nutzen wollen. Die wesentliche Änderung, die Sie dabei vornehmen müssen: Es geht darum, die im vorangegangenen Kapitel beschriebenen Hürden zu minimieren, indem Sie die „große" Aufgabe neu ordnen. Einige Merksätze sollen Sie gleich zu Beginn dieses Kapitels sensibilisieren. Ihre Sinnhaftigkeit wird sich bei der weiteren Lektüre des Kapitels erschließen.

- Beginnen Sie so früh wie möglich mit dem Schreiben.
- Hören Sie bis zur endgültigen Fertigstellung Ihrer Arbeit nie damit auf, weiter zu ‚forschen'.
- Gliedern Sie bereits am ersten Tag. Aber legen Sie sich nicht fest. Bleiben Sie bis zum Tag der Abgabe flexibel.
- Schaffen Sie in Ihrem Dokument auch kleine Abraumhalden, und behalten Sie diese so lange wie möglich im Hauptmanuskript!
- Arbeiten Sie mit maximal zwei Dateien: Ihrer Hauptdatei und einer Quellensammlung.
- Beginnen Sie stets an jenem Punkt, der Ihnen gerade als leichtester erscheint. Irgendwann bleibt nichts mehr ganz leichtes übrig. Und das Leichteste ist das Schwere.
- Scheuen Sie sich nicht davor, viele „kleinere" Aufgaben parallel zu bearbeiten.
- Mischen Sie ganz bewusst Tätigkeiten, aber schreiben Sie dabei regelmäßig.
- Arbeiten Sie mit einem Textverarbeitungsprogramm, das sich für die Erstellung großer Dokumente eignet.

- Beherrschen Sie alle Computerprogramme, die Sie verwenden wollen, *bevor* Sie Ihre Arbeit offiziell anmelden (z.B. SPSS, Excel, Word, LaTex).
- Arbeiten Sie ausschließlich mit *einem* Hauptdokument. Führen sie keine „Nebendokumente“.
- Erstellen Sie jeden Abend ein Backup, das Sie (am besten auf einer SD-Karte oder einem kleinen USB-Stick) stets bei sich führen.
- Arbeiten Sie nach Möglichkeit stets online, und speichern Sie Ihr aktives Arbeitsdokument in der Cloud.
- Versehen Sie ältere Fassungen Ihrer Arbeitsdatei stets mit dem gleichen Dateinamen plus in umgekehrter Reihenfolge geschriebenem Datum (Jahr-Monat-Tag, also zum Beispiel 17_08_19 für den 19. August 2017). Dies garantiert, dass die Dateien bei der Suche direkt und in der richtigen Reihenfolge untereinander stehen.
- Speichern Sie mindestens einmal in der Woche eine neue Version Ihrer Datei ab – ein Muss ist die physische Speicherung einer Version vor größeren Kürzungen oder einem Komplettumbau der Gliederung.
- Suchen Sie sich eine Gruppe von Studierenden möglichst unterschiedlicher Fachtraditionen, um *regelmäßig* Ihre Ergebnisse zu präsentieren.
- Planen Sie für die Schlussphase (Korrektur, Endformatierung und Ausdruck) großzügig.

In den vorangegangenen Kapiteln habe ich Sie bereits davon zu überzeugen versucht, Ihre Arbeitsweise umzugestalten, die große Hürde in viele kleine Hürden zu verwandeln, die dann eben deutlich leichter zu überspringen sind. In diesem Kapitel soll das Verfahren des ‚Writing Code’ nun näher vorgestellt werden. Lernen Sie in den folgenden Abschnitten also:

- ... wie Ihre Arbeit systematisch wächst, indem Sie an vielen verschiedenen Stellen anfangen,
- ... wie Sie zu bewältigende Aufgabenpakete schnüren,

- ... wie Sie sich möglichst große Freiräume schaffen,
- ... wie Sie der Schreibblockade oder -hemmung keinen Raum lassen,
- ... wie Ihre Arbeit erst ganz zum Schluss „rund“ werden kann,
- ... wie Sie die Reihenfolge Ihrer Arbeitsschritte organisieren,
- ... wie Sie Ihre Arbeit so organisieren, dass auch ohne Motivation immer etwas zu tun bleibt,
- ... wie Sie sich immer wieder neu auf den ‚Writing Code‘ verpflichten müssen (alte Muster sind hartnäckig).

5.1 Grundlagen: Flexibilität mit Methode

Der ‚Writing Code‘ besitzt zwei grundlegende Prinzipien:

- **Prinzip 1: Unfertigkeit und Flexibilität bis zum letzten Tag!**
- **Prinzip 2: Jeder Tag ist ein Tag zum Schreiben!**

Diese beiden Prinzipien sind ebenso einleuchtend wie einfach zu befolgen. Sie arbeiten von Anfang an ausschließlich in und mit Ihrem finalen Dokument: Es werden keine zusätzlichen Dateien angelegt, keine Kapitel ausgelagert. Ihre Arbeitsdatei ist sozusagen Ihr (nun, vielleicht manchmal mehr manchmal weniger sortierter, strukturierter und geordneter) Arbeitsplatz oder Schreibtisch. Einzige Ausnahme: Profis in der Arbeit mit Zentral- und Filialdokumenten dürfen auch mit dieser Funktion arbeiten, auch wenn sich die Quellenarbeit dann nur mit einem zusätzlichen Referenzierungs-Plugin (z.B. Citavi) wirklich gut gestalten lässt.

Erfahrungsbericht: ...für den Rest des Nachmittags kleben geblieben.

Mir hat es geholfen, mir selbst einen „Arbeitstag“ mit der Abschlussarbeit zu inszenieren, indem ich mich pünktlich morgens für die Unibibliothek mit mitleidenden Diplomanden verabredet habe und wir dann jeder für sich auf die gemeinsamen Kaffee- und Mittagspausen hinarbeiten konnten. Abends war dann „Feierabend“, verdientermaßen. Außerdem bin ich für die Bibliothek durch halb Berlin gefahren. Hätte ich versucht, die Arbeit zuhause zu schreiben, wäre ich höchstwahrscheinlich zu spät aufgestanden, hätte beim Morgenkaffee zu lange auf Facebook rumgehangen und wäre spätestens beim Mittagessen vor dem Fernseher zur „kurzen" Ablenkung bei „How I met your mother" für den Rest des Nachmittags klebengeblieben. Geholfen hat außerdem: Wildes buntes Unterstreichen von Zitierfähigem in fast komplett durchkopierten Büchern und stoisches Übertragen in Citavi, dann ein Dokument anlegen mit dem Namen „vielleicht später nützlich" und bestimmt ein Drittel der Zitate dort auf Nimmerwiedersehen versenken. Ach ja, und Zeitdruck, der war natürlich am Ende auch nützlich für die Effizienz.

Juliane Rodust

Hüten Sie sich, in Ihrem Dokument linear vorzugehen. Sie können jederzeit an jedem Ort Ihrer Arbeit ansetzen und weiterarbeiten. Die Reihenfolge wird durch Ihre Quellenarbeit oder durch die Auswertung Ihrer empirisch gewonnenen Daten bestimmt.

Die Logik des ‚Writing Code': Es gibt keine Schreibblockaden, weil es Hunderte von anderen Anknüpfungspunkten gibt, wenn das Denken in einem Kapitel, an einer Stelle an seine Grenzen stößt.

5.1.1 Textverarbeitung – welches ist die „Richtige"?

Ihre Abschlussarbeit wird in einer Textverarbeitung angelegt. Sofern verfügbar, wird in diesem Programm stets in der „Gliederungsansicht" gearbeitet. Apple wäre an dieser Stelle eine Rüge zu erteilen, da die in Pages '09 vorhandene Gliederungsansicht der Kompatibilität mit allen Endgeräten (Tablets und Smartphones insbesondere) geopfert wurde. Dieses Programm empfiehlt sich für schnelle Formatierung, wenn der Text bereits fertig erstellt wird. Zum Erstellen der Dokumente würde ich dringend von „Pages" abraten. Im „Writer" von „OpenOffice" kann man sich mithilfe des Navigators im Text gut bewegen. Ist man im Programm geübt, funktioniert das exzellent, und man kann auch schnell und sicher neu gliedern, Texte verschieben, Kapitel neu ordnen.

Allerdings – und ich kann hier natürlich nur für mich selbst sprechen – aus meiner Sicht ist der Marktführer für Office-Software hier leider ungeschlagen. Ich behaupte also: Mit dem Microsoft-Produkt „Word" fahren Sie am besten, und zwar egal, welches Betriebssystem und welche Plattform Sie installiert haben. Leider ist auch hier nicht alles optimal. Das merkt jeder, der sich ein wenig von den Standards entfernen will und Listen einrichtet, neu sortiert und Nummerierungen anpassen will. Aber vom Ansatz her gesehen, ist es eben sehr komfortabel in der Gliederungsansicht mit dem kleinen Pluszeichen neben einer Überschrift den Abschnitt, das Unterkapitel oder das Kapitel einfach auf- beziehungsweise zuzuklappen.

Um fairerweise alle wirklich verwendbaren und funktionsfähigen Varianten aufzuführen: Natürlich können Sie auch mit (La)TeX-Programmen arbeiten. Diese liefern später in der Ansicht und im Ausdruck vermutlich die besten Ergebnisse, weil sie von Wissenschaftlern als Programme zur Satzerstellung entwickelt wurden. Ich persönlich halte von dieser Variante extrem viel, aber, wenn Sie (La)TeX nutzen wollen, dann sollten Sie sich möglichst früh in Ihrem Studium damit angefreundet haben und eingearbeitet sein, bevor Sie mit einem großen Dokument – also ihrer Abschlussarbeit – beginnen.

Die Arbeit mit großen Dokumenten ist ein Thema, das im Blog zu diesem Buch und auch im zweiten Band weiter vertieft werden wird. Gern können Sie im Blog auch Ihre persönlichen Erfahrungen hinterlassen. Anzumerken ist, dass in aktuellen Texterarbeitungsprogrammen zumeist die Möglichkeit besteht, Quellen zu referenzieren, zum Beispiel in der aktuellen Version von Word. Diese Möglichkeit finden Sie im Bereich der „Dokumentenelemente". Dort können Sie auch den Stil für die Zitierweise angeben.

Es gibt noch einen anderen, zwischenzeitlich durchaus interessanten Aspekt: Die Referenz-Software „Citavi" ist voll in die neue Word-Version integriert (dies gilt allerdings nur für ‚windowsbasierte' Systeme und nicht für ‚Word' auf dem ‚Mac'). Das heißt, Sie können Citavi direkt aus Ihrem Textverarbeitungsprogramm heraus steuern und die entsprechenden Verweise einfügen oder anlegen. Citavi-Plugin und Microsoft Word bilden ein – man darf es gestehen – vergleichsweise unschlagbares Team für diejenigen, die mit einer sehr großen Zahl an Quellen arbeiten. Denn mit dieser Software genügt bei Büchern zum Beispiel die Eingabe der sehr oft verfügbaren ISBN-Nummer. Ein kleiner Wermutstropfen: Sie müssen, obwohl die angelegte Datenbank Ihr mit dem Text abgeglichenes Literaturverzeichnis zum Abschluss noch einmal komplett durchgehen, da manchmal über den Algorithmus und die im Web eingesammelten Informationen nicht alles korrekt abgebildet wird. Aber diese Fleißarbeit ist am Ende ein Leichtes, da Sie nicht mehr aufwändig die verwendete Literatur abgleichen müssen.

Hinweis: Alle Inhalte an der These prüfen!

Denken Sie daran, dass normalerweise jede Arbeit zum Ende hin noch einmal darauf überprüft wird, ob alle Inhalte auch an der zentralen These gemessen werden können. Das bedingt, dass gute Abschlussarbeiten in der Schlussphase tatsächlich um bis zu 30 Prozent gekürzt werden können. Dieser forschungsfragenmotivierten „Säuberung“ fallen dann regelmäßig natürlich auch zitierte Quellen zum Opfer. Wenn Sie mit Indizes und Referenzierung arbeiten, ersparen Sie sich, alles final noch einmal abzugleichen.

Noch einmal: Die Empfehlung wäre, weder Web- noch Druckansicht zu nutzen, wenn Sie inhaltlich an Ihrem Dokument arbeiten. Wichtig: Sie verwenden die angebotenen Formatvorlagen. Das heißt, Sie vertrauen stets auf eine Hierarchie Ihrer Gedanken. Sie arbeiten mit einer Gliederung, die Überschriften unterschiedlicher Ordnung kennt – zumeist sind für eine Haus- und eine Bachelorarbeit drei Überschriftenebenen ausreichend, Masterarbeiten und selbst Dissertationen können ebenfalls mit drei Ebenen auskommen. Die Empfehlung aber wäre, sobald Sie die Zahl von 50 Seiten überschreiten, über eine vierte Gliederungsebene nachzudenken.

Denken Sie daran: Je mehr Gliederungsebenen Sie einfügen, desto detaillierter und feingliedriger können Sie Ihre Gedanken ordnen. Im Sinne des ‚Writing Code' ist das gut, denn Sie können zu jeder Zeit Gliederungsebenen hinzufügen, um sie vielleicht im finalen Dokument wieder aufzulösen. In erster Linie dient die Gliederung zur Strukturierung Ihrer Gedanken. Das heißt eben auch, dass diese Gliederung frei und flexibel ist. Sie können in jedem Moment ändern, anpassen, tiefer gliedern, Abschnitte zusammenführen oder streichen. Sie können notierte Gedanken vertiefen oder an eine andere Stelle verschieben. Sie werden merken: Im Verlauf wird sich sowohl Ihre Haltung zum Thema als auch Ihr Wissen verändern, neu ordnen, ausweiten. Darauf müssen Sie in und mit der Gliederung Ihrer Arbeit vorbereitet sein und hierfür sind Flexibilitätsreserven vorzusehen.

Sie dürfen natürlich auch zu jedem Zeitpunkt Ihre Überschriften verändern, wenn sich der Tenor des Abschnittes wandelt, oder wenn Sie bei seiner Bearbeitung zu neuen Erkenntnissen gelangen.

Regel:

Sie arbeiten von Anfang an in der Gliederungsansicht – und mit Formatvorlagen für mehrere (Empfehlung: mindestens drei) Ebenen von Überschriften. Sie nutzen die standardmäßig vorgegebenen Vorlagen Ihrer Textverarbeitung und passen diese ihrem grafischen Anspruch an. Wer sich auskennt, erstellt auf Basis der formalen Anforderungen eine eigene Vorlage.

Erfahrungsbericht: Etwa Fünf Gliederungen, bis schließlich alles fix war!

Ich kann mich noch sehr gut an das Verfassen meiner Bachelorarbeit erinnern. Ich muss zugeben, dass ich das sogar gerne tue, weil ich es zu keinem Zeitpunkt als „Stress“ empfunden habe. Gut, ab und zu kam der Gedanke: „Hoffentlich bekomme ich genügend Seiten mit dem Thema in der kurzen Zeit voll!“, aber sobald ich mit dem Schreiben eines neuen Kapitels begann, war ich mir sicher, dass das schon irgendwie klappt. Erfolgsgeheimnis? Während der Bearbeitungsphase war es mir wichtig, alles schriftlich zu fixieren. Der rote Faden waren meine Gliederung und die Überschriften der Kapitel. Die Gliederung war zu keinem Zeitpunkt fix, sondern konnte und musste immer wieder verändert werden. Insgesamt hatte ich etwa fünf unterschiedliche Gliederungen, bis letztlich alles fix war. Die Kunst ist es, den Überblick darüber zu behalten. Dazu halfen mir handschriftliche Notizen, genauer:

kleine „To-Do-Listen“, „Reminder“. Auf diese Listen kam alles, was mir in den Sinn kam, und alles, was ich noch zu erledigen hatte. Dort stand zum Beispiel auch, dass ich im Fazit daran denken muss, aus Kapitel XY genau diese Stelle zu erwähnen, um die Aussagekraft der Studie zu erhöhen. Nebenbei: Der Prozess samt Notizen, Gliederungen, etc. umfasst einen ganzen Semesterordner. Deshalb sollte man auch immer etwas zu Schreiben dabei haben oder wenigstens sein Handy mit einer Kalender-App. Vor allem unterwegs kamen mir wichtige Gedanken, erkannte ich Fehler oder mir fielen Diskussionspunkte auf, die meine Arbeit bereichert haben.

Man sollte die Arbeit auch gelegentlich mit Abstand betrachten und sich bewusst Pausen setzen, um die Gedanken neu zu ordnen: „Sind meine Gliederung und mein Thema logisch?“, oder „Warum mache ich die Gliederung so und nicht anders?“: Das sind Beispielfragen, die ich mir dann gestellt habe. Der Austausch über das Geschriebene war mir auch sehr wichtig, entweder mit Bekannten, Kommilitonen oder zur Not auch mit mir selbst. Tatsächlich habe ich mir auch einen festen Terminplan gemacht, wann ich welches Kapitel abgeschlossen haben möchte. Beispielsweise habe ich im Kalender einen Termin pro Tag von 8 bis 18 Uhr (mit Pausen!) eingetragen und mit dem zu schreibenden Kapitel beschriftet. Ich habe mich natürlich nicht immer an die Zeiten gehalten. Dennoch galten sie für mich als Richtwert. Wie gesagt, ist es wichtig, den Überblick zu behalten, und dafür benötigt man auch ab und zu eine Auszeit. Ständiges ‚Nochmallesen‘ ist für mich auch ein Mittel, den roten Faden nicht zu verlieren, Doppelungen auszuschließen und nicht auszuschweifen.

Chris Hennecke

5.1.2 Von der Fragestellung zur These

Wenn Sie sich für ein Thema entschieden haben oder wenn Ihnen ein Thema zugeteilt wurde, versuchen Sie nach Möglichkeit, sich schnell und effizient – am besten in einer Bibliothek – einzuarbeiten.

5.1.2.1 Kritischer Rationalismus: Thesen verwerfen

Gehen Sie bei der ersten Annäherung an das Thema nicht zu tief, aber versuchen Sie den Kern zu erfassen. Entwickeln Sie möglichst schnell eine Fragestellung, die sich zu bearbeiten lohnt. Sie überführen also die erste Themenidee in einer Frage, die aus Ihrer Sicht relevant erscheint. Der nun folgende Schritt ist von großer Bedeutung und wird häufig vernachlässigt. Formulieren Sie die Frage um, sodass daraus eine Hypothese wird.

Es spielt dabei keinerlei Rolle, ob Sie davon überzeugt sind, diese These später zu validieren oder zu falsifizieren. Beides ist im wissenschaftlichen Kontext möglich, wobei wissenschaftstheoretisch oft bezweifelt wird, dass eine These überhaupt validierbar ist, deshalb sagen wir an diesem Punkt besser: ob Sie diese These später bestätigen können oder verwerfen müssen. Am besten zieht man in diesem Punkt den Philosophen Karl Popper zu Rate. Dieser sagt, dass wir immer dann, wenn es uns gelingt, eine Hypothese zu falsifizieren, im Kontakt mit der Wirklichkeit stehen (Popper 1958). Aber Popper wäre nicht der grandiose Denker, wenn er nicht im selben Moment das Ganze ad absurdum führen könnte: „Ich bin nicht bereit, eine Idee, eine Annahme, eine Theorie zu akzeptieren, die sich nicht durch Argumente oder die Erfahrung verteidigen lässt." (Popper 2003, 281). Das ist der Rationalismus. Man sehe nun aber sofort, dass dieses Prinzip des „unkritischen" Rationalismus einen Widerspruch enthalte, denn da es seinerseits weder durch Argumente noch durch die Erfahrung zu stützen wäre, so folge aus ihm, dass es selbst aufgegeben werden müsse (ebd. 282). Deshalb nennt Popper seinen Rationalismus einen „kritischen". Wer sich in diesem Kontext etwas merken möchte, dem sei anempfohlen, die Sache mit dem Falsifizieren im Herzen zu bewegen und sich immer dann daran zu erinnern, wenn er vielleicht leichtfertig anhand statistischer Daten eine Hypothese zu verifizieren gedenkt.

Erfahrungsbericht: Den eigenen roten Faden nicht verlieren!

Das Wichtigste am wissenschaftlichen Arbeiten ist für mich rückblickend betrachtet, dass man sich die gewählte, konkrete Fragestellung immer wieder ins Bewusstsein holt und kontrolliert, ob man bei all den Recherchen und aller Schreiberei noch einem roten Faden folgt. Den eigenen roten Faden zwischenzeitlich zu verlieren, würde ich für zukünftige Projekte unbedingt fest mit einplanen. Ich glaube, dies ist normal und gehört zum Entstehungsprozess einer guten Arbeit dazu. In diesem Fall hat es mir geholfen, alles einfach für einige Tage zur Seite zu legen und mich – mit gutem Gefühl! – anderen schönen Dingen zu widmen, anstatt in Panik zu verfallen. Dadurch habe ich den Kopf frei und auch wieder mehr Abstand zur Arbeit bekommen, und das Schreiben kam wieder in den Fluss. Die „verpasste" Zeit spielt meiner Meinung nach keine Rolle, solange man im Großen und Ganzen dem eigenen Zeitplan folgt.

Sabrina Kühne

5.1.2.2 Das Hirn liebt es: Von der Frage zur These

Warum ist es wichtig, dass Sie die Frage nicht als Frage im Raum stehen lassen? Nun, es hat ganz einfach mit den schon im zweiten Kapitel angesprochenen (vgl. Singer 2000) Besonderheiten unseres Gehirns zu tun. Wir lernen besser, wir sind engagierter dabei, und unser Hirn ist wacher, leistungsstärker und schneller in der Lage etwas abzuspeichern, wenn Emotionen mit im Spiel sind. Der Übergang von der Frage zur These repräsentiert lediglich eine Nuance. Aber diese ist entscheidend, denn indem wir eine These formulieren, entwickeln wir eine Haltung zum Thema. Diese Haltung ist zumeist emotional gewichtet, das heißt, mit ihr mobilisieren wir unsere Weltsicht, unsere Überzeugungen, unsere Werte. Und diese verteidigen wir gerne ganz emotional. Wie kann das in der Praxis funktionieren?

Nun, nehmen wir an, die Forschungsfrage lautet: „Wie wirkt sich der prozentuale Anstieg von Beta-Amyloid-Ablagerungen im menschlichen Gehirn auf den Krankheitsverlauf bei Alzheimerpatienten aus?" Dann könnte die folgende These aus dieser offenen und sehr allgemein gehaltenen Frage abgeleitet werden: „Alzheimererkrankungen verschlimmern sich proportional zum Anstieg von Beta-Amyloid-Ablagerungen im menschlichen Gehirn". Wahlweise kann proportional vielleicht auch durch „exponentiell“ ersetzt werden. Sie sehen, der Arbeitsauftrag wird durch die entwickelte Haltung konkreter. Sie wissen jetzt sehr genau, dass die von Ihnen zusammengetragenen Daten die These stützen können – oder sie anzweifeln.

Regel:

Beginnen Sie stets ihr Thema mit einer Forschungsfrage, und formulieren Sie aus dieser eine These.

Mit dieser These werden Sie dann weiterarbeiten. Seien Sie nicht zu streng mit sich. Wenn Sie feststellen, die These funktioniert überhaupt nicht, dann formulieren Sie diese noch einmal um. Dies ist eine wesentliche Grundeinstellung beim wissenschaftlichen Arbeiten. Bis zum letzten Tag geht es um Erkenntnisgewinn, und bis zum letzten Tag kann sich noch etwas verschieben und verändern. Ihre Abgabe stellt also für Sie selbst einen Endpunkt dar, bezogen auf das Thema jedoch bildet es eine Zwischenstation ab, auf deren Basis man weitere Höhen erklimmen könnte.

5.1.2.3 Thesen formulieren: Perfekte Gruppenaufgabe

Der Arbeitsschritt – von der Frage zur These zu gelangen – ist übrigens eine perfekte Übung für einen größeren Kreis von Studierenden. Man präsentiert die Ergebnisse der ersten, noch oberflächlichen Recherche in einem größeren Kreis, und gemeinsam entwickelt man sowohl die passende Forschungsfrage, wie die dazugehörige These. Regelmäßig vereinsamen Studierende, ziehen sich in den Phasen, in denen Haus- oder große Abschlussarbeiten verfasst werden, zurück, stellen ihre gewohnte Kommunikation mit Kommilitonen und Freunden ein oder reduzieren diese zumindest. Aus meiner Sicht ist dies ein gewaltiger Fehler, denn gerade das wissenschaftlich motivierte Gespräch mit Gleichgesinnten kann eine Arbeit stark und vor allen Dingen nachhaltig positiv beeinflussen. Wer seine Gedanken im Gespräch anderen präsentieren muss, verarbeitet diese anders (vgl. 2.4.1 und dort die Anmerkungen zu den für gesprochene und verschriftlichte Sprache relevanten Hirnarealen in Fußnote 9).

Die These kann man auch dann erarbeiten, wenn man noch nicht allzu tief eingestiegen ist mit der Recherche. Sie sollten sich allerdings bereits grob eine Orientierung verschafft haben über das Themengebiet, das Sie beackern wollen. Erfahrungsgemäß genügt ein Tag, um sich seines Themas sicher zu werden. Viel mehr Zeit – maximal eineinhalb bis zwei Tage – sollten Sie nicht investieren, ohne mit dem Schreiben anzufangen. Jeder weitere Tag ist vergeudet. Sollten Sie allein das Thema nicht „rund“ bekommen, vernetzen Sie sich mit Absolventen Ihres Faches, und diskutieren Sie das Problem mit diesen.

Hinweis: Netzwerke pflegen – vom ersten Semester an

Für mich als Dozent ist es sehr auffällig, dass sich aktuelle Studierendengruppen deutlich von jenen unterscheiden, die noch vor zehn bis 15 Jahren mit dem Studium begonnen haben. Das ist immer wieder aufs Neue interessant: Während es früher deutlich selbstverständlicher war, sich über die Semester hinweg auszutauschen und zu vernetzen, so fällt dies – möglicherweise dem Bachelor-Master-System geschuldet – immer häufiger flach.

Ich habe daneben einen ganz persönlichen Verdacht: Durch die starken Verbindungen und regelmäßigen Kontakt über Messengerdienste mit der einstiegen Peergroup in den jeweiligen Heimatorten und weit häufigeres Nach-Hause-Pendeln der Studierenden, fehlen Zeit und Gelegenheit(en), eine größere Zahl neuer Verbindungen aufzubauen und entsprechend zu festigen. Dabei gibt es kaum ein besseres Hilfsmittel, ein Studium erfolgreich zu beenden und vielleicht im Anschluss auch recht schnell einen Job angeboten zu bekommen, als intensive Kontakte zu den höheren Semestern zu pflegen.

Wenn ich also am Rande einen vorsichtigen Rat geben darf, dann vernetzen Sie sich (übrigens gerade als BA-Student) frühzeitig. Die drei Bachelorjahre gehen sehr schnell um, und ehe man es sich versieht, ist man mit der Abschlussarbeit konfrontiert – und die ehemaligen Absolventen sind längst in der ganzen Republik verstreut, um ihr Masterstudium zu absolvieren oder direkt schon berufstätig zu sein. Deshalb die dringende Empfehlung: Vernetzen Sie sich frühzeitig. Die meisten Studiengänge und Hochschulen bieten zwischenzeitlich Alumnivereinigungen an, in diese kann man bereits während des Studiums eintreten. Der Nutzen ist aus meiner Sicht kaum zu überschätzen, denn hier entstehen heimliche Jobbörsen, Empfehlungs- und Unterstützungsnetze, die es in sich haben.

Bedenken Sie dabei, dass all diejenigen, die das Studium vor Ihnen absolviert haben, ziemlich genau um Ihre Fähigkeiten wissen, wenn sie Ihre Noten sehen und die Schwerpunkte, die Sie im Studium gesetzt haben. Ich habe es erlebt, dass zum Beispiel eine neue Abteilung eines großen international agierenden Verlagshauses das moderne Werbeinventar-Management erst eingerichtet, dann nach und nach ausgebaut und sich dabei jeweils Absolventen der selben Hochschule bedient hat, die zuerst als Praktikanten einstiegen, dann in eine Festanstellung übernommen wurden. Dieser Hinweis soll an dieser Stelle dazu dienen, die Verbindungen zu höheren und auch zu niedrigeren Semestern zu pflegen. Es schadet selten. Die zumeist kostengünstige Mitgliedschaft in einer Alumni-Vereinigung vermittelt am Ende unbezahlbare Kontakte.

5.2 Hilfestellungen: Wahl und Kritik der Methode

Für alle diejenigen, die die Methodenfrage angehen wollen: In den folgenden Abschnitten finden Sie zahlreiche Anregungen, wie Sie ihr Wissen um passende Methoden erweitern können. Besonderes Augenmerk wird

- auf den Entscheidungszeitpunkt für oder gegen eine Methode,
- auf eine Folge von Entscheidungsebenen sowie
- auf typische Fehler bei Methodenwahl und -einsatz

gelegt, was aus meiner Sicht neben dem reinen Wissen um die Methode wichtig ist. Zu den einzelnen Methoden und Fächertraditionen gibt es zahlreiche Werke, in denen man zielführend weiterlesen und mit deren Hilfe man sich gut einarbeiten kann. Der dargestellte Entscheidungsbaum (Abschnitt 5.2.2) ist im Wesentlichen sozialwissenschaftlich orientiert, lässt sich aber jederzeit auch auf Experimente,

Tests, Laboruntersuchungen und Versuche der Natur- und Ingenieurwissenschaften anwenden.

Erfahrungsbericht: Zeitfresser Empirie!

Erinnere mich bloß nicht daran! Die größte Erkenntnis: Empirische Untersuchungen sind immer zeitaufwändiger, als man denkt, und wahre Zeitfresser, angefangen vom Transkribieren von Interviews bis hin zum Angleichen der unzähligen, in Excel erstellten Grafiken und auch der Tabellen für den Anhang. Diese reinen Fleißaufgaben daher lieber outsourcen, solange keine Denkleistung dahinter steckt.

Zum Thema Effizienz: Bei der Literaturrecherche für jedes gelesene Werk (Buch, Aufsatz, Kapitel) kurze Zusammenfassung der Argumentation erfassen, dazu Zitate samt Seitenangabe, und natürlich ausführliche Dokumentation der Quelle, so wie sie später im Verzeichnis erscheinen muss. Dann kann man beim Schreiben dann die Bücher weglegen und nur noch mit den eigenen, bereits durchdachten Aufzeichnungen arbeiten, mit jeweils passenden Zitaten zur Hand. Man verzettelt sich weniger, wird nicht von immer neuen Querverweisen abgelenkt. Und: „Mir doch egal, ich lass' das jetzt so!", hilft in der Schlussphase ungemein.

Kerstin Mordant

5.2.1 Frühe Methodenentscheidung zahlt sich aus

Nun gehen wir einmal davon aus, dass Sie die Fragestellung herausgearbeitet haben, dass Sie Ihre These formuliert haben. Schon zu diesem Zeitpunkt stellt sich oft die Frage, mit welcher Methode Sie die ursprüngliche Frage am besten beantworten können. Nein, dies ist kein Methodenbuch, und es wird Ihnen auch die Einarbeitung in die entsprechenden Methoden nicht mit einfachen Mitteln abnehmen können. Bezogen auf die Sozialwissenschaften bieten sich mehrere Werke an, mit denen Sie hier bestens weiterarbeiten können (Lamnek 1993a: *Qualitative Sozialforschung Band 1: Methodologie;* Lamnek 1993b: *Qualitative Sozialforschung Band 2: Methoden und Techni-*

ken; Schnell/Hill/Esser 1998: *Methoden der empirischen Sozialforschung*; Diekmann 2007: *Empirische Sozialforschung: Grundlagen, Methoden, Anwendungen*; Kromrey 2009: *Empirische Sozialforschung: Modelle und Methoden der standardisierten Datenerhebung*; Hader 2010: *Empirische Sozialforschung: Eine Einführung*; Früh 2015: *Inhaltsanalyse, Theorie und Praxis*).

Die Naturwissenschaften sind im Regelfall an Experimenten und Laboren orientiert und haben ihre eigenen Gesetze, so wie die Medizin (eine gute Einführung bietet Müller 2013: *Schreiben in Naturwissenschaften und Medizin*; für die Medizin insbesondere auch: Neugebauer/Mutschler 2011: *Von der Idee zur Publikation: Erfolgreiches wissenschaftliches Arbeiten in der medizinischen Forschung*), ebenso sind die Ingenieurwissenschaften sehr häufig an Versuchsständen und Laboren orientiert (Grieb 2004: *Schreibtipps für Diplomanden und Doktoranden in Ingenieur- und Naturwissenschaften*).

Wichtig an dieser Stelle zu verstehen wäre, dass sich, egal welchem Fächerkanon Sie folgen, die Grundlagen wissenschaftlichen Arbeitens nicht verändern – die Arbeit mit Fragen und Hypothesen ebensowenig wie die Überlegung, welche Methode die „richtige" für die Beantwortung Ihrer individuell für die Forschung entwickelten Frage ist: Experimente im Labor, Behandlungsreihen in der Medizin, Überprüfungen von Targets im Hochleistungsmassenscreening der biotechnologischen Forschung, pharmazeutische oder gentechnische Versuche, Tests auf einem Versuchsstand der Maschinenbauer, Befragungen mit standardisierten Umfragen und repräsentativen oder nicht-repräsentativen Stichproben, Inhaltsanalysen qualitativer und quantitativer Natur, problemzentrierte Interviews oder auch teilstandardisierte Expertengespräche. Auch wenn der ‚Writing Code' als strukturierter Prozess für wissenschaftliche Abschlussarbeiten in einem sozialwissenschaftlichen Umfeld entwickelt wurde: Die Verfahrensweise funktioniert wie angesprochen ganz grundsätzlich auch in anderen Traditionen, in den Gesellschafts- und Geisteswissenschaften ebenso wie in Elektrotechnik, Informatik und Maschinenbau oder in den Natur- und Humanwissenschaften.

Verstehen Sie die Hinweise in diesem Buch als erste Anregungen zur Wahl Ihrer Methode; sorgfältig ausarbeiten müssen Sie diese dann unter Nutzung der (zum Teil) angegebenen, einschlägigen Literatur.

Es ist durchaus sinnvoll, sich frühzeitig über die zu wählende Methode Gedanken zu machen, denn wenn man sich für eine empirisch unterstützte Untersuchung entscheidet, dann muss man sich bewusst sein, dass die Umsetzung durchaus zeitaufwändig ist; nicht in dem Sinne, zwingend sehr viel Arbeitszeit dafür zu kalkulieren, vielmehr in jenem, Befragungszeiten, Terminplanung für Interviews oder Laufzeiten zur Beschaffung des Materials einzuplanen.

Es ist ein zweischneidiges Schwert, denn sich zu früh auf eine Methode festzulegen, kann später wertvolle Punkte kosten, da die erstbeste Wahl nicht die tatsächlich Beste sein muss. Ihre Methode soll schließlich den besten Weg aufzeigen, Ihre Forschungsfrage zu beantworten.

Regel:

Es gibt nur eine „beste" Methode, die zu Ihrer Fragestellung passt. Es lohnt sich also, genau zu planen und nachzudenken. Nicht das, was einfach durchzuführen wäre, ist es am Ende auch.

Entscheiden Sie also für sich, ob Sie bereits tief genug in das Thema eingestiegen sind, um nicht nur eine erste Gliederung zu verfassen, sondern eben auch schon die Methodenentscheidung zu treffen. Bleiben Sie dabei ruhig. Hier noch nicht sicher zu sein, muss Sie nicht an der gesamten Arbeit und an der gestellten These zweifeln lassen. Vielleicht wollen Sie ja auch erst einmal die Inhalte gliedern und ordnen und sich eine Struktur für die zu erarbeitende Theorie schaffen, die Sie dann später systematisch erweitern können.

5.2.2 Entscheidungsbaum zur Methodenwahl

Treffen Sie jede Ihrer Entscheidungen zu den Stufen des Entscheidungsbaumes mit Bedacht. Die Reihenfolge ist in diesem bewusst gewählt, da aus meiner Erfahrung die Methodenwahl häufig unsystematisch erfolgt und schnell jene Methode präferiert wird, die auf den ersten Blick wenig Arbeit zu machen scheint oder jene, die es nicht erfordert, tiefer in die statistische Auswertung einzusteigen. Am Ende gleichen solche Überlegungen oft einer Milchmädchenrechnung, da die Arbeit mit weniger statistisch angelegten Methoden deutlich umfangreicher sein kann als vermutet. Auch hier hilft es, sich mit Kommilitonen zu vernetzen.

5.2.2.1 Entscheidung, Ebene 1:

Weist die erste Vorrecherche genügend verfügbares Material nach, um Ihre Forschungsfrage durch reine Quellenarbeit zu beantworten? Dann können Sie erwägen, ausschließlich Literatur auszuwerten. Denken Sie daran, dass dies Ihre Arbeit nicht schlechter macht. Indizien dafür können die folgenden Aspekte liefern:

- Es finden sich insbesondere widerstreitende Auffassungen und unterschiedliche Einschätzungen zur Ausgangsfrage.
- Es lassen sich mehrere empirische Studien zum näheren oder auch weiteren Umfeld der Frage nachweisen, deren Daten in die Betrachtungen einfließen können.
- Es gibt eine aktuelle Dissertation, die das eigene Thema zwar nicht Eins-zu-Eins abbildet, aber die These zumindest ansatzweise mit umschließt.
- Es lassen sich gleich mehrere Beiträge in ausgewiesenen wissenschaftlichen Fachzeitschriften der jüngeren Vergangenheit nachweisen, die für das Thema zentral sind.

5.2.2.2 Entscheidung, Ebene 2:

Gibt es eine empirische Studie, die Ihr Interesse geweckt hat und deren Ergebnisse Sie nicht zu hundert Prozent nachvollziehen können? Dann könnte eine Replikationsstudie die Methode der Wahl sein.

- Eine solche Studie führen Sie exakt nach den gleichen Kriterien und mit den identischen Rahmenbedingungen durch, wie eine bereits existente Studie.
- Regelmäßig kommen bei solchen Replikationsstudien andere Ergebnisse heraus. Dies ist wissenschaftlich wertvoll, da Sie den Diskurs wenn nicht gar eröffnen, so doch am Laufen halten.
- Unter wissenschaftlichen Gesichtspunkten sind Replikationsstudien willkommene Gelegenheiten, bekannte Dinge neu zu deklinieren, auf eine andere Weise zu hinterfragen.

- Für Sie hat dies den Vorteil, dass Sie das komplette Methodendesign nicht neu entwickeln müssen.
- In der Medizin bieten sich in zahlreichen Fällen Replikationsstudien an. Diese Disziplin wäre sozusagen das idealtypische Feld für diese.

5.2.2.3 Entscheidung, Ebene 3:

Gibt es eine Vielzahl empirischer Studien, die alle ihr Themenfeld berühren und eindeutige Überschneidungen aufweisen? Dann wäre eine Metastudie zu überlegen.

- Die Metastudie nimmt einen sehr spezifischen Aspekt in der Forschung zu Ihrem Fach in den Blick und sammelt alle Studien, in denen dieser Aspekt (vielleicht am Rande oder aber auch zentral) aufgegriffen und analysiert wird.
- Ihre Studie sammelt die Erkenntnisse aus den Studien und versucht, eine Schnittmenge zu bilden, sie weist Gemeinsamkeiten nach und zeigt Unterschiede auf.
- Für funktionierende Metastudien müssen Sie allerdings eine größere Zahl verfügbarer empirischer Arbeiten nachweisen können. Die Methode eignet sich erfahrungsgemäß gut in den Naturwissenschaften, insbesondere in Biologie und Medizin, die zwischenzeitlich wohl bekannteste Metastudie ist sogar eine Meta-Metastudie, die Metastudien der Pädagogik zusammenführt, und am Ende die Ergebnisse vieler Tausend empirisch angelegter Studien in ein Manuskript integriert. Auf diese Weise gelingt es dem Australier John Hattie (2009) eine große Zahl von effektiven Bildungskriterien zusammenzutragen. Die Studie wurde verständlicherweise in der Folge intensiv und sehr kontrovers diskutiert (vgl. auch Hattie 2015).

5.2.2.4 Entscheidung, Ebene 4:

Steht Ihnen ein Labor für Experimente zur Verfügung, und können Sie einen Versuchsaufbau dort installieren und umsetzen? Passt schließlich eine solche Umsetzung zu Ihrer Fragestellung? Dann wäre das Laborexperiment eine denkbare und durchführbare Methode.

- Es gibt Fächertraditionen, in denen es zum guten Ton gehört, für eine Abschlussarbeit an Laborexperimenten beteiligt zu sein. Dies gilt zum Beispiel für Fächer wie Chemie oder Biotechnologie.
- Laborexperimente sind nicht auf die Naturwissenschaften beschränkt. Auch in den Wirtschaftswissenschaften sind solche Experimente durchaus verbreitet, insbesondere bei den „Behavioral Economics", in der Verhaltensökonomie also.
- Sie können sich Experimente aber auch für typisch geisteswissenschaftliche Fragestellungen ausdenken, indem Sie zum Beispiel Rezeptionsverhalten beim Lesen von Büchern in einer Laborsituation erforschen. Experimente liefern damit ein vergleichsweise flexibles Instrument.
- Zwischenzeitlich sind in ganz unterschiedlichen Fächern, in den Human- wie in den Sozialwissenschaften, zum Beispiel kombinierte Hirnstrommessungen und Blickverfolgungskontrollen bei Probanden eines Experimentes sehr verbreitet – hier nehmen Kameras und Sensoren die Augenbewegungen auf und zeigen, wohin der Proband jeweils blickt, gleichzeitig werden Hirnströme an Messpunkten am Schädel abgegriffen. In der Psychologie und in den Neurowissenschaften spielt außerdem in sehr hohem Maße Magnetresonanztomografie eine große und bedeutende Rolle. Hier kann man bestimmte Aktivitäten und Denkmuster Hirnarealen zuweisen.

5.2.2.5 Entscheidung, Ebene 5:

Finden Sie reichlich Quellen, um eine Reihe von Unterhypothesen zu Ihrer zentralen These aufzustellen? Dann wären deduktive Verfahren, also Hypothesen-Prüfende-Verfahren die richtige Entscheidung!

- Je umfangreicher das verfügbare Material, desto eher rücken deduktive Verfahren ins Blickfeld, denn bei reichlich Quellen, gibt es meistens auch reichlich zu formulierende Hypothesen, die man dann direkt aus der Literaturrecherche ableiten kann.
- Man nehme nun ganz einfach einige dieser vermutlich bislang noch mehr oder weniger unbestätigten Hypothesen und suche eine Methode, mit der man dies überprüfen kann.

- Insbesondere in den Sozialwissenschaften bietet sich hier beispielsweise die Inhaltsanalyse an.
- Ebenso aber kann man auch über eine Befragung, die dann in nahezu allen wissenschaftlichen Disziplinen „funktioniert“ mit wahlweise Vollerhebung, repräsentativer oder nichtrepräsentativer Stichprobe erwägen. Aussagekraft und damit Verallgemeinerbarkeit nehmen in dieser Reihung von vorne nach hinten ab.

5.2.2.6 Entscheidung, Ebene 6:

Sie bearbeiten ein noch junges, bislang in der Literatur wenig diskutiertes Phänomen? Sie entwickeln etwas Neues, bislang noch nicht stark beackertes Feld? Dann werden Sie um einen induktiven Zugang nicht herumkommen.

- Die Induktion steht für Hypothesen-Generierende-Verfahren. Man sucht also nach Aussagesätzen, die man dann einer späteren Validierung, oder besser: Bestätigung überlässt.
- Typische induktive Methoden finden Sie in der Expertenbefragung, in Delphi-Studien und anderen qualitativen Ansätzen.
- Zumeist nähern Sie sich dem Thema durch tiefergehende Interviews, die mithilfe eines Leitfadens oder der Technik problemzentrierter Interviews geführt werden.
- Wichtig für die Umsetzung dieser Methode ist, sich ausreichend Gedanken über die *systematische* Auswertung der Befragungsergebnisse zu machen und daran zu denken, dass die Transkription sorgfältig und der Fachtradition entsprechend sozialwissenschaftlich korrekt erfolgen muss (auch dann, wenn man eine solche Studie zum Beispiel in den Humanwissenschaften durchführt).

5.2.2.7 Hinweise zur Entscheidungsstruktur

Die Auswahl von Methoden erfolgt häufig ohne sorgfältige Prüfung von Alternativen und aus dem Bauch heraus. Dabei kann man mithilfe dieses Rasters der Entscheidungen auf den sechs Ebenen sehr gut und systematisch zur „richtigen“ Methode kommen. Sie müssen sich bewusst sein, dass für Ihre ausgewählte Fragestellung eigentlich nur eine einzige „beste“ Methode existiert, und diese gilt es mit Unterstützung der Entscheidungsebenen zu finden. Ihre Gutachter werden die Arbeit genau daraufhin bewerten, ob die Methode, die Sie einsetzen und wählen, die nachprüfbar, oder zumindest nachvollziehbar, *beste* ist, um das gegebene Thema korrekt und zielführend abzubilden, um in Ihrem gewünschten Sinne die aufgestellte Ausgangsthese zu bearbeiten.

Sie können im Übrigen auch die Wahl der Methode, wie eingangs erwähnt, auch noch ein wenig nach hinten schieben und sich erst einmal mit einer Ordnung Ihrer Inhalte beschäftigen.

5.3 Gliederung: Erkenntnis strukturieren

Dieser Abschnitt beginnt mit einer Regel, die einen zentralen Erfolgsfaktor des ‚Writing Code' repräsentiert und damit Ihren Zeitsparplan adressiert. Es hängt von Ihrer konkreten Arbeitsweise ab: Doch für viele „Abschlussarbeiter" ist die folgende Regel zentral und eine der größten Hürden in der Umsetzung der hier vorgestellten Arbeitstechnik.

Regel:

Schon wenn Sie lediglich einen ersten, groben Überblick über Ihr Themenfeld haben, entwickeln Sie bezogen auf Ihre Forschungsfrage eine Gliederung, die bereits in die Tiefe geht. Diese Gliederung spiegelt stets Ihren Erkenntnisgewinn. Sie wächst, schrumpft, wird gröber oder feiner. Sie bleibt auf Dauer wandlungsfähig – so wie Ihr Denken.

Diese Regel zu befolgen, ist übrigens deutlich wichtiger, als frühzeitig über die Methode Bescheid zu wissen.

5.3.1 Gliederungen wirken stresslösend!

Unser Hirn liebt es, in Strukturen zu denken, sich Ordnungen zu schaffen, nach dem Grad der Wichtigkeit zu sortieren. Diesem Wunsch sollten Sie so früh wie möglich nachkommen. Moderne Textverarbeitung macht dies leicht möglich. Interessanterweise entwickeln Studierende früh ein Gefühl, welche Aspekte bezogen auf ihr Thema von großer, welche von eher beiläufiger Wichtigkeit sind. Dies geschieht wie selbstverständlich sozusagen im Hinterkopf.

Nutzen Sie diese Fähigkeit Ihres Gehirns voll aus, und erstellen Sie so früh wie möglich eine Gliederung für Ihre Arbeit.

Regel:

Es ist wichtig, dass Sie bei den Inhalten für Ihre Gliederung einen Bezug zur zentralen These (vgl. Abschnitt 5.1.2) herstellen. Inhalte, die nicht mit Ihrer These in Verbindung stehen, sind überflüssig und können weggelassen werden. Bei der Fülle an Material, das Sie finden und durcharbeiten, wirkt diese Basisregel erlösend. Noch einmal: Nehmen Sie nichts in die Gliederung auf, das nicht direkt mit Ihrer zentralen Frage und These in Verbindung steht. Überprüfen Sie die Einhaltung dieser Regel von Zeit zu Zeit.

Wenn Sie bis dato ausschließlich einen Überblick über die theoretischen Zusammenhänge haben (und noch keine finale Entscheidung über den Einsatz einer zusätzlichen erfahrungswissenschaftlichen Methode getroffen haben), dann konzentrieren Sie sich jetzt genau darauf, und gliedern Sie den Theorieteil Ihrer Arbeit. Gehen Sie hierbei sehr selbstbewusst vor, und schreiben Sie alles auf, was Ihnen in den Sinn kommt. Dies ist wichtig, um sich am Ende auf das Wesentliche konzentrieren zu können, um bereits zu diesem Zeitpunkt erste Entscheidungen darüber zu treffen, was man getrost weglassen kann. Ich selbst erinnere mich hier stets an den zwischenzeitlich verstorbenen Fernsehkoch Peter Finkenwirth, dessen schönste Sendungs-Passagen, vom süddeutsch-badischen Idiom geprägt, die Möglichkeit beschrieben, dass man dies oder das eben auch weglassen könne. Das trifft den Nagel auf den Kopf. Denn manchmal ist weniger deutlich mehr, und ein sparsam gewürztes Essen, bringt vielleicht ein deutlich intensiveres Geschmackserlebnis hervor.

Dies ist übrigens ein gutes Bild, zu dem Sie gerne zurückkommen können. Gute Abschlussarbeiten sind wie ein ausgezeichnetes Menü, abgerundet vom Geschmack, abgestimmt von der Reihenfolge, sehr ausgewogen. Sie starten fulminant, um ihre Krönung im Hauptgang zu erfahren und servieren als Fazit einen süß-nachhaltigen Abgang, der Geschmack auf mehr und damit vielleicht folgende Forschung macht.

5.3.2 Mit Struktur das Selbstbewusstsein stärken

Sie haben einen Tag in der Bibliothek mit Ihrem Thema verbracht? Dann ordnen Sie Ihre Gedanken, schaffen Sie erste Strukturen. Schließlich ist es wichtig, möglichst schnell von Ihren Ängsten zu lassen. Dies erreicht man am besten, wenn man sich inhaltlich-systematisch Sicherheit verschafft.

> **Regel:**
>
> *Verbringen Sie nicht mehr als maximal zwei Tage mit dem Einarbeiten. Es geht darum festzustellen, ob Ihr Thema „funktioniert" (vgl. dazu Band 2 mit dem Schwerpunktkapitel „Titel und Thema", dort ist insbesondere der Abschnitt: „Dann funktioniert ein Titel" relevant).*

Sie merken, dies ist hier schon leicht redundant hervorgehoben. Dies liegt nicht etwa an der Vergesslichkeit oder an Schlamperei des Autors, sondern daran, dass diese Regel beim ersten Mal gerne überlesen wird. Wir Menschen neigen dazu, das Feld Schritt für Schritt immer weiter zu fassen und schon in den ersten Tagen in die Uferlosigkeit abzutreiben, sich von der Linie abzuspalten, um viele Seitenstränge zu integrieren. Ein solches Gefühl birgt hohes Stresspotenzial in sich und will abgewendet sein.

Ihre erste Aufgabe besteht also darin, möglichst schnell und zielstrebig zu einem Arbeitstitel oder zu einem grob skizzierten Thema zu kommen. Wie Sie das schaffen, falls keines vorgegeben ist, wird in Band 2 geklärt. Innerhalb von nur einem einzigen Tag sollte die erste Gliederung stehen, die sich natürlich daran orientiert, welche Literatur Sie gefunden haben und welche Inhalte zur Begutachtung Ihrer These als wichtig erachtet werden – und zwar von Ihnen selbst!

> Merksatz:
>
> *Eine Arbeit, die vom Titel an nicht das Selbstbewusstsein der Autoren spiegelt, wird im Regelfall deutlich schlechter bewertet.*

Was bedeutet dies?

Ganz einfach: Sie sind stets derjenige, der das Heft in der Hand hat. Sie führen durch Ihren Gedankengang, lassen den Leser an Ihren Ideen, Überzeugungen, Argumenten teilhaben. Sie sind der Chef des Verfahrens und dokumentieren das auch. Die Praxis zeigt, dass die Ergebnisse der Arbeiten sehr oft selbst ein deutlich stärkeres, fordernderes und polarisierenderes Fazit erlauben würden. Doch „verkaufen sich“ Studierende regelmäßig unter Wert. Deshalb ist es aus meiner Sicht so wichtig, dass Sie sich vernetzen, dass Sie sich austauschen, dass Sie mit anderen über Ihre Arbeit, Ihre Hypothesen und Argumente sprechen, dass Sie auf diesem Weg mehr Sicherheit erlangen. Dies bildet die Basis dafür, eben auch selbstsicherer aufzutreten.

5.3.3 Von der Kunst, nie fertig zu sein

Steht Ihre erste Gliederung? Dann wäre dies der Zeitpunkt, sich noch einmal mit Ihrem Betreuer abzustimmen. Dies ist wichtig, da er zu diesem Zeitpunkt wissen muss, in welche Richtung Ihre Überlegungen gehen. Und zumeist wird er noch einige Ideen haben, welcher Punkt tiefer zu behandeln ist, welche Aspekte eher schwer zu beleuchten sein werden und wo die Arbeit in die Tiefe gehen darf. Präsentieren Sie die Gliederung, und dokumentieren Sie das Gespräch oder den Mailverkehr für sich sehr gut, damit Sie direkt die Gliederung anpassen und verändern können. An all jenen Stellen, an denen Sie noch nicht sicher sind, erstellen Sie Platzhalter, oder schreiben in die Überschrift, was Sie für diesen Part noch an Vorstellungen haben. Dies dient nur Ihnen und Ihrer Orientierung, aber es ist wichtig, dass Sie auch zu diesem Zeitpunkt bereits alles genau dokumentieren – und zwar direkt in Ihrer Arbeitsdatei.

Regel:

Alles, was Sie schreiben, notieren, exzerpieren, aufzeichnen, ja selbst das, was Sie sich überlegen, geschieht direkt und unmittelbar in Ihrem Dokument. Punkt.

Deshalb ist es so wichtig, dass Ihre Gliederung – also der Stand Ihrer Denkstrukturen – möglichst frühzeitig erstellt wird. Dieses zentrale Dokument ist Ihre Arbeitsplattform, es ist Ihre Garantie dafür, dass nun nichts mehr verlorengeht: kein Gedanke, keine Quelle, kein Zitat, kein Argument. Diese Regel ist besonders wichtig, sie steht für einen Vertrag, den Sie mit sich selbst schließen. Es existieren keine weiteren Kompendien, Sammlungen, Materialhinweise, Exzerpte etc. außerhalb Ihres Dokumentes.

Regel:

Ihr Dokument ist nie „fertig" – auch in Einzelteilen nicht. Sie dürfen zu jedem Zeitpunkt an jeder Stelle dieses Dokumentes „eingreifen" und weiterarbeiten.

Sie geben sich damit die Chance, das Maximum herauszuholen und bis zum Schluss in einem Überarbeitungsmodus zu bleiben, der absichert, dass sie selbst die Tageszeitungslektüre des Abgabetages (falls Sie dann die Ruhe zum Zeitunglesen haben) oder auch Hinweise aus Ihrer Social-Media-Timeline, die zu Ihrem Thema passen, einzubinden, sinnhaft zu integrieren.

Das bedeutet, Sie schreiben auch nicht einzelne Kapitel „fertig". Sie erstellen also nicht die Arbeit seriell und nacheinander mit logischen, aufeinander aufbauenden Strukturen. Sie bringen mit jedem Tag, den Sie an Ihrem Thema arbeiten, ein wenig mehr Ordnung und Logik in die Strukturen und ein wenig mehr Struktur und damit Stabilität in Ihre Ordnung.

Ansonsten: Lernen Sie das Chaos zu lieben. Chaotische Arbeitsweisen haben einen großen Vorteil: Sie erlauben mehr Kreativität und geben einen größeren Freiraum zur Entwicklung. Allerdings: Man darf es nicht übertreiben. Denn die Prozesse der Assimilation und der Akkommodation, also im Grunde empirisch gewonnene Überlegungen zur Organisation von Lerneinheiten in unserem Hirn, zeigen uns, dass der Mensch grundsätzlich Strukturen liebt und sich an ihnen orientiert.

Deshalb bleiben Sie in der Struktur, bleiben Sie Ihrer Gliederung treu, und halten Sie diese so offen und flexibel wie möglich und dies bis genau zu jenem Grad, den Sie noch ertragen. Sobald Sie merken, es wird problematisch, die Übersicht zu halten, steuern Sie dagegen, indem Sie weitere Gliederungsebenen einziehen.

Wichtig ist, dass Sie Ihre Arbeit als lebendiges Wesen sehen, als stets und ständig veränderbar, als eine lernende Plattform. Sie werden bald verstehen, dass Ihnen der ‚Writing Code' eine hervorragende Methode liefert, diese Plattform zu einer „effizient" lernenden zu machen.

5.4 Schreiben: von inneren Lieblingsplätzen und Technik

Dieser Abschnitt und seine Inhalte mögen den einen oder anderen überraschen, zumal er einem der Kernkapitel dieses Buches zugeordnet ist. Vielleicht wird er auch irritieren, denn hier geht es nicht direkt um die Inhalte und die Vorgehensweise zur Gestaltung Ihrer Arbeit. Es geht vielmehr um viel „einfachere" Dinge, um ihr Schreibgerät, um Endgeräte, Tastaturen, 10-Finger-System und die Frage, wo Sie am besten arbeiten, und ob es nicht an der Zeit wäre, sich neue Schreib- und Arbeitsorte zu erschließen.

Noch einmal: Die Gliederung steht, vielleicht nur rudimentär, aber sie präsentiert eine erste Ordnung des Themas. Dann los! Jetzt können Sie an jedem Ort der Welt, im Netz in der Bibliothek, in Ihrem persönlichen oder einem gewachsenen Archiv arbeiten.

Aufgabe 7:

Dies ist eine Reflexions-Übung. Denken Sie an schriftliche Abgaben der Vergangenheit.

Beantworten Sie dazu die folgenden Fragen:

Wo entstanden sie – die Hausarbeiten, Seminararbeiten?

Saßen Sie stets an einem festen und immer gleich gestalteten Arbeitsplatz?

Haben Sie in der Bibliothek, in der Cafeteria, zu Hause oder in einem Büro an Ihren Texten gearbeitet?

Haben Sie Recherche und Umsetzung jeweils am gleichen Platz durchgeführt oder an unterschiedlichen Orten?

Wie sah es dort aus? Welche Geräusche, Gerüche gab es? Wie war das Wärme- oder auch das Sicherheitsempfinden? Konnten Sie ganz bei sich bleiben? Was hat Sie abgelenkt?

Fühlen Sie sich noch einmal in diese Arbeitsweise(n), ein und schreiben Sie nun mindestens fünf Punkte auf, die Sie bezogen auf eine oder unterschiedliche Arbeitssituationen als positiv verbuchen würden.

Wenn Sie versuchen, sich tatsächlich in die Situation hineinzuversetzen, werden Sie erkennen, dass Sie wie selbstverständlich positive und beziehungsweise oder negative Gefühle mit einer Gesamtsituation oder einzelnen Aspekten daraus verbinden. Orientieren Sie sich dann ausschließlich an diesem Empfinden. Versuchen Sie aus diesen Erfahrungen zu eruieren, welche Bedingungen für Ihre Arbeit optimal sind. Überprüfen Sie dann, welche Aspekte Sie unabhängig von den äußeren Bedingungen jeweils „mitnehmen" können.

5.4.1 Verlassen Sie sich auf Ihren inneren Ratgeber

Die innere Einstellung und die Kombination von ortsunabhängigen Wohlfühleffekten erscheint mir zumindest deutlich wichtiger, als das von vielen beschworene feste Arbeitsumfeld und eine selbstkasteiende Disziplinierung. Sie werden solche An- und Aufforderungen in vielen Ratgebern zu besserer Arbeitsstrukturierung finden, also jene nach einem festen Arbeitsplatz, an dem Ihnen nichts anderes begegnet als „Ihre" Arbeit, an denen Sie nichts stört oder ablenkt, an denen Sie quasi die „Scheuklappen" aufsetzen. Ja, das kann für bestimmte Arbeitstypen sinnvoll sein.

Ich persönlich allerdings bin zu der Erfahrung gelangt, dass sich gute Schreibergebnisse auch in der Sonne auf einem Liegestuhl mit einer Bluetooth-Tastatur und einem landläufigen Smartphone erzielen lassen. Auf diese Weise ist zumindest meinerseits tatsächlich schon einmal ein gut 100-seitiges Manuskript entstanden. Natürlich müssen Sie das dann noch überarbeiten, müssen Sie Ihre Tippfehler beseitigen, da Sie in dieser Situation nicht ständig auf das Display schauen wollen. Ein anderes Beispiel: Meine Nichte fährt für anspruchsvolle Schreibaufgaben an den Frankfurter Flughafen, weil sie dort die Bewegung, die Atmosphäre und die Lebendigkeit mag. Mit der beschriebenen Aufgabe, werden Sie auch die für Sie nahezu perfekte Schreibsituation besser ermitteln können. Die Botschaft wäre: Verlassen Sie sich auf Ihr Gefühl!

5.4.2 Zum Schreiben: Endgeräte!

Wenn Sie, wie im vorangegangenen Abschnitt angeregt, Ihre Arbeit immer und überall dabeihaben wollen, dürfen Sie auch hier kreativ bleiben. Der ‚Writing Code' geht im Übrigen davon aus, dass Sie flexibel bleiben und sich ausprobieren, Ihre Arbeit stets mit sich führen.

Ihre Textverarbeitung haben Sie sozusagen immer in der Tasche dabei. Profis arbeiten mit einem Onlinedokument, auf das Sie über das Netz von überall her zugreifen können und dies eben auch von unterschiedlichen Endgeräten aus.

Regel:

Wenn Sie unterschiedliche Endgeräte zur Arbeit nutzen (Tablet, Smartphone, Notebook, Stand-PC), dann arbeiten Sie zwingend mit einem Onlinedokument in der Cloud.

5.4.2.1 Auch die Tastatur spielt eine Rolle

Sie können längst auch lange Passagen oder generell umfangreiche Texte, wie beschrieben, selbst auf dem Smartphone bearbeiten. Hierzu empfehle ich allerdings die Anschaffung einer Bluetooth-Tastatur, die Ihnen ergonomisch entgegenkommt. Probieren Sie ruhig die eine oder andere Tastatur aus, um die für Sie beste zu finden. Tastaturen mit kleinen Tasten, die nicht dem Standard entsprechen und nicht nur kleiner sind, sondern auch näher beieinander liegen, empfehle ich grundsätzlich nicht – doch dazu gleich mehr.

Wichtig bei der Auswahl der Eingabegeräte ist, dass Sie tatsächlich einen Druckpunkt auf der Taste verspüren, dass sich jede einzelne Type nicht ohne Gegendruck herunterdrücken lässt. Warum ist dies wichtig? Nun, getane Arbeit ist für uns Menschen stets mit einem Erfolgskonzept verbunden. Dazu bedarf es aber auch der Arbeit, die im archaischen Verständnis insbesondere mit Bewegung und Motorik verknüpft ist. Am Rande: Auch das beschriebene (vgl. Kapitel 1) Wachstum von Spiegelneuronen, wurde ja (vgl. Rizzolatti et al. 1996, 131 ff.; Rizzolatti/Sinigaglia 2008) insbesondere mit Bezug auf motorische Fähigkeiten nachgewiesen.

Wir haben ein deutlich stärkeres Befriedigungs- oder Erfolgsgefühl, wenn wir mechanisch-motorisch etwas geleistet haben. Die ersten elektrischen Schreibmaschinen hatten keinen „Druckpunkt", wer damit arbeitete, erhöhte das Risiko von Tippfehlern, weil er häufig eben versehentlich auf die Tasten kam und diese das Typenrad oder den Kugelkopf „auslösten" – es handelte sich also um sofort gedruckte Tippfehler, die aufwändig behoben werden mussten. Zusätzlich aber hatten Typisten an diesen Maschinen „das Gefühl", am Ende des Tages weniger geleistet zu haben. Sie waren schneller frustriert und mit ihrer Arbeit weniger zufrieden. Dies änderte sich, wenn die Tasten zwar leichtgängig blieben, aber nun tiefer heruntergedrückt werden mussten und einen sanften Druckpunkt besaßen. (vgl. die Forschungen von Martin und Armstrong et al. 1996, 654–664 und die dort angegebenen Quellen mit zahlreichen historischen Verweisen)

Interessanterweise beschäftigen sich viele der historischen Ergonomie-Studien in der Folge eher mit Ermüdungserscheinungen (vgl. Radwin/Ruffalo 1999 und dort angegebene Quellen) und ermitteln dabei regelmäßig, dass wir oft viel härter auf die Tasten hauen, als deren Funktion dies erfordern würde. Dennoch plädieren die berühmtesten Studien für eine eher moderate Einstellung der Belastungskräfte für die Tasten von 0,47 Newton (vgl. Armstrong et al. 1997, 800). Doch auch die Ausübung verstärkten Drucks, die vermutlich auch von der aktuellen Gemütslage abhängig ist, kann für die Erkenntnis oder These sprechen, dass die motorisch vermittelte Ableitung oder Befriedigung eine nicht zu unterschätzende Rolle spielt.

Die erkennbaren „Druckpunkte“ finden sich heute bei allen Computersystemen, selbst bei jenen, die sehr flache Tastaturen besitzen, wie dies zum Beispiel bei Apple-Produkten der Fall ist. Die Frage ist, wie sich Touchscreens und Display-geführte Tastaturen in diesem Punkt langfristig auswirken werden. Eventuell sind hier auch Trainings- und Gewöhnungseffekte zu berücksichtigen. Interessanterweise sind immer wieder auch Menschen zu beobachten, die mit durchaus intensiver Härte die plane Glasfläche ihres Tablet-Computers bearbeiten.

5.4.2.2 Mechanische Schreibmaschinen und Textroutinen

Ältere Journalisten berichten übrigens regelmäßig vom erfüllenden Gefühl, Texte auf mechanischen Schreibmaschinen zu erstellen. Die Tatsache, etwas geleistet zu haben, erlebten sie um ein Vielfaches stärker als beim Schreiben in elektronischen Systeme. Sollten Sie die Möglichkeit haben, dies für sich selbst auszutesten, wäre hier die

Empfehlung, dies auch zu tun. Auch ich habe das Schreiben auf einer mechanischen Schreibmaschine erlernt und zum Beispiel meine Off-Texte für Fernsehbeiträge bis in die 2000er-Jahre immer und durchgängig auf mechanischen Schreibmaschinen geschrieben (zum Leidwesen der Kollegen sei angemerkt). Dies hatte zwei wesentliche Gründe:

1. das beschriebene Gefühl der Arbeitszufriedenheit, das Gefühl, tatsächlich etwas bewegt, geleistet zu haben,
2. die Verpflichtung auf einen anderen Denkprozess, der Formulierungen im Kopf bereits sehr gut vorbereitet und ausformuliert.

Der zweite Punkt erscheint mir dabei noch erklärenswert, da er sehr deutlich macht, wie sehr Denken und Schreiben aufeinander bezogen sind. Deshalb sei an dieser Stelle ein kleiner Exkurs erlaubt.

5.4.2.2.1 Wie „fertig" ist die Formulierung im Kopf?

Die achtziger Jahre des vorigen Jahrhunderts haben im Kern eine Revolution gebracht – wobei dies vielleicht tatsächlich ein falscher Begriff ist, da sich der Prozess eher als zwar vergleichsweise schnell, doch dennoch evolutionär präsentiert. Im Ergebnis jedoch ist er radikal. Sie können dies ganz leicht an sich selbst nachvollziehen.

Stellen Sie sich vor, Sie schreiben einen Brief, eine Karte mit der Hand. Dann müssen Sie den Aufbau und die Form und zumindest den ungefähren Aufbau im Kopf konzipieren, bevor Sie mit der Niederschrift beginnen. Und wenn es besonders wichtig ist, besondere Bedeutung für Sie besitzt, dann schreiben Sie den Text vielleicht sogar einmal vor, um ihn zu korrigieren, abzuändern, anzupassen und dann in Reinschrift niederzulegen.

Nun projizieren Sie dies auf einen größeren Text bis hin zu einer Abschlussarbeit. Sie werden auch dort eine Rohfassung erstellen wollen, die später dann noch einmal überarbeitet und am Ende final abgetippt wird. Wenn Sie nun noch den Aspekt zeitkritischer Produktion hinzunehmen, wird es noch besser nachvollziehbar, denn hier werden Sie nicht unbedingt alles mehrfach schreiben wollen. Dies trifft im Normalfall auf die Produktion journalistischer Texte zu.

Leider verfüge ich nicht über empirische Daten zu diesem Kontext, aber meine Erfahrung aus den 1980er-Jahren zeigt: Journalistische Texte, die in eine (mechanische) Schreibmaschine geschrieben wurden, unterschieden sich elementar von jenen, die sofort elektronisch in ein Computersystem hinein erfasst wurden.

Mein Urteil damals war, dass direkt und unmittelbar in den Computer geschriebene Texte bestimmte Qualitätsmerkmale anders erstellter Texte nicht erfüllten, wenn im Anschluss nicht *mehrfach* über den Text gearbeitet wurde. Ich führe das auf die unterschiedliche Arbeitsweise zurück. Wir texten anders, wenn uns bewusst ist, dass wir alles korrigieren, löschen, verändern, neu fassen, überarbeiten können, ohne dadurch bestimmte Arbeitsschritte mehrfach ausführen zu müssen.

Für journalistische Texte bedeutet das: Es wird erst einmal drauflos geschrieben, weil man ja weiß, dass später alles noch veränderbar ist. So kommen viele Randaspekte in den Text hinein, die man bei vorausgehendem Nachdenken schon eliminiert hätte. Ebenso ergeben sich viel häufiger chronologische Abläufe, wo doch die Erfordernis des Journalismus darin besteht (einzelne Darstellungsformen ausgenommen), nach Bedeutung und Wichtigkeit zu ordnen. Am Computer arbeitet man nur vermeintlich schneller. Das Risiko ein suboptimales Darstellungsergebnis zu produzieren, erscheint jedoch größer. Ich habe später festgestellt, dass auch mit und am Computer brillante Texte entstehen können. Diese waren jedoch stets von den Autoren verfasst, die sich im Vorfeld eine Struktur ihres Beitrages skizziert haben und sehr sorgfältig den Aufbau der Texte planten, oder aber jene, die sehr konzentriert, oft schnell, aber eben mit höchster Aufmerksamkeit und mehrfach ihre Texte umgebaut, gestaltet, komponiert haben.

Diese Überarbeitungen am Computer führten in diesen Beispielen zu einer Reduktion der Textmenge in zweistelligen Prozentraten. Ich schätze, ohne dies empirisch belegen zu können, dass der Anteil der Kürzungen mindestens 30 Prozent ausmachte. Dieser kleine Exkurs an dieser Stelle des Buches erschien mir deshalb wichtig,

- damit Sie die unterschiedlichen Arbeitsweisen erkennen können,
- damit sie verstehen, wie wichtig Schritte der Überarbeitung und am Ende das Kürzen sind,
- damit Sie erkennen, dass Schreiben nicht gleich Schreiben ist, und
- damit Sie am Ende Ihren eigenen Rhythmus und Stil finden.

Dieser Abschnitt sollte Sie darauf hinweisen und auch verpflichten, sich intensiv Gedanken darüber zu machen, wie Sie arbeiten. Und hier können die beiden Extreme, „Sie schreiben erst, nachdem Sie den vollständigen Satz im Kopf konstruiert haben!“ und: „Sie texten in einer Rohfassung und akzeptieren einen weiteren intensiven Überarbeitungsschritt!“, nutzen, um sich zu orientieren. Kombinationen aus diesen beiden Haltungen: Zwischenformen jeder Couleur sind möglich.

5.4.2.2.2 QUERZ: Noch mehr Pragmatik

Bei solch pragmatischen und praxisorientierten Überlegungen angelangt, sei es erlaubt, einen weiteren Aspekt hinzuzufügen. Legen Sie dafür den kleinen Finger der linken Hand auf das Q der Tastatur. Für die meisten Menschen ist dies reichlich ungewohnt, da Autodidakten sehr selten den kleinen Finger zum Schreiben einsetzen und dieser entsprechend wenig trainiert ist. Dabei bekommt er es auch im Zehn-Finger-Schreib-System vergleichsweise einfach gemacht, denn die Tasten der „quertz“-Tastatur, benannt nach den nebeneinander liegenden Buchstaben der oberen Buchstabenreihe, sind nach Häufigkeit ihres Gebrauchs geordnet (vgl. ausführlich zu taktilen Interfaces und zur Geschichte der QWERTZ-Tastatur und möglichen Alternativen Stapelkamp 2013, o.S.).

Das vielleicht größte Problem beim Verfassen längerer Texte: Ihre Finger sind viel zu langsam für Ihren Geist. Dieser ist schon zwei oder drei oder vier Gedanken weiter, hat Sprünge vollzogen, verschiedene Kapitel miteinander verschränkt und Ideen verknüpft. Ihre Finger können dies nicht nachvollziehen und zwingen das Hirn, langsamer zu arbeiten, den Gedanken, der gerade aufgeschrieben werden muss, zu Ende zu führen, niederzulegen. Das heißt aber: Der zeitbezogene Flaschenhals (neudeutsch: Bottleneck), durch den alle Gedanken hindurch müssen, und der eine Engstelle bedeutet, die den gesamten Prozess verlangsamt, ist weder im Intellekt, noch in der Speicherkapazität Ihres Gehirns zu finden, sondern allein der motorischen Umsetzung geschuldet.

Wenn Sie also Ihre Finger trainieren, wenn sie die „Mechanik schmieren", läuft am Ende tatsächlich alles, zumindest was die direkte Umsetzung betrifft, wie geschmiert. Sie ahnen es, die Empfehlung lautet also ganz einfach: Lernen Sie, so viele Ihrer Finger einzusetzen wie möglich. Am besten, Sie trainieren mit allen zehn Fingern zu schreiben. Das kostet Mühe, ich weiß, und es dauert eine scheinbare Ewigkeit, bis man auch nur ansatzweise das Tempo erreicht, das man sich mit zwei oder drei Fingern jeder Hand angewöhnt hat. Wenn es jedoch einmal „Klick" gemacht hat, werden Sie die Fähigkeit nicht mehr missen wollen; weil Sie nämlich dann ein unglaublich effizientes Werkzeug besitzen, das Sie so weit trainieren können, dass sie vielleicht nicht ganz aber beinahe das Tempo erreichen, in dem Sie sprechen, und Ihrem Denken damit näherkommen.

Fingertraining und Optimierung der „Mechanik" wirkt über weite Strecken hinweg exponentiell. Das heißt, jene Energie, die Sie in das Training stecken, hat einen verstärkenden Effekt.

5.4.2.2.3 Tastentraining: nur Übung macht ...

Wenn ich ehrlich bin: Ich persönlich bin bis heute sehr dankbar, dass mich meine Mutter im Alter von 14 Jahren einfach gemeinsam mit meinem Bruder in einem Schreibmaschinenkurs bei der Volkshochschule angemeldet hat. Glücklicherweise hat sie hier keinerlei Diskussion zugelassen und sogar ihre alte „Alpina"-Kofferschreibmaschine als Übungswerkzeug „spendiert". Mit meinem Bruder und dieser pilgerte ich dann einmal die Woche, um „asdf jklö" und später einfache Wörter und Texte zu hämmern. Der eigentliche Effekt stellte sich aber erst ein, als ich begann, Songtexte meiner Lieblingsbands zu sammeln und natürlich mit der Schreibmaschine aufzuschreiben (mein Glück, dass es damals noch nicht das Internet und „Lyrics"-Sammlungen gab).

Motorische Übungen, auch und gerade feinmotorische, benötigen intensives Üben (Erinnern Sie sich noch daran, wie Sie in den ersten Schuljahren Schreiben gelernt haben?). Der Vorteil ist, dass sich bei solchen Übungen Ihr Geist von den Strapazen des wissenschaftlichen Arbeitens erholen kann, denn es werden ganz andere Hirnregionen beansprucht, und die mechanische Übung ist Erholung für das Nachdenken, so, wie Sie eben bei sportlicher Betätigung gut entspannen können. Im Grunde ist das sogar ein guter Vergleich.

Meine klare Empfehlung: Beginnen Sie so früh wie möglich im Studium, sich ein Zehn-Finger-Schreibsystem anzueignen, auch dann, wenn es am Anfang noch schwerfallen sollte. Es zahlt sich zweifelsfrei aus. Ich würde für meinen Lebensweg heute behaupten, dass nahezu meine gesamte spätere Karriere mit auf dieser früh erlernten Fähigkeit basierte. Ich hätte nie neben der erfolgreichen Arbeit als Journalist, Autor, Berater und Wirtschaftsfilmproduzent also neben voller Berufstätigkeit studieren, promovieren und habilitieren können – ohne die Fähigkeit, meine Gedanken schnell und effizient zu erfassen und zu verarbeiten. Das soll hier jetzt nicht „Fishing for Compliments“ sein, nicht als überzogene Selbstdarstellung verstanden werden. Ich möchte den Hinweis damit nur besonders eindringlich platzieren, denn ich kann tatsächlich heute behaupten und formulieren: Vermutlich hat mir in meinem Leben allein eine (fein-)motorische Fähigkeit den größten Ertrag eingebracht. Wenn ich dies so schreibe, überrascht mich das selbst.

Wenn Sie wollen, bekommen Sie hier noch einen, zugegeben banalen,

Merksatz:

Im modernen Leben der „Geistesarbeiter“ zahlt sich ein Zehn-Finger-Schreibsystem in höchstem Maße aus.

Es gibt zwischenzeitlich eine ganze Reihe von Websites, die – auch kostenlose – Trainer für Zehn-Finger-Schreibsysteme anbieten. Geben Sie dazu einfach „Zehn-Finger-Schreiben“+„Trainer“ in die Suchmaschine Ihrer Wahl ein.

Es gibt hierfür einen Test, der sehr einfach ist und Ihnen dabei hilft, die eigenen Fähigkeiten einzuschätzen. Denn motorische Fähigkeiten zeichnen sich insbesondere dadurch aus, dass wir, wenn wir sie einmal erlernt haben, über diese nicht mehr aktiv nachdenken müssen. Unsere Aufmerksamkeit ist nicht länger gebunden. Beim Radfahren können wir über andere Dinge nachdenken, es sei denn, eine Ausnahmesituation erfordert unsere ganze Präsenz. Beim Schwimmen, haben wir es einmal gelernt, müssen wir „nicht mehr denken", es sei denn, wir wollen aktiv unseren Stil verbessern und hier etwas verändern. Gleiches gilt natürlich auch für die „motorische Fähigkeit", Tasten auf einer Tastatur in der richtigen Reihenfolge zu drücken.

Aufgabe 8:

Die Überprüfung ist leicht: Schreiben Sie mehrere Sätze auf Ihrer Tastatur, und prüfen Sie, ob die Suche nach Buchstaben ein aktives Nachdenken, also aktuelle Aufmerksamkeit, von Ihnen fordert. Ist dies der Fall, ist ein Training, wie im vorangegangenen Abschnitt erläutert, zielführend und von ausgesprochenem Nutzen.

Das Problem, wenn Sie sich schon eine möglicherweise ungünstige Routine angeeignet haben, fällt es schwer, aus dem „Automatenmodus" herauszukommen. Das ist dann wie bei einem Leistungssportler, der an ganz feinen Rädchen drehen muss, um vielleicht eine oder zwei Zehntelsekunden auf 100 Meter herauszulaufen. Die Umgewöhnung ist komplex und schwer. Sie fordert für den Moment hohe Leistungen ab. Langfristig aber zahlt sich die Veränderung aus. Verstehen Sie Aufgabe und Hinweis hier als eine Einladung!

5.5 Arbeit im RAW-Modus – Ihr Dokument wächst!

Zurück zum Ernst Ihrer Arbeit, zurück zu Ihrer Gliederung. Ab sofort arbeiten Sie in einem „Raw"-Modus. Das bedeutet, Sie nutzen die besonderen Möglichkeiten der digitalen Textverarbeitung voll aus: bearbeiten, verändern, umstellen, nichts mehr verlieren.

Regel:

Sie arbeiten in und mit einer einzigen Software. Sie arbeiten in einem einzigen Dokument. Dieses ist gleichermaßen Stoffsammlung wie inhaltliches Gerüst. Sie entwerfen also mehr oder weniger Rohtext, von dem Sie wissen, dass er später noch mehrfach zu überarbeiten ist. Wenn

Sie das wissenschaftliche Arbeiten als immer unvollendet, unfertig, erweiterbar bezogen auf ein gewähltes oder verordnetes Thema betrachten, kann dies dabei helfen, sich selbst zu disziplinieren, denn es ist nicht einfach, gewohnte Mechanismen und eingeübte Methoden und Muster zu überwinden. Eine neuronenbasierte Reizautobahn ist eben leichter zu befahren, als wenn man verschlungene Pfade erst noch zu Schnellstraßen ausbauen muss. So ist das mit unserem menschlichen Hirn. Verstehen Sie dieses Buch auch in dieser Beziehung als Mutmacher!

5.5.1 Arbeitsergebnisse und Quellen? Sofort ins Skript!

Ihr Dokument wächst jeden Tag, jede Stunde oder Minute, den oder die sie mit dem Thema verbringen, denn auch alle Rechercheergebnisse fließen ja direkt ein. Hier können Sie also gut überprüfen, ob Sie ausreichend Quellenmaterial gesichtet und integriert haben (wenn zum Beispiel die erlaubte Gesamtseitenzahl bereits nach der ersten Woche Quellenarbeit überschritten ist – und, glauben Sie mir, das kann durchaus passieren – vgl. dazu das Kapitel zur Arbeit mit Quellen).

All jene Dinge, die Ihnen im Rahmen der nun an der zentralen These ausgerichteten Recherche als wichtig erscheinen, die Sie in jedem Fall berücksichtigen und verarbeiten wollen – direkte Zitate zum Beispiel oder paraphrasierte Abschnitte –, alles tragen Sie nun beim Gang durch das Netz und beim Studium in der Bibliothek an jene Stelle Ihrer Gliederung ein, an die es aus Ihrer Sicht gehört. Seien Sie hier möglichst genau, und fügen Sie, wenn eine Aussage oder Quelle nicht ganz zum Abschnitt passt, lieber einen Unter- oder einen Unter-unter-Abschnitt ein, schaffen Sie eine oder gar zwei neue Ebenen. So finden Sie den Gedanken auch dann immer wieder, wenn Sie ausschließlich in der Gliederungsansicht bis Ebene X arbeiten.[17]

Sie werden feststellen, dass sich, je mehr Quellen Sie zum Thema studieren, viele der entdeckten Autoren auf die gleichen Konstrukte beziehen, zu diesen aber unterschiedliche Einstellungen entwickeln. Ist das so, dann haben Sie aus Sicht der wissenschaftlichen Arbeit quasi

17 Zum Auffinden der Stellen nutzen Sie später stets die Suchfunktion. Hier müssen Sie in der Gliederungsansicht alle Textpassagen und Ebenen „öffnen“, damit die gesamte Arbeit durchsucht werden kann.

das große Los gezogen, denn Sie können die unterschiedlichen Betrachtungsweisen integrieren, aufeinander beziehen und möglicherweise eine eigene Position bestimmen, die beide Zugangsweisen synthetisiert. Etwas Besseres als sich widersprechende Autoren finden Sie nicht, dies erlaubt Ihnen nämlich, Ihre Leistung in ein noch strahlenderes (intellektuelles) Licht zu setzen.

Diese Arbeitsweise gibt auch noch etwas anderes vor: Sie werden nämlich mit Quellen ganz anders umgehen. Statt sich auf ein Kapitel zu konzentrieren, dieses fertig zu bearbeiten und alle Quellen, die Sie zu diesem Kapitel zusammentragen, aufeinander zu beziehen und in eine sinnvolle Reihung zu bringen, arbeiten Sie sich von Quelle zu Quelle.

Regel:

Gefundene Quellen strukturieren Ihre Arbeitszeit und Ihr Vorgehen, nicht etwa ausgewählte Kapitel.

Das bedeutet: Sie finden in der Bibliothek zum Beispiel ein sehr passendes Buch, in dem Aspekte für Kapitel 2 generell und ebenso für Abschnitt 3.2.2. und 3.4.6. von Interesse sind. Dann fügen Sie diese Aspekte an den entsprechenden Unterpunkten Ihrer Gliederung direkt ein. Steht in den Unterpunkten bereits Text, dann hängen Sie die neuen Aspekte einfach hintenan oder fügen einen Gliederungspunkt auf der nächstunteren Ebene ein. Um die finale Ordnung in den Unterpunkten kümmern Sie sich erst einmal nicht. Das ist Arbeit, die Ihnen nicht davonläuft und besser später erledigt wird, wenn die größte Zahl der Quellen integriert ist.

Diese Vorgehensweise sichert Ihnen mehrerlei:

- Sie müssen sich Quellen nicht „für später merken“, denn Sie arbeiten sie ja konsequent ab.
- Sie können Literatur mit kurzer Ausleihfrist oder jene aus dem Präsenzbestand nach der Arbeit daran sofort wieder weglegen – und quasi „abhaken“.
- Sie tragen alles, was Sie gearbeitet haben, in einer schlüssigen Datei mit sich.

- Sie müssen sich in einzelne Kapitel nicht immer wieder neu hineindenken.
- Sie unterstützen Ihr Hirn, indem Sie seine Freude an wechselnden Tätigkeiten und Inhalten respektieren.

Sie werden nach einiger Zeit feststellen, dass diese Arbeitsweise Ihrem Denken sehr entgegenkommt. Beim Lesen von Inhalten, die sich auf das Thema beziehen, wird sofort in den Modus geschalten, der überprüft, wo und wie das Gelesene verwertet werden kann, um Ihrem Ziel, eine gute Arbeit zu verfassen, am besten zu dienen.

> **Merksatz:**
> *Es gibt bezogen auf jedes Thema übrigens bis zu fünf Quellen, die sie durchgängig am Arbeitsplatz verfügbar halten sollten, weil Sie gerne immer wieder einmal darauf zurückgreifen möchten. Dies können zum Beispiel vertraute Lehrbücher aus einer zugehörigen Vorlesung sein oder aber Dissertationen, die einen hohen Verwandtschaftsgrad zu Ihrem Thema aufweisen. Auch ins Zentrum Ihres Interesses vorstoßende Beiträge in wissenschaftlichen Zeitschriften wären hier zu erwähnen. Achten Sie darauf, dass die Zahl dieser „Habenwollen"-Quellen die Zahl von fünf nicht überschreitet. Ansonsten wird es etwas unübersichtlich.*

Nutzen Sie beim Erfassen Ihrer Quellen (mehr dazu folgt in Band 2 des ‚Writing Code') alle Möglichkeiten, die Ihnen das digitale Zeitalter bietet. Erfassen Sie, auch darauf soll an dieser Stelle schon einmal verwiesen sein, alle Quellen unmittelbar dann, wenn Sie sie das erste Mal in der Hand halten oder auf dem Schirm haben, in einer eigenen Datei oder am Ende Ihres Dokumentes. Sie können im zweiten Fall mit „geteiltem Bildschirm" arbeiten, wenn Sie mit Index und Literaturverweis arbeiten wollen. In gleicher Weise können Sie Literaturerfassungsprogramme verwenden, die im Regelfalle sehr gut in die Textverarbeitung integriert sind (als Standard hat sich in den Sozialwissenschaften hier, wie bereits erwähnt, weitestgehend Citavi durchgesetzt, das als Plugin auf der Windows-Ebene in Word integriert ist).

5.5.2 „Schreiben“ im RAW-Modus? Selbstverständlich!

Lassen Sie uns, an diesem Punkt angelangt, einen großen Schritt vollziehen. Gehen wir einmal davon aus, Sie haben Ihr Thema ausreichend bearbeitet und erfasst. Sie haben Quellen in genügender Anzahl bearbeitet und in Ihr Manuskript aufgenommen. Sie haben auch bereits Ihre Methode angewandt, falls Sie zusätzlich zur Quellenarbeit mit einem empirischen Ansatz arbeiten. Sie haben Ihre Studie sorgfältig durchgeführt und ausgewertet, und Sie haben bereits auch die Ergebnisse zusammengefasst und diese jeweils den Abschnitten Ihrer Gliederung zugewiesen, beziehungsweise in diesen Abschnitten die Ergebnisse schlüssig dargelegt. Dann stehen Sie, wenn Sie in der beschriebenen Art und Weise vorgegangen sind, vor einem interessanten aber wohl kaum einreichbaren Steinbruch.

Ist dies der Fall, dann haben Sie alles richtig gemacht!

5.5.2.1 Im Schreibmodus wird der Steinbruch sortiert

Der nächste Schritt wird sein, in diesem Steinbruch die herumliegenden Brocken wie ein Steinmetz mehr oder weniger filigran zu bearbeiten und zu gestalten, mit Weitblick, Kreativität, Geduld und insbesondere: mit Disziplin. Dieses Bearbeiten können Sie jeweils auch mit „Halbfertigprodukten“ vollziehen. Das heißt, hängen Sie bei der weiteren Recherche oder Datenauswertung, ziehen Sie die Schreibtätigkeit vor. Wichtig dabei ist die Einhaltung der folgenden Regel:

> **Regel:**
>
> *Der ‚Writing Code' gibt auch für diese Arbeit eine Abfolge vor: Beginnen Sie auf der untersten Gliederungsebene. Beginnen Sie immer mit jenen Kapiteln die die tiefste Gliederung aufweisen.*

In die Praxis umgesetzt bedingt diese Regel: Wenn Sie maximal vier Ebenen ausgewiesen haben, dann beginnen Sie auf der vierten. Sie werden feststellen, dass nicht alle Ihre Kapitel vier Ebenen benötigen,– sondern jener Bereich, der insbesondere in die Tiefe des Themas vordringt, diese feinste Gliederungsebene benötigt. Gestalten Sie jeden dieser Abschnitte auf der untersten Ebene schlüssig, indem Sie:

- eine Reihenfolge der darin enthaltenen „Steinbruch-Elemente“ festlegen,
- Quellen auf diese Weise logisch ordnen und miteinander verschränken.

Dies sorgt für analytische und eine nicht deskriptive Darstellung (vgl. die Abschnitte zur Bewertung und die Gutachten in Kapitel 4), und dies erbringt garantiert Pluspunkte). Denken Sie daran, dass Sie unpassend wirkende Bestandteile des Steinbruches jederzeit an einer anderen Stelle platzieren oder auch mutig eliminieren können. All jene Dinge, die nicht auf Ihre These oder ihre sinnvolle Erweiterung zugeschnitten sind, können Sie getrost weglassen. Der Vorteil dieser „kleinteiligen“ Arbeitsweise in der Tiefe der Arbeit liegt fraglos in der Überschaubarkeit der Aufgabe. Die gesamte Leistung wird auf diesem Weg, wie gefordert, „kleingerechnet“, heruntergebrochen, und Sie machen es Ihrem Hirn leicht.

Kommen Sie an eine Grenze, meldet sich eine Denkblockade, dann arbeiten Sie an anderer Stelle auf der untersten Gliederungsebene weiter. Einleuchtenderweise ist es dann sinnvoll, einen Abschnitt zu bearbeiten, der inhaltlich eher weiter entfernt liegt. Denken Sie daran, dass Sie auch im Alltag, den Sie mit Ihrer Arbeit verbringen, stets zwischen Tätigkeiten zur Informationsgenerierung und solchen zur Aufbereitung derselben wechseln können. Sie können also auch schon am ersten Tag mit dem Schreiben, also der Ordnung, beginnen. Dies machen Sie abhängig davon, wie es Ihre Psyche erfordert oder mag. Sie können auch einzelne Kapitel fertigstellen und sich dann einem weiteren, anderen Kapitel zuwenden, den ‚Writing Code‘ sozusagen Schrittweise anwenden. Von der Logik her gesehen, werden Sie jedoch auf jeden Fall die erste und zweite Gliederungsebene am Ende noch einmal „in die Hand nehmen“ und so zusammenführen, dass sich die Arbeit aus einem Guss präsentiert.

Der ‚Writing Code‘ empfiehlt, Recherchieren, also: „Forschen“, und Schreiben nicht voneinander zu trennen. Dies mag möglicherweise jeweils vom Typ abhängen, denn in den auch hier verwendeten Erfahrungsberichten wird häufiger genannt, dass Recherche- und Schreibphase erfolgreich voneinander abgekoppelt werden. Diesen Typen kann die Systematik des ‚Writing Code' ebenfalls helfen. Denn Sie können natürlich auch zuerst die Recherche abschließen und sich dann im Anschluss schreibend von unten nach oben arbeiten.

Erfahrungsbericht: Es gibt immer etwas, das einen ablenkt!

Mein allererster, wahrscheinlich etwas banaler Tipp, der für mich aber Gold wert war, lautet: Niemals zu Hause arbeiten. Es gibt einfach IMMER etwas, das einen ablenkt, sei es das Geschirr, der Fernseher oder das Internet. Also: einen internetlosen Raum suchen, und los gehts. Dann: Pausen machen – und zwar häufig. Mindestens alle 90 Minuten raus gehen, für zehn Minuten frische Luft atmen, Hirn durchpusten (klingt doof, hilft aber). Mir hat es sehr geholfen, die Lektüre- und Schreibphase strikt voneinander zu trennen. Wenn die erste abgeschlossen ist, sollte die strikte Devise lauten: Keine neuen Texte mehr. Ich habe es gar so gemacht (allerdings aus Zeitnot, da ich meine Arbeit ja in meinem Jahresurlaub geschrieben habe, als ich schon im Beruf war): Ich habe mir alle Literaturhinweise, die mir wichtig erschienen, im Vorfeld notiert oder die Stellen mit Vor- und Nachklapp kopiert und wirklich nur das (nicht die ganzen Bücher) an die Nordsee mitgenommen, wo ich mich drei Wochen zum Schreiben hinbegeben habe. Das war der pure Luxus (ich hatte Glück, denn in unserer Familie gibt es jemanden, der auf Juist eine Wohnung hat, und dort konnte ich – ohne Internet! – umsonst wohnen). Ich war also völlig auf mich zurückgeworfen, hatte nur mein Sujet und die zuvor zurecht gelegte Literatur und musste damit zurechtkommen. Das ist vielleicht nicht die Voraussetzung, um eine Dissertation zu schreiben, aber es reicht, um eine gute, fokussierte Haus- oder Abschlussarbeit zu verfassen. Und es hat den unschlagbaren Vorteil, dass man sich nicht verzetteln kann. Denn ich kenne so irre viele Leute, die hier noch was gelesen haben und da noch eine Studie ausgewertet, dass sie am Ende vor einem kaum bewältigbaren Berg an Information standen.

Zuletzt noch ein Hinweis zur Planung, und das schließt unmittelbar an den letztgenannten Punkt an: Es bedarf einer konkreten

These, auf die man hinschreiben, an der man sich abarbeiten kann. Wenn man die These selbst nicht stark oder interessant findet: wegwerfen. Man kann nur substanziell und gut über etwas schreiben, dass einen interessiert. Jedenfalls gilt das für die meisten von uns.

Daniel Müller

5.5.2.2 Das Qualitätsprinzip: Von unten nach oben!

Erst dann, wenn Sie auf der untersten Gliederungsebene fertig zusammengefasst, geordnet und einen ordentlichen Fließtext für jeden Abschnitt erstellt haben, der die enthaltenen Aspekte, die dort aufgeführten Beschreibungen, Argumente, Thesen und Begründungen in eine sinnreiche Reihenfolge bringt – hierfür müssen Sie mehrfach, erfahrungsgemäß mindestens drei Mal, über die Abschnitte gehen – erst dann machen Sie auf der nächsten, nun übergeordneten Ebene weiter. Hier dürfen Sie nicht vergessen, dass ein Grund für die Abstufung bestehen muss. Dieser Bereich hat dann schon die tieferliegenden Gliederungsebenen übergreifend zu umfassen und eine höhere Sinneinheit zu repräsentieren. Sie können sich immer und zu jedem Zeitpunkt dazu entscheiden, die Ebene zu verändern – schließlich arbeiten Sie ja in der Gliederungsansicht. Ein einfacher Tastendruck genügt dafür (zum Beispiel auf die Tabulatortaste in ‚Word für Windows'). Gönnen Sie sich die Freiheit, dies tatsächlich auch noch in der letzten Überarbeitungsphase zu entscheiden.

Auf diese Weise „hangeln" Sie sich bis zur höchstrangigen Gliederungsebene empor, auf dieser wird es Ihnen nun gelingen nach bestem Wissen und Gewissen zu aggregieren, zusammenzufassen und den Gang Ihrer Untersuchung darzustellen. Da Sie nun um alles wissen, was Sie in den Unterkapiteln und Abschnitten schreiben, schließlich haben Sie sich intensiv mit den Inhalten auseinandergesetzt und diese mehrfach bearbeitet, können Sie auf diesen Ebenen wissend, eher sogar weise Ihre Leser führen. Sie erheben sich über die Kapitelinhalte und schaffen Leuchttürme, die die unterschiedlichen Aspekte miteinander verweben (zum Begriff der Leuchttürme vgl. 1.2.19).

Sie werden, je höher die Aggregationsebene, desto eher in die Versuchung kommen, den Text flüssig durchzuschreiben. Nutzen Sie dies aus, und verhalten Sie sich entsprechend. Da Sie mittlerweile Ihre Arbeit sehr gut kennen und sich auch mit den Quellen in aller Tiefe auseinandergesetzt haben, fallen Ihnen auf der höheren Aggregationsebene die entsprechenden Quellen nicht gleich ein – vielleicht nur der Autor aber weder Jahres- noch Seitenzahl – unterbrechen Sie Ihren Schreibfluss dann nicht, sondern schreiben Sie weiter, und hinterlassen an der entsprechenden Stelle einen Vermerk. Bei mir sind dies stets drei X, die hintereinander geschrieben werden. Sie können ebenso gut drei Fragezeichen eingeben oder sich ein Sonderzeichen überlegen, das diese Stellen kennzeichnet. Am Ende der Arbeit wählen Sie dann über die Suchfunktion im Text genau diese Fragezeichen-Stellen an und bearbeiten diese konkret, indem Sie nach der Quelle schauen, die Jahreszahl noch einmal überprüfen oder eine Seitenzahl auswählen. Sie werden merken, dass dies ein wichtiges Hilfsmittel ist, wenn man sich gerade positiv im Flow (vgl. Abschnitt 3.1.2.5) befindet.

Erfahrungsbericht: Forschung und Schreiben trennen![18]

Mir hat es während der Diplomarbeit sehr geholfen, nichts anderes zu tun zu haben. Ich konnte sechs Monate nur das eine Ding machen. Das ist Luxus, aber ich kann es jedem nur empfehlen. Keine Wecker stellen, in einen natürlichen Schlafrhythmus einpendeln und genug Zeit haben, um zwischendurch mit gutem Gewissen etwas anderes zu machen. Dann klappt das auch mit der Abschlussarbeit. Ich habe die Diplomarbeit in der Zeit als einen Job im Homeoffice mit frei wählbaren Arbeitszeiten betrachtet. Das geht natürlich nur, wenn man sich trotzdem Ziele setzt. Mir hat es geholfen, die Zeit in einen Forschungsabschnitt und einen

18 Dieser Erfahrungsbericht soll Ihnen auch zeigen, dass der ‚Writing Code' Optimierungs- und Effizienzratschläge bündelt. Sie müssen dennoch Ihren ganz individuellen Weg finden. Hanno Terbuyken hat konsequent Recherche und Verschriftlichung getrennt. Meine Empfehlung wäre hierbei: Probieren Sie aus, ob dies auch für Ihr Thema und bezogen auf Ihre Arbeitsweise eine Alternative darstellen kann. Testen Sie aber auch auf jeden Fall die Variante, beide Arbeitsschritte parallel zu organisieren (für mich läge hier aus meinem Erfahrungsspektrum die Präferenz).

Schreibabschnitt zu teilen und beim Schreiben dann in Seiten pro Woche zu denken. Dann hatte ich in der Woche genug Flexibilität, einen Tag lang vor der Konsole zu verbringen, und trotzdem ausreichend Druck, um die Arbeit auch wirklich zu machen. Mein Schlafrhythmus lag übrigens sehr bald bei zwölf Stunden: Aufstehen um 15 Uhr, einschlafen um drei Uhr. So lange die Bibliotheken nicht um 18 Uhr zumachen, geht das auch.

Hanno Terbuyken

5.5.2.3 Der Textkörper steht – und dann?

Nun haben Sie Ihre Arbeit komplett durchgestaltet, haben nach dem Prinzip von unten nach oben die Abschnitte und Kapitel beginnend mit der untersten Gliederungsebene der Abschnitte und endend auf Kapitelebene durchgestaltet. Sie haben eine klare Struktur und begleiten den Leser vorbildlich durch die Kapitel.

Was nun? Ganz einfach!

Regel:

(Fast ganz) zum Schluss schreiben Sie den Schluss. Ziehen Sie ein Gesamtfazit, bieten Sie Anknüpfungspunkte für die weitere, die zukünftige Forschung, und fassen Sie die wesentlichen Erkenntnisse noch einmal zusammen.

Im Fazit treten Sie selbst als Autor der Arbeit deutlich zutage, hier liegt der Kulminationspunkt aller Erkenntnisse, die Sie im Laufe von Wochen und Monaten gesammelt haben, und hier zeigt sich, ob Sie Ihr Thema beherrschen. Ist dies der Fall, dann können Sie hier jenes Selbstbewusstsein zeigen, das sich im Grunde alle Gutachter wünschen.

Hier dürfen Sie noch einmal Ihre Daten und Materialien interpretieren und eine sorgfältige Argumentationskette ausbreiten. Denken Sie daran, dass alle Sachaussagen (über Verweise auf Quellen oder Ihre Kapitel, Abschnitte und Unterabschnitte) zu belegen sind. Sie müssen in jedem Fall auf Ihre Ausgangsfragestellung – und, richtig, auf Ihre Ausgangsthese – eingehen. Treffen Sie also hier eine Aussage oder

Einschätzung zur These, kommentieren Sie ‚Verwerfen' oder ‚Bestätigen' auf Ihre Weise und mit Ihren Argumenten.

5.5.2.4 Mit dem Schluss ist Schluss? Nicht ganz!

Wenn das Fazit steht, ist die Arbeit keinesfalls vollständig abgeschlossen. Denn nun dürfen Sie alle Überschriften noch einmal prüfen und bearbeiten (Abschnitt 5.5.2.4.2), und Sie müssen die Einleitung verfassen (Abschnitt 5.5.2.4.1). Sie haben richtig gelesen!

5.5.2.4.1 Die Einleitung krönt die Mühen

Regel:

Die Einleitung schreibt man ganz zum Schluss – sie ist das Tor zu Ihrer Arbeit, sie soll Geschmack machen, sie soll Ihre Leser „anfixen", soll sie neugierig machen und mit Wissbegierde die folgenden Seiten aufschlagen lassen. Die Einleitung ist entscheidend für den Erfolg Ihrer Arbeit, dafür, ob Sie sehr genau und mit Interesse gelesen oder ob die der Einleitung folgenden Seiten lustlos durchgeblättert werden.

Sie haben es in der Hand. Deshalb macht die Einleitung Werbung, präsentiert sie die zentrale Frage, zeigt sie in der These Ihre Haltung und führt die wesentlichen Erkenntnisse bereits auf. Diese dürfen tatsächlich vorweg genommen werden, eine finale Aussage zur Ausgangsthese wird noch nicht getroffen (dies folgt im Fazit am Ende der Arbeit). Aber die entscheidenden Erkenntnisse, die beispielsweise eine empirische Untersuchung erbracht hat, dürfen hier in knapper Form dargestellt werden. Zeigen Sie in der Hinführung zu Ihrer Forschungsarbeit, was der Leser zu erwarten hat, worauf er sich freuen darf, und legen Sie hier schon den roten Faden aus, der verdeutlicht, welche Schritte Sie nacheinander vollziehen, und welche Abschnitte der Arbeit besonders viele neue Erkenntnisse enthalten werden. All dies können Sie nur darstellen und vorführen, wenn die Arbeit weitestgehend steht.

Häufige Fehler beim Verfassen des Einstiegs:

1. Es wird vom Leser zu viel erwartet. Es wird vorausgesetzt, dass er sich im Thema bereits ausreichend auskennt, dass er bestimmte Werke rezipiert und wesentliche Erkenntnisse oder Thesen auf Abruf hat. Gute wissenschaftliche Arbeiten lesen sich in der Tat

voraussetzungslos. Sie bedürfen möglicherweise der Ergänzung durch weitere Literatur, zum Beispiel Standardwerke des Faches, aber im Grundsatz sind sie solitär, das heißt, sie stehen für sich, und sie können eben auch so gelesen werden.

2. Es wird lang und breit darüber berichtet, was den Autor für das Thema eingenommen und interessiert hat. Die Motivation wird also bis in Details hinein erklärt. Überhaupt: Achten Sie auf jene Stellen in Ihrer Arbeit, an denen Sie dazu neigen, sich selbst zu erklären. Nehmen Sie den Leser mit auf Ihre persönliche Reise, und erklären Sie genau, warum Sie was wie machen. Aber versuchen Sie eine Rechtfertigungshaltung zu vermeiden, denn Ihr Thema ist für das Fach, für die Forschung, die Wissenschaft und somit am Ende für die Gesellschaft relevant. Sonst wäre es kein Thema! Dies ist im Übrigen auch eine Einladung, groß (naja, zumindest größer) zu denken.
3. Die Struktur und Systematik wird additiv dargestellt. Das bedeutet: Erst habe ich das gemacht, dann das, dann folgt dieses und jenes, und am Ende habe ich folgende Schlüsse gezogen. Es ist durchaus angebracht und richtig, den Gang der Untersuchung kurz darzustellen. Versuchen Sie hier allerdings Ihre Fähigkeit zur Analyse einzubringen und nicht additiv Ihre Tätigkeiten zu beschreiben. Also lieber: „Für die konsequente Anlage der empirischen Vorgehensweise müssen die zentralen Begriffe A und B diskutiert werden. Dies ist die Voraussetzung, um sinnreiche Hypothesen bezogen auf die Zielgruppe N abzuleiten“, anstatt: „Zuerst werden die Begriffe A und B diskutiert, dann der Stand der Literatur in Kapitel X aufbereitet, hieran schließt sich die Ableitung der methodischen Vorgehensweise an...“. Erkennen Sie den Unterschied? Was lesen Sie persönlich lieber? Eine rhetorische Frage, ich weiß.
4. Die Einleitung birgt das Risiko erheblicher Redundanzen, sie stellt das Erforschte auf die gleiche Weise dar, wie es später in den Kapiteln erfolgt. Die Haltung beim Schreiben der Einleitung muss aber eine andere sein. Hier erhebt sich der Autor über das Thema, nimmt quasi eine Metaperspektive ein, entfernt sich gleicher-

maßen ein wenig von seinem Text und kommt ihm dabei besonders nahe. Das mag paradox klingen. Aber Einleitungen, die erst nach ein paar Tagen Pause verfasst sind, gelingen besser als jene, die sofort und unmittelbar (und dann zumeist mit gefühltem Zeitdruck) geschrieben werden. Empfehlung deshalb: Bevor Sie Schluss und Einleitung verfassen, ziehen Sie Schritte, die Sie für die Folgezeit geplant haben, vor: zum Beispiel Korrekturlesen, Kürzungen, Gegenlesen durch Kommilitonen etc.

5. Die Bedeutung der Einleitung wird ganz generell unterschätzt. Dies ist weit verbreitet. Die Einleitung wurde irgendwann geschrieben – zumeist in der ersten Hälfte der Bearbeitungszeit – und dann nie wieder so richtig angefasst. Damit liest sie sich so, als wäre ihr Autor noch nicht ganz auf der Höhe des Themas, als hätte er sein Feld noch nicht bestellt oder nicht so richtig und ganz durchdrungen. Häufig erfolgt eine „Synthese“ der Gedankenstränge erst auf den „letzten Metern“, erst ganz am Ende der Arbeit, vielleicht sogar in den letzten Tagen. Dann fügt sich im Kopf bezogen auf das Großprojekt Abschlussarbeit alles zu einem großen Ganzen zusammen. Diesen Punkt muss man abwarten, bevor man sich an die Einleitung macht.

Erfahrungsbericht: „Den gesunden Bereich finden!“

Das Wichtigste ist: Zeitdruck, und zwar eine gesunde Form davon, also gerade so viel, dass Dinge keinen Aufschub mehr erlauben und erledigt werden müssen. Allerdings darf die Zeit nicht so knapp werden, dass es nicht mehr zu schaffen ist. Den gesunden, orangenen Bereich beim Zeitdruck zu finden, dabei nicht ins Rote (= Unmögliche) oder Grüne (= Sichere) abzurutschen, das ist die Kunst. Das gilt aber nicht nur für Abschlussarbeiten.

Marc Krüger

5.5.2.4.2 Überschriften? Erklären Sie sich!

Sie haben durchgängig in der Gliederungsansicht gearbeitet. Dann wäre es nach Abschluss aller Arbeiten an der Zeit, noch einmal über die Überschriften der verschiedenen Ebenen zu schauen. Ziel Ihres Inhaltsverzeichnisses muss am Ende sein, möglichst viel bereits in und mit dieser Übersicht kurzer Zeilen zu erklären. Deshalb ist es wichtig, zum guten Ende auf die Überschriften zu schauen, diese genauer zu fassen und aufeinander abzustimmen. Hübsch wird ein Inhaltsverzeichnis dann, wenn die Titel auf den unterschiedlichen Ebenen jeweils eine ähnliche Länge besitzen, eventuell auch ähnlich gestaltet sind, beispielsweise stets einen Gedankenstrich oder einen Doppelpunkt aufweisen und zwei Gedanken verarbeiten. In wissenschaftlichen Arbeiten sollten die Titel auch erklären, was inhaltlich im angegebenen Abschnitt zu erwarten ist.

Sie müssen nun in diesem finalen Überarbeitungsschritt zwei Überlegungen anstellen:

1. Ist die Gliederung logisch und konsequent? Muss noch etwas umgestellt werden? Kann sich ein unvoreingenommener Leser leicht orientieren? Wird der Leser an die Hand genommen und geführt? Ist die Argumentationskette bezogen auf die zentrale Fragestellung und These auch bereits in und mit dem Inhaltsverzeichnis nachzuvollziehen?
2. Sind die Überschriften in sich jeweils konsistent? Wird an ihnen deutlich, was im dazugehörigen Abschnitt beschrieben oder diskutiert wird? Bilden sie eine ideale Kombination aus inhaltlichem Wert und Leseanreiz?

Aus diesen Überlegungen wird die Aufgabe von Überschriften ersichtlich: Sie ordnen, schaffen Struktur und Logik, sie führen den Leser, sie machen aber im gleichen Moment Lust darauf, den dazugehörigen Abschnitt oder das Kapitel zu lesen, das sie einführen. Erinnern Sie sich noch an die Regel im Abschnitt 5.3.1: „Nehmen Sie nichts in Ihre Gliederung auf, das nicht direkt mit Ihrer zentralen Frage oder These in Verbindung steht!"? Deren Einhaltung können Sie in diesem abschließenden Schritt noch einmal gut überprüfen!

5.6 Checkliste – die Praxis des ‚Writing Code'

Sie mögen vor den zahlreichen Regeln und Hinweisen des ‚Writing Code' kapitulieren wollen, doch mit einigen wenigen Basics verändern Sie Ihren Arbeitsstil so nachhaltig, dass es immer leichter wird, zusätzliche Aspekte zu integrieren. An dieser Stelle soll in Form einer Checkliste noch einmal die Essenz gebildet werden. Aber vielleicht ist ja der Tipp im vorangestellten Erfahrungsbericht viel wichtiger.

Erfahrungsbericht: Ohne Entspannung ist alles nichts!

Entspannung ist das A und O: Jeder Arbeitsplan und jedes Konzept haben mich kaum je vor dem Stress bei Abschlussarbeiten bewahrt. Das könnte jedoch auch daran liegen, dass ich unter Druck zu Hochform aufblühe. Dennoch konnte ich mit einem eher simplen Trick den Stresslevel minimieren: Akupunktur oder die Entschleunigungskur. Oftmals ist man von den täglichen Informationseinflüssen und den gefühlten tausend Eindrücken überwältigt, und ein klarer Kopf fehlt. Genau diese Klarheit ist für eine gute Abschlussarbeit aber unerlässlich. Um meine Gedanken zu ordnen und nicht immer dem ersten Impuls zu folgen, habe ich in der Anfangs- und in der Schlussphase einer Arbeit jeweils Akupunktur-Sitzungen besucht. Mit Nadeln im Gesicht und am ganzen Körper kann man nicht einmal so auf die Schnelle aufspringen und die erstbeste Idee vertexten. Man muss mindestens eine Stunde eine Idee und seine Gedanken dazu reifen lassen. Dies entspannt und macht im Optimalfall auch die Arbeit besser.

Das hat tatsächlich gewirkt, oder besser gesagt: Ich habe bestanden und bin nicht zusammengebrochen.

Nadja Kohler

Nun aber, die Checkliste zum ‚Writing Code':

1. Steht das Thema, haben Sie einen passenden Titel gefunden (mehr dazu im zweiten Band), dann erstellen Sie in kurzer Zeit eine Gliederung. Diese bleibt vom ersten bis zum letzten Tag flexibel. Das bedeutet:

a) Sie können jederzeit Abschnitte zusammenlegen, löschen, neu hinzufügen und umsortieren.
b) Sie geben sich und Ihrer Arbeit vom ersten Moment an Struktur und gliedern möglichst über mehrere Ebenen hinweg.
c) Sie formulieren die Arbeitstitel Ihrer Kapitel und Abschnitte aus, sodass hier inhaltliche „Kennungen" entstehen.
d) Drucken Sie sich die erste Fassung Ihrer Gliederung aus, oder speichern Sie diese ab. Vergleichen Sie später die erste mit der finalen Gliederung. Sind diese Dokumente in zentralen Bereichen, also dort, wo Ihre Arbeit in die Tiefe geht, sehr unterschiedlich, dann haben Sie alles richtig gemacht.

2. Sie erfassen alle inhaltlichen Aspekte sofort in Ihrer Arbeitsdatei. Es wird also auch direkt in das Manuskript exzerpiert. Nutzen Sie dabei direkte und indirekte Rede, sowie die Paraphrase (dazu ebenfalls mehr im zweiten Band des ‚Writing Code').
3. Erfassen Sie sofort bei erstmaliger Verwendung die Quellenangaben in Ihrem Literaturverzeichnis oder in der Quellendatenbank ihrer Arbeit.
4. Schreiben Sie nie linear, schreiben Sie von ‚unten nach oben' oder auch von ‚innen nach außen'. Beginnen Sie auf der untersten Gliederungsebene, und arbeiten Sie sich nach oben. Sie können die gesamte Arbeit oder einzelne Kapitel nach dieser Methode abschließen.
5. Sie können die Arbeit am „theoretischen" Teil und jene an der Empirie (falls Sie eigene Daten und Untersuchungen durchführen) voneinander trennen. Die Empfehlung des ‚Writing Code' wäre jedoch: Mischen Sie bewusst unterschiedliche Tätigkeiten, arbeiten Sie zum Beispiel eine Stunde lang an der Zusammenstellung von Quellen, die folgende Stunde dann an der Konzeption Ihres Fragebogens. Bei aller Konzentration: Ihr Hirn liebt die Abwechslung.
6. Geben Sie sich im Arbeitsrhythmus die Chance, in den „Flow" zu kommen, indem Sie sehr bewusst mit Ablenkung umgehen,

also sehr genau definieren, in welchen Arbeitsphasen Sie ungestört bleiben, beziehungsweise wann und wo Sie Störungen bewusst zulassen wollen.

a) Das bedeutet, sein Leben zu „gestalten", sich einen Rahmen zu setzen und Selbstdisziplin zu entwickeln. Das ist beim Ablenkungsangebot nicht so wirklich leicht.
b) Wenn Sie anfällig für Ablenkungen jeder Art sind, versuchen Sie die Zeit zu verkürzen, wieder in das ursprüngliche Thema zurückzufinden (das kann man tatsächlich trainieren; Ihr Hirn wird dies sehr mögen!).
c) Finden Sie darüber hinaus jene Arbeitsplätze, an denen Sie sich wohlfühlen, an denen Sie gerne und erfolgreich arbeiten. Testen Sie verschiedene Umgebungen.

7. Arbeiten Sie ausschließlich mit einer Datei, am besten in der Cloud. Nutzen Sie verschiedene Endgeräte, probieren Sie dies zumindest aus. Wenn Sie nicht an Ihrem Manuskript sitzen, tragen Sie stets eine Möglichkeit bei sich, Notizen zu machen. Die besten Ideen kommen oft beim Sport, beim Abschalten und Ausspannen (vor diesem Hintergrund: Es kann sehr sinnvoll sein, in intensiven Arbeitsphasen den Medienkonsum einzuschränken und echte Hirn-Beruhigungsphasen zu ermöglichen, mit Spazierengehen, Schweigen, Dösen, gutem Essen).
8. Setzen Sie Leuchttürme: Das heißt, leuchten Sie das Feld an wichtigen Übergängen in Ihrer Arbeit jeweils über die Abschnittsebenen oder die Kapitelübergänge hinweg mit einem 360-Grad-Blick aus: Nehmen Sie den Leser an die Hand, und führen Sie ihn durch den Text.
9. Egal ob theoretischer oder empirischer Ansatz: Schreiben Sie das Fazit, das immer auch einen Ausblick und die kritische Reflexion der eigenen Vorgehensweise beinhalten sollte erst dann, wenn alle Kapitel durchkomponiert sind. Ihre innere Haltung sollte dabei ebenso selbstbewusst wie selbstkritisch, in bester Weise also die eines Wissenschaftlers sein.

10. Schreiben Sie die Einleitung ganz zum Schluss Ihrer Arbeit. Nehmen Sie erste Ergebnisse dort bereits vorweg. Perfekt wäre, wenn man mit der durchgängigen Lektüre von Einleitung und Fazit die Logik der Arbeit, ihre Vorgehensweise und Struktur in Gänze erfasst.
11. Gestalten Sie nun final Ihre Gliederung, indem Sie die Überschriften aufeinander abstimmen. Achten Sie darauf, dass die Überschriften inhaltlich gehaltvoll sind und man allein aus der Lektüre des Inhaltsverzeichnisses gut erkennen kann, wie Sie vorgehen.
12. Bereiten Sie sich auf das Kolloquium, beziehungsweise die Disputation vor, indem Sie vor allem jene Aspekte des folgenden Kapitels mit einbeziehen, die auf die kritische Betrachtung (mit zeitlichem Abstand) Ihrer eigenen Arbeit abzielen.

6 Schlussakt: Verteidigung, Kolloquium, Disputation

6.1 Mit der richtigen Vorbereitung ein Kinderspiel

Universitäten und Hochschulen zeichnen sich hierzulande oft durch sehr individuelle Prüfungsordnungen und Regelungen zum Prüfungsablauf aus. Interessanterweise begegnen dem Dozenten häufig selbst noch in der Abschlussarbeitsphase Studierende, denen die eigene Prüfungsordnung noch nicht ans Herz gewachsen ist. Dabei zählt dieses Dokument zum Wichtigsten, was es in Zeiten von Bologna an einer Hochschule gibt. Die Prüfungsordnung – kurz PO oder BPO (für Bachelorstudiengänge) und MPO (für Masterprogramme) – beziehungsweise die Promotionsordnung

- regelt alle Prüfungsanalgelegenheiten, die sich auf den jeweilig angestrebten Abschluss beziehen,
- enthält verbindliche Hinweise zu „Credit-Points", kurz CP und zum „Workload" (also zum gedachten Arbeitsumfang) eines Studienganges,
- listet alle Module und ihre Semesterlage sowie die zu erbringende Prüfungsleistung auf und
- stellt einen Vertrag im Sinne einer Selbstverpflichtung der Hochschule dar.

Daneben benötigen Sie für tiefergehende Informationen noch das Modulhandbuch, das die einzelnen Lehrveranstaltungen und Module mit Lernzielen versieht und inhaltlich detailliert erläutert.

Bevor Sie Ihre Bachelorarbeit anmelden, sollten Sie also „Ihre" PO sorgfältig gelesen haben, insbesondere natürlich die Abschnitte zur Abschlussarbeit und etwaigen mit dieser verbundenen zusätzlichen Prüfungsleistungen. Sehr häufig wird seit der Bologna-Reform nicht mehr länger nur jeweils eine Note von zwei Gutachtern zusammengerechnet, um eine Abschlussarbeit zu bewerten, sondern es ist ein zusätzliches Kolloquium vorgesehen, in dem Sie Ihre Arbeit verteidigen müssen.

Dies kann in einer Prüfungsordnung (hier eine BPO) zum Beispiel wie folgt umgesetzt sein:[19]

Beispiel einer gültigen Bachelor-Prüfungsordung – hier mit den für das Kolloquium relevante Paragrafen

§ 18 Umfang und Art des Kolloquiums

(1) Im Kolloquium hat die oder der zu Prüfende in einer Auseinandersetzung über ihre/seine Bachelorarbeit nachzuweisen, dass sie oder er in der Lage ist, fächerübergreifend und problembezogen Fragestellungen aus dem Bereich dieser Fachrichtung selbstständig auf wissenschaftlicher Grundlage zu bearbeiten und die Arbeitsergebnisse in einem Fachgespräch zu vertiefen.

(2) [1]Das Kolloquium wird gemeinsam von den Prüfenden der Bachelorarbeit als Einzelprüfung oder Gruppenprüfung durchgeführt. [2]Die Dauer des Kolloquiums beträgt je zu Prüfender oder zu Prüfendem mindestens 30 Minuten und soll 60 Minuten nicht überschreiten. [3]Es ist ein Ergebnisprotokoll anzufertigen und von den Prüfenden zu unterschreiben.

(3) [1]Das Kolloquium ist grundsätzlich hochschulöffentlich. [2]Auf Antrag der oder des zu Prüfenden kann die Öffentlichkeit jedoch ausgeschlossen werden. [3]Die Zulassung von Zuhörerinnen und Zuhörern erstreckt sich nicht auf die Beratung und Bekanntgabe des Prüfungsergebnisses an die zu Prüfende oder den zu Prüfenden. [4]Bei einem Verstoß gegen die ordentliche Abhaltung der Prüfung (Ordnungsverstoß) können Zuhörerinnen und Zuhörer von der/dem Erstprüfenden von der Prüfung ausgeschlossen werden.

§ 19 Zulassung zum Kolloquium

[1]Zum Kolloquium ist zugelassen, wer die Voraussetzungen nach § 27 Abs. 1 erfüllt, alle zugehörigen Prüfungsleistungen bestanden hat, sich formgerecht angemeldet hat und wessen Bachelorarbeit von der/dem Erstprüfenden vorläufig mit mindestens „ausreichend" bewertet ist. [2]Das Kolloquium soll innerhalb von sechs Wochen nach Abgabe der Ba-

19 Der Text ist wie ein Gesetzes- oder Vertragstext gefasst. Dies ist deshalb der Fall, weil er zur Grundlage juristischer Auseinandersetzungen werden kann. Sie studieren in einer Prüfungsordnung, und die Aspekte dieser Ordnung sind jederzeit vor dem zuständigen Verwaltungsgericht einklagbar. Sie können sich im Rahmen eines Widerspruches zur Bewertung Ihrer Arbeit also dann beispielsweise auf Paragraf 18, Absatz 1, Satz 3 berufen (die Sätze werden jeweils mit den kleinen hochgestellten Nummern im hier gewählten Beispiel gekennzeichnet). Dies natürlich insbesondere dann, wenn Sie wissen, dass kein Protokoll bei Ihrem Kolloquium erstellt wurde, oder Sie hier Ungereimtheiten vermuten.

chelorarbeit durchgeführt werden. [3]Der Prüfungsausschuss legt den Termin und den Ort des Kolloquiums fest und gibt dieses per Aushang am Prüfungsbüro spätestens sieben Werktage vorher bekannt.

Das Kolloquium zur Bachelor- oder Masterarbeit wird regelmäßig in Form einer *Verteidigung* durchgeführt. Das bedeutet, die Prüfer werden Ihren Ansatz, Ihre Vorgehensweise, Ihre Fragestellung und Ihre Thesen kritisch hinterfragen. Sie werden die Arbeit in einen fachlichen Kontext stellen und die Bedeutung Ihres Textes herausarbeiten. Wenn Sie sich die Situation mit dem Begriff der Verteidigung verdeutlichen, werden Sie nicht von Fragen überrascht werden können. Denken Sie stets daran: Hier geht es darum, dass Sie sich mit Ihrem Thema und mit den gelernten Inhalten, mit Ihrem ganzen Wissen in die Arena begeben. Meine Erfahrung zeigt: Je härter und detaillierter die Prüfer nachfragen, je eher sie darauf bestehen, dass Sie die Bedeutung der Arbeit für das gesamte Fach oder die Disziplin herausstellen, desto eher werden Sie auch auf eine gute Note hin geprüft.

Natürlich unterscheiden sich die Prüfer jeweils individuell – und manche werden wenig streng gerne noch einmal die Inhalte Ihrer Arbeit erläutert bekommen. Sprechen Sie dies jedoch vorher ab. Prüfer, die Ihre Arbeit gelesen haben, wollen diskutieren, wollen hinterfragen, wollen Alternativen durchdenken und wollen Ihre Auffassungen, Einstellungen und Ihre Denkweise kennenlernen. Wenn in Ihrer PO also niedergelegt ist, dass das Kolloquium eine Präsentation beinhalten soll, dann ist die Empfehlung des ‚Writing Code', über die Arbeit selbst hinauszudenken, die Erkenntnisse nur noch einmal kurz vorzustellen und zusammenzufassen, um dann über den möglichen Umgang mit den Ergebnissen nachzudenken.

Regel:

Die Präsentation im Rahmen des Kolloquiums sollte nach Möglichkeit nicht noch einmal den Inhalt der Arbeit referieren, sondern vielmehr zu einer Analyse aus der Vogelperspektive führen.

Sinnvolle Fragen zur Vorbereitung eines Kolloquiums können deshalb die folgenden sein:

- Waren sowohl die gewählte Vorgehensweise als auch die angewandte Methode zielführend? Haben sie das gewünschte Ergebnis erbracht, und warum waren sie die bestmöglichen Varianten für die Umsetzung in der Bachelor- oder Masterarbeit?

- Was würde ich heute – mit etwas zeitlichem Abstand und mit den Erfahrungen aus dem Abschlussarbeitenprojekt – anders gestalten, auf veränderte Weise durchführen?
- Welche konkreten Erkenntnisse ergeben sich aus der Arbeit, und wie kann man mit diesen Erkenntnissen weiterarbeiten?
- Was habe ich über die Art und Weise gelernt, wie ich persönlich ein großes Projekt angehe, und inwiefern hat mich die Arbeit an dem gewählten oder angenommenen Thema verändert?

Das Kolloquium gibt Ihnen also ganz grundsätzlich die einzigartige Möglichkeit, sich noch einmal selbstkritisch mit Ihrer Arbeit auseinanderzusetzen, Ihr Thema und die gewählte Umsetzung mit einem gewissen zeitlichen und inhaltlichen Abstand zu reflektieren. Gehen Sie in der Prüfungssituation auch davon aus, dass Ihre Prüfer stets aus Neugier nachfragen. Denn: Sie sind nun Experte des Themas, und Sie können viel wissender darüber sprechen als jeder andere. Ihre Prüfer freuen sich darüber, wenn Sie etwas von Ihnen lernen dürfen, aus dem Kolloquium selbst etwas „mitnehmen“ dürfen. Dies gilt gleichermaßen für die Lektüre Ihrer Arbeit.

Dabei werden Ihre Prüfer stark darauf achten, wie Sie argumentieren. Das war ja bereits beim Blick auf die Verschriftlichung der Fall. Im mündlichen Vortrag und bei der Beantwortung von Fragen werden die Prüfer noch stärker darauf achten. Wenn beispielsweise die von Ihnen gewählte Methode nicht unbedingt optimale Ergebnisse erbracht hat, dann wird es bei der Vorbereitung des Kolloquiums sinnvoll sein, sich noch einmal sehr intensiv mit der Datengewinnung und -auswertung auseinanderzusetzen und zu schauen, wie man zu besseren Ergebnissen hätte kommen können. So können Sie im Kolloquium einen positiven Eindruck hinterlassen und sogar Minuspunkte ausgleichen, die Sie gesammelt hatten, während Ihre Gutachter die Arbeit gelesen haben. Es wäre in einem solchen Fall nicht sinnvoll, Ihre Methode ‚auf Biegen und Brechen' verteidigen zu wollen.

Viele Studien – auch solche honoriger Wissenschaftler – generieren am Ende nur suboptimale Datenbestände. Es kommt dann darauf ein, dies einzuschätzen, Fehler zu erkennen, zu benennen, um diese in der Zukunft vermeiden zu können. Auch auf diese Weise kann eine Bachelor- oder Masterarbeit einen wertvollen Beitrag zur Entwicklung des Faches und damit wissenschaftlich ausgesprochen wertvoll sein: Indem Sie deutlich macht, welcher Weg in eine Sackgasse führt, wie etwas *nicht* zu untersuchen ist, wie man *nicht* weiterkommt.

6.2 „Dos" and „Don'ts"[20] im mündlichen Kolloquium

6.2.1 Präsentation – Inhalt

Achten Sie bei Ihren Präsentationen darauf, dass Sie nicht noch einmal die Inhalte Ihrer Arbeit auflisten. Setzen Sie, wenn Sie mögen, Schwerpunkte bei Dingen, zu denen Sie etwas Neues und Besonderes herausgefunden haben. Präsentieren Sie offene Fragestellungen und Aspekte, die tiefer zu diskutieren wären. Setzen Sie sich in der Präsentation auf jeden Fall kritisch mit Ihrer Methode auseinander, und analysieren Sie die Ergebnisse mit souveränem Abstand.

6.2.2 Präsentation – Form

Überlegen Sie sich im Vorfeld des Kolloquiums, wie und mit welchen Hilfsmitteln Sie Ihre Punkte für Analyse und Diskussion präsentieren wollen. Denken Sie nicht nur an eine inzwischen beinahe als Standard übliche Powerpoint-Präsentation. Überlegen Sie sich, ob Sie ein Handout gestalten wollen, auf dem man sich Notizen machen kann, oder arbeiten Sie an der Tafel, respektive an einem „Whiteboard" oder direkt am Rechner. Wenn Sie Ihre Daten per Software ausgewertet haben, dann gehen Sie doch direkt im Beisein der Prüfer in Ihren Datenstamm, und lassen Sie – zum Beispiel in SPSS – noch ein paar zusätzliche Dinge auswerten, die in der Arbeit so noch nicht zu sehen waren. Dies sollten Sie sorgfältig vorbereiten. Sie können auch eine klassische Posterpräsentation halten, mit einem gestalteten Poster,

20 Hier wird Ihnen ein schönes Beispiel geliefert, wie schwer es manchmal das Korrektorat Ihrer Arbeit hat: Schon in der Überschrift dieses Abschnittes öffnet sich nämlich ein Konflikt, der eine tiefere Auseinandersetzung in diesem Falle mit der englischsprachigen Rechtschreibung erforderlich macht: „The Chicago Manual of Style and others recommend dos and don'ts. The Associated Press and others recommend do's and don'ts. Eats, Shoots & Leaves recommends do's and don't's." (vgl. Fogarty 2014, o.S., H.i.O.).

das Sie im für die Prüfung vorgesehenen Raum dann so verstellen, wie dies auf einer wissenschaftlichen Konferenz üblich ist. Ihre Prüfer wird das beeindrucken. In vielen Fachtraditionen ist dies ein Format, das bekannt und anerkannt ist, und ein Format, das eben auch zeigt, dass Sie in der Wissenschaft „angekommen“ sind.

6.2.3 Fragestellungen – Haltung

Denken Sie immer daran: Niemand weiß mehr über Ihre Arbeit als Sie selbst. Sie haben unvergleichlich mehr Quellen studiert, sind so tief wie niemand anderes in die Materie eingestiegen. Deshalb können Sie sich im Kolloquium etwas zutrauen und selbstbewusst Fragen beantworten. Denken Sie daran, dass der Fragesteller nicht so tief im Thema steckt. Es sei denn, es zählt zu seinen ultimativen Spezialgebieten. Ihre Prüfer werden immer auf Basis ihrer Erfahrungen nachfragen. Und diese Erfahrungen sind durch ihren eigenen Lebensweg stark geprägt. Fragen werden dann nicht unbedingt mit dem Text der vorliegenden Abschlussarbeit verknüpft, sondern reichen weiter in das Umfeld der Forschung.

Eine hervorragende Vorbereitung auf das Kolloquium besteht deshalb darin, sich recht nahe am Termin sehr entspannt, dabei aber sorgfältig, die Lebensläufe der Prüfer anzuschauen. Besonders deren aktuelle Publikationen dürfen zur Hand genommen werden. Vielleicht finden sich zusätzlich Hinweise auf Forschungsprojekte, die die Prüfer gerade durchführen. Oft ergibt sich aus diesen eine Nähe zur eigenen Abschlussarbeit. Im Kolloquium darf man dann darauf verweisen, welche Erweiterungsmöglichkeiten man sieht, und welche Aspekte vielleicht auch die Forschungen der Prüfer beeinflussen könnten.

6.2.4 Fragestellungen – Anknüpfungspunkte

Viele Prüfer fragen sehr bewusst über die Grenzen der Arbeit hinaus und hinein in das gesamte Curriculum. Dies geschieht einerseits insbesondere dann, wenn es um gute bis sehr gute Noten geht. Andererseits begleitet dies gerne Kolloquien, in denen der Studierende insgesamt eingeschätzt werden soll. Denn die Prüfer bewerten im Rahmen des Kolloquiums stets auch den ganzen Studenten, also auch das Wissen, das dieser im Studium gewonnen, sich erarbeitet hat. Wenn man darum weiß, dann lässt man im Rahmen der Vorbereitung noch einmal die Veranstaltungen, die man bei den Prüfern besucht hat, am „inneren Auge" vorbeiziehen und schafft Verbindungen, schlägt Brücken zur eigenen Arbeit. Gut ist es, wenn man die verwendeten „Basistheorien" etwas umfassender zur Verfügung hat, als dies vielleicht aus der Arbeit selbst ersichtlich wird. Auf namhafte Autoren oder Grundlagenwerke des Faches verweisen zu können, wirkt stets sehr professionell. Ich persönlich erlebe immer wieder, dass sich Studierende gerade mit Fragen verunsichern lassen, die über die konkret zu verteidigende Arbeit hinausreichen. In einem konkreten Fall habe ich im Rahmen des Kolloquiums dieses Verfahren sehr bewusst angewandt: Die zu verteidigende Arbeit war interessant, der theoretische Teil war in gnädigem und gutwilligem Urteil gerade noch mit 3,3 zu bewerten. Die durchgeführte empirische Studie konnte jedoch ohne Zweifel mit einer 1,0 bedacht werden. Eine solche Spannweite in der Notengebung gibt es selten – aber Sie sehen, auch das kann vorkommen. In dieser Prüfung haben wir (zwei Prüfer) nur in geringem Maße über die konkreten Inhalte, aber sehr viel über die Rahmenaspekte der Arbeit gesprochen. Dies geschah vor dem Hintergrund, der Studentin zu ermöglichen, die Theorienote noch „abzufangen". In diesem Falle leider ohne Erfolg, auch das Kolloquium war schließlich eher im Bereich „drei" angesiedelt. Dennoch kann man sich hieran gut verdeutlichen, was im Kolloquium alles möglich ist.

Es gibt immer wieder auch durchaus kritische Gutachter, die Freude daran haben, Studierende zu demütigen. Ich habe dies im Kollegenkreis selbst erlebt. Dennoch bin ich der Überzeugung, dass die meisten Prüfer im Kolloquium wohlwollend sind und dass sie den Studierenden eine Chance geben wollen, ihre Bewertung zu verbessern, Auslassungen der Arbeit abzufangen, Fehler zu heilen. Vielleicht wollen Sie sich diesbezüglich noch einmal den Erfahrungsbericht von Silvia Ettl-Huber im Abschnitt 4.1.4 durchlesen – hieran wird ja sehr gut deutlich, dass es besonders wichtig ist, die Betreuer nach eher „psychogrammatischen" Gesichtspunkten zu wählen, denn nach inhaltlicher Passgenauigkeit. Diese Einschätzung teile ich ohne Einschränkung!

Praxishinweis: Die Wahl der Betreuer

Wählen Sie Ihre Betreuer und Prüfer, indem Sie sich vorstellen, wen Sie im Kolloquium am liebsten persönlich wiedertreffen wollen, wen Sie als zuverlässig erlebt haben. Sie können sich dafür mit den folgenden Fragen auseinandersetzen:

- Wie lange hat es in der Vergangenheit gedauert, bis Mails von mir von diesem Dozenten beantwortet wurden?
- Habe ich Wertschätzung seitens dieses Dozenten erlebt? Wenn ja: Wie sah diese aus?
- Welches Feedback habe ich auf meine Prüfungsleistungen erhalten? War dies detailliert und sachlich nachvollziehbar?
- In welcher Weise war der Dozent kurzfristig für inhaltliche Problemstellungen ansprechbar?
- Hat er sich bei Rückfragen auch nach Vorlesungen, Seminaren und Übungen noch Zeit genommen oder Sprechstundentermine angeboten?

Alle diese Fragen sind am Ende entscheidender als eine inhaltlich hundertprozentige Passgenauigkeit zum gewählten Thema. Ich würde sogar sagen: Suchen Sie sich eher den Dozenten nach den genannten Kriterien aus, und gehen Sie bewusst dafür auch Kompromisse beim Thema ein.

6.2.5 Praxisbezug – Anwendungsmöglichkeiten

Es gibt Fächer und ganze Fakultäten an Hochschulen, die einen besonderen Bezug zur Praxis und zu Fragestellungen aus der Industrie haben. Zahlreiche Abschlussarbeiten an ausgewählten Fachhochschulen oder in den ingenieurwissenschaftlichen Fächern haben einen direkten Bezug zur Anwendung und werden häufig in Zusammenarbeit mit Unternehmen oder Vertretern der Praxis erstellt. Ist hier ein Kolloquium vorgesehen, dann werden Sie dort natürlich insbesondere die Rolle Ihres Ansatzes und Ihrer Lösungen für die Praxis erläutern, über Einsatzmöglichkeiten oder über die Wirkungen Ihrer Forschungsergebnisse auf die untersuchten Prozesse oder Produkte. Im zweiten Band des ‚Writing Code‘ wird sich ein Abschnitt mit den spezifischen Fragen praxisverbundener Arbeiten – insbesondere aus den ingenieurwissenschaftlichen Studiengängen – auseinandersetzen.

6.3 Zum Abschluss bleibt ein Ausblick

Am Ende dieses ersten Bandes müssen viele Fragen offen bleiben. Freuen Sie sich also auf eine Fortsetzung, die sich intensiver noch den folgenden Themen wird widmen können.

6.3.1 Notengebung anhand der Titelgestaltung

Sehr spannend ist zum Beispiel für mich die Erkenntnis, dass man dem Titel einer Bachelorarbeit bereits anlesen kann, in welchem Notenbereich die Arbeit am Ende anzusiedeln ist. Dies zeigt sich interessanterweise auch bei der regelmäßigen Abfrage in Kursen zum wissenschaftlichen Arbeiten. Mit einem einfachen Verfahren, das sogenannte „Klicker" einsetzt, müssen Studierende Titel von Abschlussarbeiten bewerten, ohne die Arbeit selbst zu kennen. Regelmäßig treffen die Notenmittelwerte „ins Schwarze". Das heißt, die Abfragen bilden die Notengebung am Ende ziemlich treffsicher ab. Zumeist sind Studierende sogar noch etwas kritischer und bewerten angesichts der Titel etwas schlechter als die tatsächliche Notengebung spiegelt. Wie also gestalten Sie Ihre Titel, wie wollen Sie diese gestalten? Und wie kombinieren Sie Haupt- und Untertitel so, dass Sie auch nach der Anmeldung Ihrer Arbeit noch flexibel bleiben? Diesen Fragen wird sich der zweite Band annehmen.

6.3.2 Quellen und „Window Dressing"!

Die Arbeit mit Quellen ist für den wissenschaftlich motivierten Arbeitsprozess zentral. Was zum Beispiel ist nach wissenschaftlichen Kriterien „gute" Literatur? Und wie findet man Quellen, die Gutachter und Betreuer goutieren, obwohl sie diese noch nicht kennen? Der zweite Band wird die Auswahl passender und zielführender Literatur begleiten und Sie darin anleiten. Er wird Sie dabei unterstützten, wie Sie die „richtigen" Quellen finden und integrieren, wie Sie eben auch mit passenden Onlinequellen umgehen und grundsätzlich richtig zitieren. Es geht dabei auch darum, Plagiate zu vermeiden und Sachaussagen nicht unbelegt stehen zu lassen. Um dies souverän zu ermöglichen, müssen Sie die direkte und die indirekte Rede beherrschen und auch wissen, wie man mit dem Konjunktiv umgeht, wann selbst bei inhaltlichen Annäherungen an andere Texte zwingend der Indikativ stehen muss und was gute Paraphrasen ausmacht. Dabei werden die unterschiedlichen Varianten der Zitierweise ebenfalls noch einmal inhaltlich diskutiert, wobei für den ‚Writing Code' stets das Harvard-Verfahren ohne Fußnoten präferiert wird, weil dieser von der Überzeugung ausgeht, dass alles, was tatsächlich relevant für das Thema ist, auch direkt im laufenden Fließtext untergebracht werden kann.[21]

Für viele Studierende wird jedoch der Abschnitt zum „Window Dressing" besonders interessant sein – hier gibt es Hinweise darauf, wie Sie ihre Literaturliste ins „Schaufenster" stellen, wie Sie diese sozusagen aufhübschen und geschickt frisieren, damit sie auch bei den Gutachtern „ankommt".

Ein wesentlicher Aspekt bei der Arbeit mit Quellen ist ein effizientes „Lesemanagement". Deshalb wird im zweiten Band des ‚Writing Code' auch auf sogenanntes „dynamisches Lesen" sowie auf „Spot Reading" und „Journal Scanning" eingegangen.

6.3.1 Begriffe und Selbstsicherheit im Umgang mit ihnen

Eine große Herausforderung, dies zeigen immer wieder Seminare zum wissenschaftlichen Arbeiten, liegt im souveränen Umgang mit Begriffen. Dies hat die besondere Auseinandersetzung verdient. Die gute Nachricht dabei: Sie sind selbst Herr über die verwendeten Begriffe. Sie können selbstsicher und zielstrebig Begriffe einen eigenen „Spin" geben, wenn sie sorgfältig in die Diskussion eintreten. Nutzen Sie dafür die unterschiedliche Zugangsweise von Autoren. In der Wissenschaft ist keiner der verwendeten Begriffe auf ewig „gesetzt". Man kann ihn lediglich in der Tradition X, Y oder Z verstehen und

21 Sie können sich auch daran orientieren, wie dieser Band mit Fußnoten umgeht, wann in diesem Manuskript des ‚Writing Code' Fußnoten gesetzt werden. Dies geschieht immer dann, wenn etwas zusätzlich zu erklären ist, wenn zusätzliche, über den Text hinausgehende Inhalte und Aspekte vertiefenswert erscheinen, deren umfassendere Darstellung jedoch an der gegebenen Stelle eine Unterbrechung im Lesefluss bedingen würden. Deshalb: Ihre Arbeit muss nicht auf Fußnoten verzichten. Sie erhalten damit aber eine andere Funktion als in Texten, die die Quellenhinweise und Angaben zur Literatur dem Fußnotentext zuweisen.

mit verschiedenen Autoren und Quellen diskutieren. Das ist eine spannende Aufgabe und bereichert Ihre Arbeit. Deshalb wird der zweite Band des ‚Writing Code' auch ein Kapitel zur Begriffsdiskussion enthalten.

6.3.1 Methoden sicher anwenden

In diesem Buch haben Sie bereits ein erstes Gefühl dafür bekommen, welche Möglichkeiten Ihnen unterschiedliche Methoden bieten. Sie haben außerdem gelernt, dass es bei genauer Betrachtung stets nur eine wirklich passende Methode zur Beantwortung Ihrer Forschungsfrage gibt. Auch in diesem Punkt wird die Fortsetzung eine Vertiefung anbieten und insbesondere die Hürden und Problembereiche vorstellen, mit denen die unterschiedlichen Methoden konfrontieren. Dies wird sowohl aus einer generell methodenkritischen Perspektive erfolgen als auch aus Sicht der Statistik. Sie können sich also darauf freuen, in Ihrer Methodenwahl und insbesondere in der Anwendung noch sicherer zu werden. Dabei legt der ‚Writing Code' in guter Tradition insbesondere Wert auf eine sorgfältige Analyse der Hürden, der Stolperfallen und er wird im zweiten Band bezogen auf die Methoden insbesondere Fehler in den Blick nehmen, die man leicht vermeiden kann. Insbesondere werden Fragen zur Anwendbarkeit bestimmter Methoden, zu Validität und Reliabilität gestellt, werden systematische Fehler betrachtet und Hinweise für die gute und zielführende Gestaltung von Leitfäden und Fragebögen gegeben. Da es immer wieder zur eher suboptimalen Anwendung von Methoden in praxisorientierten Arbeiten kommt, die beispielsweise Praxissemester direkt begleiten, wird der zweite Band darauf ebenfalls sein Augenmerk legen.

Natürlich werden jene Bereiche, die aus meiner Sicht den ‚Writing Code' praxisnah weiterentwickeln nicht zu kurz kommen: Deshalb gibt es auch in der Fortsetzung längere und kürzere Erfahrungsberichte, die den Text nicht nur auflockern, sondern auch ganz konkrete Hilfestellungen geben.

Literatur

Beck, Larissa Lee (2016): Putzen statt lernen: Wenn Studenten Arbeit standing aufschieben. Text der Deutschen Presse Agentur vom 3. April 2016, unter anderem erschienen in der "Welt" sowie in der Aachener Zeitung vom 4. April 2016. Online verfügbar: http://www.aachener-zeitung.de/news/hochschule/putzen-statt-lernen-wenn-studenten-arbeit-staendig-aufschieben-1.1330049 (zuletzt: 5.4.2016).

Berne, Eric (1961): *Transactional Analysis in Psychotherapy*, New York, Grove Press.

Berne, Eric (1992): *Games People Play*, New York, Ballantine Books.

Bingmann, Annika (2015): Neue Heisenberg-Professur für Molekulare Psychologie. Der Smartphone-Sucht im Genetiklabor auf der Spur. In: Pressemitteilungen der Universität Ulm. PM vom 20. Januar 2015, online verfügbar: https://www.uni-ulm.de/home2/presse/pressemitteilung/article/neue-heisenberg-professur-fuer-molekulare-psychologiebrder-smartphone-sucht-im-genetiklabor-auf-de.html (zuletzt: 14.2.2016).

Bohrmann, Hans/Toepser-Ziegert (Hrsg.) (2010): Krise der Printmedien: Eine Krise des Journalismus? Dortmunder Beiträge zur Zeitungsforschung. Berlin: Walter de Gruyter.

Bordi, Ermese (2009): Neurolinguistisches Programmieren und Plakatwerbung. Magisterarbeit, Wien. Online verfügbar: http://othes.univie.ac.at/4329/1/2009-03-18_0202004.pdf (zuletzt: 8.2.2016).

Born, Jan (2000): Gedächtnisbildung im Schlaf: Die Bedeutung von Schlafstadien und Streßhormonfreisetzung. In: Psychologische Rundschau, Ausgabe 51, S. 198-208.

Cameron, Julia (2000): Der Weg des Künstlers. München: Droemer.

Cameron, Julia (2003): Von der Kunst des Schreibens und der spielerischen Freude, Worte fließen zu lassen. München: Droemer.

Csikszentmihalyi, Mihaly (1996): Flow and the psychology of discovery and invention. New York: Harper Collins.

Csikszentmihalyi; Mihaly; Csikszentmihalyi, Isabella Selega (Hrsg.) (1992): Optimal experience: Psychological studies of flow in consciusness. Cambridge NY u.a.O.: Cambridge University Press.

Diekmann, Andreas (2007): Empirische Sozialforschung: Grundlagen, Methoden, Anwendungen. Hamburg: Rowohlt.

Festinger, Leon (1957): The Theory of Cognitive Dissonance. Stanford: Stanford University Press.

Fogarty, Mignon (2014): "Dos and Don'ts" or "Do's and Don'ts"?. In: Word Count, Writers Talk about Writing, Visual Thesaurus vom 11. Juni 2014, online: http://www.visualthesaurus.com/cm/wc/dos-and-donts-or-dos-and-donts/ (zuletzt 25.5.2015)

Früh, Werner (2015): Inhaltsanalyse: Theorie und Praxis, 8. Auflage. Stuttgart: UTB.

Goleman, David (1996): Emotional Intelligence. Why it Can Matter More than IQ. London: Bloomsbury.

Grant, Adam (2016): Originals: How Non-Conformists Move the World". New York: Viking.

Grant, Adam (2016): The surprising habits of original thinkers. In: TED-Talk, online verfügbar: http://www.ted.com/talks/adam_grant_the_surprising_habits_of_original_thinkers/transcript?language=en#t-300538 (zuletzt: 7.4.2016).

Grieb, Wolfgang (2004): Schreibtipps für Diplomanden und Doktoranden in Ingenieur- und Naturwissenschaften. Berlin: VDE.

Habermas, Jürgen (2006): Political Communication in Media Society – Does Democracy still enjoy an epistemic dimension? The impact of normative theory on empirical research. Keynote, ICA Annual Convention, Dresden, Ausdruck des Redemanuskripts.

Hader, Michael (2010): Empirische Sozialforschung. Eine Einführung, 2. Überarbeitete Auflage. Wiesbaden: Springer-VS.

Hahnemann, Samuel (Aut.); Lutze, Arthur (Hrsg.) (1881): Organon der Heilkunst, mit Abdruck der Vorreden (7. Auflage). Köthen: Paul Schettler's. Online verfügbar: https://archive.org/stream/samuelhahnemann00lutzgoog#page/n13/mode/2up (zuletzt: 12.2.2016).

Harris, Thomas (2001): *Ich bin o.k. – Du bist o.k.*, Tübingen.

Hattie, John (2009): Visible Learning. London: Routledge.

Hattie, John (2015): Visible Learning into Action: International Case Studies of Impact. London: Routledge.

Hennecke, Chris; Rau, Harald (2015): Transparenz? Fehlanzeige! Verflechtungsstrukturen der umsatzstärksten TV-Sender in Deutschland In: Medienwirtschaft, Heft 2, S. 30–39.

Joines, Vann; Stewart, Ian (2015): Die Transaktionsanalyse : eine Einführung. 12. Aufl.: Freiburg u.a.O.: Herder.

Jordan, Petra; Rummler, Monika (2014): Aktivierende Lehrformen für große Lerngruppen. In: Rummler, Monika (Hrsg.), Vorlesungen innovativ gestalten. Neue Lernformen für große Lerngruppen. Weinheim u.a.O.: Beltz.

Jürgen Beckmann (1984): Kognitive Dissonanz – eine handlungstheoretische Perspektive. Berlin: Springer.

Kirchhoff, Sabine; Krämer, Walter (2010): Presse in der Krise. Wiesbaden u.a.O.: Springer-VS.

Klimmt, Christoph; Pompetzki, Verena; Blake, Christopher (2008): Geschlechterrepräsentation in Nachrichtentexten: Der Einfluss von geschlechterbezogenen Sprachformen und Fallbeispielen auf den gedanklichen Einbezug von Frauen und die Bewertung der Beitragsqualität. In: Medien & Kommunikationswissenschaft, 56. Jhg., Heft 1, S. 3–20.

Kohls, Niko (2011): Spiritualität im Arbeitsleben: Der unterschätzte Faktor. In: Peter-Schiffarth-Institut für Soziotechnologie, LMU – Beitrag zur LIFO-Benutzerkonferenz, 25. Juni 2011, Foliensatz.

Kromrey, Helmut (2009): Empirische Sozialforschung: Modelle und Methoden der standardisierten Datenerhebung und Datenauswertung, 12. Auflage. Stuttgart: UTB (Lucius & Lucius).

Lamnek, Siegfried (1993a): Qualitative Sozialforschung, Band 1: Methodologie, 2. korrigierte Auflage. Weinheim: Beltz.

Lamnek, Siegfried (1993b): Qualitative Sozialforschung, Band 2: Methoden und Techniken, 2. überarbeitete Auflage. Weinheim: Beltz.

Ligges, Marc (2002): fMRI-Untersuchung von Sprachverarbeitungsprozessen bei der Lese-Rechtschreibstörung. Dissertation, Universität Jena (Fakultät für Sozial und Verhaltenswissenschaften).

Markowitsch, Hans J. (2006): Das autobiografische Gedächtnis. Neurowissenschaftliche Grundlagen. In: Bittner, Günther (Hrsg.): Ich bin mein Erinnern. Über autobiografisches und kollektives Gedächtnis. Würzburg: Königshausen & Neumann. S. 23–40.

Markowitsch, Hans J.; Siefer, Werner (2007): Tatort Gehirn. Frankfurt: Campus.

Markowitsch, Hans J.; Welzer, Harald (2008): Das autobiografische Gedächtnis. In: Oehler, Regina; Banius, Volker; Wellmann, Karl-Heinz (Hrsg.): Wer wir sind und wie wir sein könnten. Begleitbuch zum Funkkolleg Psychologie (Hessischer Rundfunk), Freiburg, Basel, Wien: Herder. S. 167–177.

Martin, Bernhard J.; Armstrong, Thomas J.; Foulke, James A.; Natarajan, Sivakumaran; Klinenberg, Edward; Serina, Elaine; Rempel, David (1996): Keyboard Reaction Force and Finger Flexor Electromyograms during Computer Keyboard Work. In: Human Factors, 38(4), S. 654–664.

Metzinger, Thomas (2012): Auf der Suche nach dem Selbst. In: Viveka, Heft 47, S. 24–30.

Metzinger, Thomas (2014): Der Ego-Tunel. Eine neue Philosophie des Selbst: Von der Hirnforschung zur Bewusstseinsethik. München: Piper-Taschenbuch.

Meyer, Ruth (2009): Soft Skills fördern. Bern: hep.

Montag, Christian (2015): Interviewzitat, O-Ton. In: Weber, Barbara (Autorin); Hinrichs, Dörte (Moderation, Hrsg.): Aus Kultur- und Sozialwissenschaften. Deutschlandfunk, Köln, Sendung vom 13. August 2015, 20:10 bis 21:00 h, insgesamt 49:29 Min.

Morgan, Phoebe; Vaughn Jacqueline (2010): The case oft he pilfered paper: Implications of online writing assistance and web-based plagiarism detection services. Political Science & Poilitics, Iss. 43 (4), S. 755–758.

Müller, Eva (2013): Schreiben in Naturwissenschaften und Medizin. Stuttgart: UTB (Schöningh).

Mullis, Kary B. (2005): Interview mit Marika Griehsel beim 55. Treffen der Nobelpreisträger in Lindau, Juni. Online verfügbar auf der Nobelpreis-Website: http://www.nobelprize.org/nobel_prizes/chemistry/laureates/1993/mullis-interview.html (zuletzt: 10.2.2016).

Murphy, Joseph (2009): Die Macht des Unterbewusstseins. Überarbeitete Neuausgabe. Berlin: Ariston.

Nakamura, Jeanne; Csikszentmihalyi, Mihaly (2014): Flow and the Foundations of Positive Psychology. New York u.a.O.: Springer.

Neugebauer, Edmund A. M.; Mutschler, Wolf (2011): Von der Idee zur Publikation. Erfolgreiches wissenschaftliches Arbeiten in der medizinischen Forschung. Berlin: Springer.

Neuro-Depesche (2001): Gedächtnisbildung. Tiefschlafphasen fördern die Konsolidierung deklarativer Gedächtnisinhalte. Online verfügbar: http://www.neuro-depesche.de/nachrichten/tiefschlafphasen-foerdern-die-konsolidierung-deklarativer-gedaechtnisinhalte/ (zuletzt: 12.2.2016).

Neville, Lukas (2012): Do economic equality and generalized trust inhibit academic dishonesty? Evidence from state-level search-engine queries. Psychological Science, Iss. 23(4), S. 339-45, DOI: 101177/0956797611435980.

Nittono Hiroshi; Fukushima, Michiko; Yano, Akihiro; Moriya, Hiroki (2012): The Power of Kawaii: Viewing Cute Images Promotes a Careful Behavior and Narrows Attentional Focus. In: PLoS ONE 7(9): e46362. doi:10.1371/journal.pone.0046362, online verfügbar: http://journals.plos.org/plosone/article?id=10.1371/journal.pone.0046362 (zuletzt: 10.2.2016).

Nittono, Hiroshi (2013): Interview mit Silke Weber in Die Zeit vom 17. Januar, online verfügbar: http://www.zeit.de/2013/04/tierfotos-buero (zuletzt 10.2.2016).

Ott, Ulrich (2015): Meditation für Skeptiker: Ein Neurowissenschaftler erklärt den Weg zum Selbst. München: Droemer TB.

Peschel, Falko (2002): Ist das Unterricht? Unterricht ohne zu unterrichten. In: Voß, Reinhard (Hrsg.): Unterricht aus konstruktivistischer Sicht. Die Welten in den Köpfen der Kinder. Neuwied: Luchterhand. S. 7–11.

Poldrack, Russel A. et al. (2015): Long-term neural and physiological phenotyping of a single human. In: Nature Communications 6, Article number: 8885; doi: 10.1038/ncomms9885, online verfügbar: http://www.nature.com/ncomms/2015/151209/ncomms9885/full/ncomms9885.html (zuletzt: 12.2.2016).

Popper, Karl (1958/2003): Die offene Gesellschaft und ihre Feinde, Band 2, Tübingen: Mohr Siebeck.

Psychotherapieambulanz (2016): Selbsttest für Prokrastination. Online: http://ww3.unipark.de/uc/Selbsttest_Prokrastination/ospe.php?SES=1b97f02e7b1a5a4b4fe0bd7aab58be57&syid=547917&sid=547918&act=start&js=16&flash=2100 (zuletzt: 5.4.2016).

Prokrastinationsambulanz (2016): Prokrastinationsambulanz der Universität Münster. Online: http://www.uni-muenster.de/Prokrastinationsambulanz/index.html (zuletzt: 5.4.2016).

Radwin, Robert G.; Ruffalo, Barry A. (1999) Computer key switch force-displacement characteristics and short-term effects on localized fatigue. In: Ergonomics, Vol. 42, Iss. 1, S. 160–170.

Rau, Harald (2013): Einladung zur Kommunikationswissenschaft, Stuttgart, UTB.

Rau Harald; Hennecke, Chris (2015): Geordnete Verhältnisse!? Verflechtungsstrukturen Deutscher TV-Sender. Baden-Baden: Nomos.

Rempel, David; Serina, Elaine; Klinenberg, Edward; Martin, Bernard J.; Armstrong, Thomas J., Foulke, James A.; Natarajan, Sivakumaran (1997): The effect of keyboard keyswitch make force on applied force and finger flexor muscle activity. In: Ergonomics, Vol. 40, Iss. 8, S. 800–808.

Rizzolatti, Giacomo et al. (1996): *Premotor Cortex and the Recognition of Motor Actions*, in: *Cognitive Brain Research* (3), S. 131–141.

Rizzolatti, Giacomo; Sinigaglia, Corrado (2008): *Empathie und Spiegelneurone. Die biologische Basis des Mitgefühls*, Frankfurt am Main, Suhrkamp.

Rolf Rüttinger (2013): Transaktionsanalyse, 11. überarbeitete Auflage; Hamburg: Windmühle Verlag.

Schart, Dirk; Tschanz, Nathaly (2015): Praxishandbuch Augmented Reality für Marketing, Medien und Public Relations. Konstanz: UVK.

Schnell, Rainer; Hill, Paul B.; Esser, Elke (1998): Methoden der empirischen Sozialforschung. München: Oldenbourg.

Seewald, Jörg (2015b): Alle Befürchtungen bestätigt. In: Frankfurter Allgemeine Zeitung vom 31.7.2015, Medien, Online: http://www.faz.net/aktuell/feuilleton/medien/verstrickungen-von-sendern-und-produktionsfirmen-13727338.html (Abrufdatum: 29.3.2016).

Seewald, Jörg (2015a): Man könnte es für Kabarett halten. In Frankfurter Allgemeine Zeitung vom 31.7.2015, Medien, Online: http://www.faz.net/aktuell/feuilleton/medien/oeffentlich-rechtliche-mit-fragwuerdigen-strukturen-13727340.html (Abrufdatum 29.3.2016).

Singer, Wolf (2000). Wahrnehmen, Erinnern, Vergessen - Über Nutzen und Vorteil der Hirnforschung für die Geschichtswissenschaft.
Eröffnungsvortrag des 43. Deutschen Historikertags am 26.09.2000 in Aachen. In: http://www.mpih-frankfurt.mpg.de/global/Np/Pubs/Historikertag.pdf

Spitzer, Manfred (2012): Digitale Demenz. Wie wir uns und unsere Kinder um den Verstand bringen. München: Droemer.

Stapelkamp, Torsten (2013): Das taktile Interface. In: Designismakingsense.de, online verfügbar: http://basics.designismakingsense.de/2013/design/das-taktile-interface/#mobile (zuletzt: 13.2.2016).

Tavris, Carol; Aronson, Elliot (2010): Ich habe recht, auch wenn ich mich irre: Warum wir fragwürdige Überzeugungen, schlechte Entscheidungen und verletzendes Handeln rechtfertigen. München: Riemann Verlag.

Treue, Stefan (2015): Hirnforschung, was kannst du? Die Aufmerksamkeit, die wir verdienen. In: Frankfurter Allgemeine Zeitung vom 20. Juli 2015, Seite N 2 (Ressort Natur und Wissenschaft). Online verfügbar: http://www.faz.net/aktuell/feuilleton/dritte-kultur/hirnforscher-stefan-treue-ueber-unsere-wahrnehmung-13701161-p5.html?printPagedArticle=true#pageIndex_5 (zuletzt: 8.2.2016).

v. Foerster, Heinz (1999): Wissen und Gewissen. Hrsg. Siegfried J. Schmitt, Frankfurt, Suhrkamp.

Wagner, Wolf (2007): Grundlagen wissenschaftlichen Denkens und Arbeitens. Online verfügbar: http://www.fh-erfurt.de/soz/fileadmin/SO/Dokumente/Lehrende/Wagner_Wolf_Prof_Dr/Lehre/wissarbsitz01einfuehrung.htm (zuletzt: 5.4.2016).

Weichert, Stephan/Kramp Leif (2009): Das Verschwinden der Zeitung? Berlin: Friedrich Ebert Stiftung.

Weichert, Stephan/Kramp, Leif/Jakobs, Hans-Jürgen (2009): Wozu noch Zeitungen. Göttingen: Vandenhoeck & Ruprecht.

Biografische Hinweise zu den Erfahrungsberichten

Der „Writing Code“ entfaltet seine Kraft auch über die zahlreichen authentischen und zielführenden Erfahrungsberichte. Wir haben deren Autoren um ein paar biografische Hinweise gebeten. In alphabetischer Reihenfolge der Vornamen geordnet, lassen wir sie hier mit jenen Dingen selbst zu Wort kommen, die sie über sich sagen möchten. Die Reihenfolge ergibt sich alphabetisch anhand der Vornamen:

Alexandra Rank, 1979 als Alexandra Hilmer geboren, studierte Diplom-Journalistik in Leipzig und absolvierte ein Volontariat beim WDR. Seitdem arbeitet sie als freie Journalistin vor allem fürs Radio. Die Kölnerin unterstützt Redaktionen bei der Planung von Hörfunksendungen oder ist selber mit dem Mikrofon unterwegs. Als Wirtschafts- und Wissenschaftsjournalistin ist die Autorin neugierig auf Geschichten, als Dozentin vermittelt sie jungen Menschen Medienkompetenz.

Anne Quader zog es nach dem Medienmanagement-Studium an der Ostfalia zum Masterstudium in den Norden, wo sie an der Universität Hamburg Journalistik und Kommunikationswissenschaft studierte. Schon während des Studiums entdeckte sie im Rahmen verschiedener Praktika bei einem lokalen TV-Sender und bei einer Produktionsfirma ihre Leidenschaft für die Fernsehproduktion. Ihr theoretisches Wissen wendet sie heute im Rahmen eines Trainee-Programmes beim Westdeutschen Rundfunk in Köln auch praktisch an und nutzt dies als Einstieg in die Medienbranche.

Benjamin Krieger hat in Leipzig Anglistik und Journalistik studiert. Heute entwickelt er als Berater Strategien für europäische Politik und Kommunikation an der Schnittstelle zwischen Industrie, Politik, Medien und Bürgern in Brüssel. Seine Diplomarbeit hat er berufsbegleitend geschrieben.

Bennet Piecha hat Medienmanagement sowohl in Salzgitter als auch in Weimar studiert – im Bachelor- mit Fokus auf Kommunikation in sozialen Medien, im Masterstudium mit Schwerpunkt Medienökonomie.
Aufgrund zahlreicher eigenständiger Projekte und Arbeitseinsätze neben dem Studium wird er auf Beschluss in die nächste Klasse versetzt – ach nee, Schule ist vorbei; er wird arbeiten gehen.

Chris Hennecke ist seit 2015 Redakteur und Marketing Manager bei der UFA GmbH. Er wurde 1991 in Herzberg am Harz geboren, davon nicht weit entfernt studierte er Medienmanagement in Salzgitter. Neben seinem Studium absolvierte er Praktika im Bereich der TV- und Filmproduktion und engagierte sich in studentischen Filmprojekten. 2014 schrieb er seine Abschlussarbeit, deren Ergebnisse 2016 im Nomos-Verlag unter dem Titel „Geordnete Verhältnisse!? – Verflechtungsstrukturen deutscher TV Sender“ erschienen.

Daniel Fochtmann ist gelernter Bankkaufman und studierte in den Jahren 2002 bis 2011 Kommunikations- und Medienwissenschaft (KMW), Psychologie und Soziologie an der Universität Leipzig. Während des Studiums war er u.a. Sprecher der Studierendenschaft sowie für Lehrplanung, Studienberatung und Studiengangsentwicklung am KMW-Institut tätig. 2010 wurde ihm die Leipziger Universitätsmedaille verliehen. Seit 2011 arbeitet er als Online-Händler in Frankfurt (Oder) und gründete 2015 ein Alumni-Netzwerk an seinem alten Institut in Leipzig. Thema seiner Abschlussarbeit: Nachrichten für Kinder unter dem Aspekt Globalen Lernens.

Daniel Müller, Jahrgang 1981, studierte Theaterwissenschaft und Journalistik in Leipzig und Oslo. Einem Volontariat an der Axel-Springer-Akademie folgten zwei Jahre als Redakteur für Reportagen bei der Berliner Morgenpost und der Welt am Sonntag. Im Jahr 2012 wechselte er zur Wochenzeitung „Die Zeit“ und ist dort im Investigativ-Team als Gerichts- und Kriminalreporter tätig.

Fee Gutsch-Dolbow, Produkt-Managerin bei der Sparkassen-Finanzportal GmbH in Berlin und „Online Marketing Managerin“ beim Internet-Startup zulul, studierte Medienmanagement und arbeitete mehrere Jahre lang in den USA unter anderem in der Produktentwicklung für „Enroll America“ als „Digital Product Strategist“.

Greta Taubert ist freie Autorin in Leipzig. Sie hat an der Universität Leipzig und der Uniwersytet Wrcoclawski Journalistik und Politikwissenschaften studiert, bei der Berliner Zeitung volontiert und intensiv den deutschen, europäischen und Nahen Osten bereist. Ihre Reportagen sind unter anderem in „Die Zeit“, in der Frankfurter Allgemeinen Sonntagszeitung und im SZ-Magazin erschienen. Ihre Arbeit ist von mehreren Stipendien unterstützt worden und preisgekrönt. Im Eichborn-Verlag erscheinen die gonzojournalistischen Sachbücher „Apokalypse Jetzt – Wie ich mich auf eine neue Gesellschaft vorbereite“ (2014) und „Im Club der Zeitmillionäre – Was passiert, wenn Zeit wirklich Geld ist“ (2016).

Hanno Terbuyken hat in Leipzig Diplomjournalistik und Geschichte studiert und 2009 erfolgreich abgeschlossen. Seit 2012 leitet er das Internetportal evangelisch.de, seit 2014 ist er Chef vom Dienst Digitale Projekte im Gemeinschaftswerk der evangelischen Publizistik in Frankfurt.

Joachim Laukemper, geboren 1961 in Gelsenkirchen, studierte Orchestermusik und Musikpädagogik an den Musikhochschulen Hannover, Berlin und Würzburg bei Joachim Mittelacher, Siegfried Cieslik und Hans Rückert. Neben eigenen kammermusikalischen Tätigkeiten ist er regelmäßig als Dirigent und Dozent im Blasorchester- und Blechbläserbereich aktiv.
1992 gründete er das Blechbläserensemble „BRASS CATS“ in Kaiserslautern, mit dem er 1996 den Deutschen Orchesterwettbewerb gewann und das er bis 2002 leitete. 2012 übernahm er die Leitung der Blaskapelle Hochspeyer,

gründete 2013 ein angeschlossenes Jugendorchester und ist seitdem mit dem Aufbau der Jugendarbeit betraut. Zum Sommer 2014 übernahm er die Leitung des Sinfonischen Blasorchesters des Musikvereins Mörschied. Von 1987 bis 2007 war er Bassposaunist des SWR Rundfunkorchesters Kaiserslautern und ist seitdem in gleicher Position Mitglied der Deutschen Radio Philharmonie. Außerdem ist er Mitglied im Blechbläserensemble „Radio Brass Saar".

Julia Menger hat Journalistik in Leipzig studiert und dabei ziemlich schnell ihre Leidenschaft fürs Radiomachen entdeckt. Nachdem sie das Kapitel Diplomarbeit dann endlich hinter sich gebracht hatte, ging es erst beim Privatradio in Leipzig los und dann beim Bayerischen Rundfunk in München weiter. Dort ist sie bis heute, trinkt in ihrer Freizeit gerne Radler und blättert noch ab und zu in der gebundenen Ausgabe ihrer Abschlussarbeit, von der sie bis heute nicht glauben kann, dass sie sie tatsächlich fertiggeschrieben hat.

Juliane Rodust, Jahrgang 1986, stieg als Schülerin in ihrer mecklenburgischen Heimat bei Lokalzeitung und -TV in den Journalismus ein. In Leipzig studierte sie Diplom-Journalistik und Hispanistik und arbeitete als Autorin für verschiedene Online- und Printmedien, darunter die Welt-Gruppe und die Berliner Zeitung. Seit ihrem Volontariat bei der dpa arbeitet sie für Deutschlands größte Nachrichtenagentur im Berliner Newsroom.

Kerstin Mordant studierte von 1998 bis 2005 Journalistik und Politikwissenschaft an der Uni Leipzig. Seit 2006 lebt sie in Großbritannien und ist dort in der PR, Marketing- und Kommunikationsbranche tätig. 2011 erweiterte sie ihre Qualifikationen um einen berufsbegleitenden Abschluss in Public Relations. Ihre Diplomarbeit schrieb sie gemeinsam mit einer Kommilitonin als Gruppenarbeit.

Marc Krüger arbeitet als Freier Journalist für Radio und Online. Er hat an der Uni Leipzig Journalistik und Politikwissenschaften studiert. Aufgewachsen im NDR-Gebiet, volontierte er beim WDR, arbeitete als fester freier Mitarbeiter bei MDR und SWR; außerdem ist er als Trainer unterwegs und kümmert sich um Social Media, vernetztes Denken und die Zukunft des Radios. Er twittert unter @kollege und bloggt unter marckrueger.tumblr.com über Medienthemen.

Maria Lang studierte Journalistik und Politikwissenschaft an der Universität Leipzig. Anschließend absolvierte Sie eine Zusatzqualifikation zur Deutsch-als-Fremdsprache-Dozentin und unterrichte an der Volkshochschule Düsseldorf mit dem Schwerpunkt Phonetik. Gleichzeitig wurde sie Nachrichtensprecherin und -redakteurin bei DRadioWissen in Köln. Nach ihrem Umzug nach Berlin wechselte sie ins Sprecher-Ensemble von Deutschlandradio Kultur. Seit 2013 arbeitet sie für den Berliner Sender als Online-Redakteurin. Außerdem nimmt sie Aufträge als freie Sprecherin an.

Melanie Märsch studierte in Salzgitter Medienmanagement. Nach ihrem Zweitstudium Sozialpädagogik will sie in der Medienpädagogik Fuß fassen und einen Teil dazu beitragen, (neue) Bildungsmöglichkeiten mit und durch

Medien zu schaffen sowie Kindern und Jugendlichen einen kompetenten Umgang mit diesen nahezubringen.

Nadia Kohler ist Leiterin Online bei „suedostschweiz.ch" in der Schweiz, sie hat Publizistik- und Kommunikationswissenschaften, sowie „New Media Journalism" studiert und vor ihrer Tätigkeit im Onlinebereich bei einem regionalen Radiosender gearbeitet.

Nathaly Tschanz ist bei „Ringier Axel Springer Schweiz" als Leiterin digitale Inhalte für den „Beobachter" tätig. Sie studierte „New Media Journalism" und verfügt über langjährige Erfahrung in Unternehmenskommunikation, Marketing und Medien. Seit einigen Jahren beschäftigt sie sich intensiv mit dem Thema Augmented Reality und verfasste auch ihre Masterarbeit dazu. Im Sommer 2015 hat sie das „Praxishandbuch Augmented Reality für Marketing, Medien und Public Relations" im UVK-Verlag herausgegeben.

Petra Buvari ist Dipl. Biologin und leitet heute das Studienzentrum der Mannheimer Onkologie-Praxis. Frühere Stationen waren die Onkologische Schwerpunktpraxis Heidelberg, das Nierenzentrum Heidelberg, die im ökotoxikologischen Bereich wirkende Consultingfirma Rifcon Heidelberg und das Universitätsklinikum Mannheim. Ihre Diplomarbeit widmete sie in der Universitäts-Frauenklinik Heidelberg einer molekularbiologischen Fragestellung zum Thema Endometriose. In ihrer Promotion am Universitätsklinikum Mannheim beschäftigte sie sich mit einem Extrakt aus dem Weihrauchharz, einem antientzündlich wirkenden Arzneimittel aus der traditionellen Indischen Medizin Ayurveda. Sie konnte dessen Wirksamkeit und Unbedenklichkeit nach den Kriterien der evidenzbasierten Medizin zeigen. Sie hat eine (fast) erwachsene Tochter.

Sabrina Kühne ist 35 Jahre und hat einen 15 jährigen Sohn (Fred). Sie ist ausgebildete Mediengestalterin und studierte an der TU Braunschweig Erziehungswissenschaften (Abschluss B.A. 2008) und „Organisationskulturen und Wissenstransfer" (Abschluss MA 2011). Seit dem Jahr 2011 ist sie auch Heilpraktikerin und ausgebildete Schmerztherapeutin, und seit 2013 studiert sie Osteopathie. Sie ist wissenschaftliche Mitarbeiterin eines Forschungsinstitutes im Bereich Plasmamedizin und betreut EU-Projekte für die sie Netzwerkarbeit, die Organisation von Konferenzen, Arbeitsgruppen und Workshops übernimmt.

Silvia Ettl-Huber ist Forschungsleiterin der Fachhochschule Burgenland und Geschäftsführerin der Forschungstochter „Forschung Burgenland" in Österreich, sie studierte und promovierte in den Kommunikationswissenschaften und war vor der Übernahme der Professur im Burgenland über viele Jahre lang Leiterin des Zentrums für Journalismus und Kommunikationsmanagement an der Donau-Universität Krems.

Sophia Katharina Manns hat einen Abschluss in Medienmanagement (B.A.) und arbeitet seit 2013 als Assistenz im Bereich Ausstattung bei der „Ufa Serial Drama", seit dem Jahr 2014 ist sie Requisiteurin.